KB233737

분노의
경제학

글로벌 경제위기와 치명적 정책 실패,
새로운 경제학의 모색

분노의
경제학
_삼성언론재단 총서

초판1쇄 인쇄 2012년 4월 5일
초판1쇄 발행 2012년 4월 10일

지은이 권화섭
펴낸이 이영선
펴낸곳 서해문집
이 사 강영선
주 간 김선정
편집장 김문정
편 집 허 승 임경훈 김종훈 김경란 정지원
디자인 오성희 당승근 안희정
마케팅 김일신 이호석 이주리
관 리 박정래 손미경

출판등록 1989년 3월 16일 (제406-2005-000047호)
주 소 경기도 파주시 교하읍 문발리 파주출판도시 498-7
전 화 (031)955-7470 | **팩스** (031)955-7469
홈페이지 www.booksea.co.kr | **이메일** shmj21@hanmail.net

ⓒ 권화섭, 2012
ISBN 978-89-7483-517-0 03320
이 도서의 국립중앙도서관 출판시도서목록(CIP)은 e-CIP홈페이지(http://www.nl.go.kr/ecip)와
국가자료공동목록시스템(http://www.nl.go.kr/kolisnet)에서 이용하실 수 있습니다.(CIP제어번호: CIP20'1001389)

삼성언론재단 총서는 삼성언론재단 '언론인 저술지원 사업'의 하나로 출간되는 책 시리즈입니다.

글로벌 경제위기와 치명적 정책 실패,
새로운 경제학의 모색

분노의 경제학

ECONOMICS IN REVOLT

권화섭 지음

서해문집

智藝禧載 和氣致祥

네가 살아갈

아름다운 세계를 위해!

2008년, 미국 월가에서 촉발된 국제 금융위기는 서유럽을 거쳐 아직도 진행형이다. 미국발 금융자본주의의 실패에 분노한 일반 대중은 2011년 9월, 뉴욕 맨해튼에서 '월가를 점령하라'는 구호 아래 금융자본주의에 대한 데모를 시작해 주요국 금융가를 '점령'해나가고 있다. 그리고 선진국의 금융 실패에 대한 경제정책 당국의 무능과 무력함에 대한 불만은 정통 경제학에 대한 불평과 분노로도 표출되고 있다. 저자는 경제 평론가의 관점에서 최근의 경제 위기에 대처하는 여러 다양한 경제 논리를 소개하고 평가하면서 정통 경제학의 실패 사례를 열거해 이를 《분노의 경제학》에 담았다.

이 과정에서 저자는 최근 3, 4년간 부각된 세계경제의 위기 상황을 어느 한 분야에 치중하는 전문 경제학자로서는 감히 갖출 수 없는 넓은 시야를 가지고 광범위한 영역에서 섭렵하고 있다. 저자는 이 책에서 서로 대립되는 다양한 경제 논리와 상충되는 주장을 다양하게 소개하는데, 읽기에 따라서 저자의 논리와 주장이 '어느 편'인지 궁금해지기도 한다.

저자의 주관과 논리는 마지막 9장과 보론에서 분명해진다. 앞 장의 여러 논쟁은 이 마지막 장을 위한 전개 과정이다. 저자는 자본주의도 진화하지 않으면 안 된다는 관점에서, 선진국 금융자본주의의 결함에서 비롯한 최근의 글로벌 경제 위기를 극복하기 위해 무엇을, 어떻게, 어디까지 바꾸어야 하는가라는 문제를 추적한다. 원로 언론인이자 경제 평론가인 저자는 경제 기자로서 단련된 고도의 통찰력으로 이 문제를 집요하게 추적한다.

2008년, 주택 버블 붕괴에서 촉발된 미국 금융산업의 파탄은 실물경제와 괴리된 금융 부문의 비합리적 비대화에서 비롯되어 경제 시스템 전체를 파국으로 몰고 간 기폭제가 되었다. 그리고 그 배경에는 무분별한 자유시장주의가 있다는 비난과 자본주의 시장경제 자체에 대한 비판이 이어졌다.

상당 부분 수긍이 가는 논리이나 여기서 더 나아가 시장경제를 부정하고 계획경제를 주창하는 논리를 펴기도 하는 일부 시각에는 문제가 있다. '시장의 실패'보다 더 큰 문제는 '정치의 실패'와 '정부의 실패'이기 때문이다. 경제 원리의 잘못이기보다는 오히려 기본적인 경제 원리조차 지키지 않는 정치와 정부의 실패에 더 큰 문제가 있었다는 것이다.

1~8장까지 열거된 세계경제의 혼란과 자본주의 시장경제의 실패를 지적한 수많은 논쟁을 읽고 나면 독자는 한국 경제의 앞날을 걱정하며 절망하고 좌절할지 모르겠다. 그러나 9장에서, 독자는 한국 경제가 나아가야할 방향에 대한 저자의 제안을 만날 수 있다. 한국 경제에 대한 정돈된 시각과 방향을 제시한 저자의 글에서 인상적인 내용을 인용해본다.

지금 한국 사회는 타협을 모르는 원색적인 이데올로기의 전쟁터가 되고 있다. 헌팅턴(Samuel Huntington)이 '문명의 충돌'을 말했지만 한반도에선 문명이 아닌 민족 내부의 극한적 대립이 지속되고 있다. 후쿠야마(Francis Hukuyama)가 사회주의와 공산주의 체제가 자유민주주의 앞에 굴복했다면서 '역사의 종말(The End of History)'을 주장했지만 남한 사회에선 해묵은 좌우 대립이 되살아나 우리의 사고를 옥죄고 경제의 활력을 소진시키고 있다. 한마디로 한국 사회는 사고의 위기에 있다. 그리고 이 사고의 위기로 인해 한국 경제는 총체적 경쟁의 시대인 세계화의 폭풍 속에서 방향을 잃고 한없이 표류 중이다.

한국 사회가 소위 '압축 성장' 기간이라 불리는 1960~80년대를 거치면서 키워온 부와 소득의 불균형을 시정하려는 노력으로 최근에 성장보다는 평등과 공정성을 강조하고 사회적 약자와 빈곤층에 대한 보호와 복지 확충을 지향하는 것은 지극히 당연하다.

그러나 성장과 복지, 진보와 보수가 '제로섬게임'이 될 수 없음에도 불구하고 한국 정치권은 서로 간에 파괴적 대결로 일관하고 있다. 경제정책에 관한 논쟁은 경제적인 비용편익분석과 함께 다양한 집단 간의 이해를 조정하는 관점에서 접근해야 하며, 어느 한편이 다른 편을 선이나 악으로 규정하는 독선에서 벗어나야 한다. 분열과 대립의 사고방식에서 벗어나 타협과 통합으로 나아가야 한다는 이 언론계 원로의 지적은 한국 정치권에 던지는 매우 시의적절한 충고다.

소위 진보 진영의 이념적 좌표에 속하는 '평등과 복지', 그리고 소위 보수 진영의 '자유와 성장'이라는 개념은 사실 갈등과 대립의 관계가 아니다. 경제성장 단계에서 개발 초기에는 흔히 복지보다는 성장이 상대적으로 중요한 정책 목표로 설정되지만 경제가 성숙 단계에 진입하면 복지가 성장에 비해 상대적으로 더 중요한 정책 목표로 부각된다. 순서의 차이는 있지만 그 둘은 대체 관계가 아니고 보완 관계다.

자유와 평등은 현대 민주국가가 지향하는 공통의 이념이다. 자유 없는 평등은 아무 의미가 없으며 평등에 대한 배려 없이는 자유도 보장할 수 없다. 개인이 자유로이 행복을 추구할 권리가 계획경제에서보다는 시장경제를 통한 경쟁으로 더 잘 보장된다는 것은 최근의 역사가 잘 보여주고 있다. 하지만 경쟁은 인간의 기본적인 평등권을 보장하는 법률과 제도의 틀 안에서의 경쟁이다. 민주주의에서 자유를 빼거나 평등을 빼자는 주장은 선수 간에 자유경쟁이 없거나 공정한 경기 규칙이 없는 운동경기를 하자고 주장하는 것과 같다.

인간의 욕구는 무한하지만 이를 충족시키기 위한 자원은 유한하다. 그러므로 유한한 자원을 경쟁하는 다수에게 배분하자면 우선순위를 정할 수밖에 없다. 우선순위 없이 자원을 자의적으로 혹은 필요하지 않은 사람까지를 포함하여 모두에게 골고루 배분하는 것을 공평과 평등이라고 생각하는 사회는 결국 경제적으로 몰락하게 된다. 경쟁 없는 공평한 사회를 선동하는 정치 이념을 내세워 2012년 총선과 대선에서 이기는 정치인이 앞으로 한국을 이끌게 된다면 한국 경제의 미래는 암울하다. 저자의 주장을 몇 줄 더 인용해본다.

형식적 자유는 민주화를 통해 실현할 수 있지만 러셀이 말하는 실질적 자유는 민주화와 함께 경제성장이 병행될 때에만 실현될 수 있다. 그런데 아이러니컬하게도 한국 사회에서 민주화가 진척되면서 평등의식이 확산되고 그 결과 경제성장보다 분배 정책이 강조되면서 실질적 자유의 조건이 후퇴하는 상황이 빈번히 빚어지고 있다. (중략) 민주주의와 자유시장의 가장 멋진 측면은 경험적으로 그것이 정치적 약자의 권리와 경제적 약자의 복지를 최대한 보장하는 제도라는 점이다. 정치적 독재자는 항상 대중의 이익을 내세우고 대중의 이름으로 독재를 행한다. 그러나 결과적으로 독재로 인해 가장 큰 피해를 보는 것은 권력층이 아니라 대중이다. 마찬가지로 사회주의와 공산주의, 그리고 여타 정부 개입과 통제를 강조하는 경제체제는 서민과 빈곤층의 경제적 복지를 극대화하겠다고 약속하지만 결과적으로 그들을 가장 비참하게 만든다. (중략) 북한이 현실이 바로 그 증거다.

민주주의와 자유시장은 대화와 타협을 그 생명으로 한다. 대화가 끊기고 타협을 배격하는 민주주의는 독재정치로 전락할 수밖에 없다. 그 의도가 아무리 순수한 것일지라도 정부가 경제적 개입과 통제를 많이 하면 할수록 그 경제는 효율성과 활력을 상실하고 글로벌 경쟁 시대의 낙오자로 전락하기 십상이다. 우리는 진정 이런 상태를 바라고 있는 것인가?

2012년의 총선과 대선을 앞두고 여야를 막론하고 정치적 포퓰리즘에 빠져 정치적 방향 감각을 잃고 방황하는 현 정치 상황에서 원로 경제 평론가가 심혈을 기울여 제시하는 이 충고에 정치권, 특히 여야 모든 정치인이 귀 기울이기를 바란다. 국내에 부존자원이 없어 무역에 의존하여 생존할 수밖에 없는 한국 경제가 살길은 글로벌 경쟁에서 이기는 것밖에 없다.

이를 위해서 한국 경제는 첨단 기술 분야에서 경쟁 기반을 확대하면서 선진국을 추격하는 한편, 중국 등 후발국과의 경쟁에서도 추월당하지 않아야 하는 과제를 안고 있다. 그러므로 저자의 마지막 당부는 교육의 질과 기술 수준을 비약적으로 높이는 교육혁명과 기술혁신이다. 그러므로 학교교육의 하향 평준화는 평등 이념을 구현하는 수단이 될 수 없다.

정현식 | 성균관대학교 경제대학 명예교수

지금까지 한국 경제에 관해 다섯 권의 책을 쓰면서 항상 느꼈던 점은 내가 왜 이렇게 부실한가 하는 것이었다. 이번에도 똑같은 자책에 몇 번인가 작업을 중단하고 싶었다. 그런데 그럴 수가 없었다. 정부와 학계와 언론에서 일어나는 경제문제에 관한 담론이 너무나 답답하고 살벌한 모습으로 전개되고 있기 때문이다. 그 원인은 국내의 경제 담론이 지나치게 이념화, 정치화, 파당화되고, 다수는 침묵하고 있는 가운데 오직 소수만이 목소리를 높이며 파괴적 제로섬게임을 벌이는 데에 있다.

한국은 세계화 경제에 완전히 내던져진 상태다. 그러면서 반(反)세계화의 진통은 다른 어느 나라보다 심하게 앓고 있다. 세계화 경제에 온몸을 담고 있으면서 머릿속은 온통 폐쇄경제와 관리경제의 관념으로 꽉 차 있기 때문이다. 극소수의 '1퍼센트' 엘리트 계층과 나머지 절대 다수의 '99퍼센트' 계층이 '1대99 사회'의 분열상을 가장 심하게 노출하고 있는 곳은 다른 어느 나라도 아닌 한국 사회다. 그래서 책 이름을 《분노의 경제학》으로 붙이게 되었다.

한국의 경제 담론은 달라져야 한다. 그러기 위해서는 우리의 경제 담론에서 무엇이 잘못되었는지를 깨달아야 한다. 이 점에서 《자본주의 4.0》의 저자 아나톨 칼레츠키는 정신이 번쩍 나는 말을 들려준다. "검은 고양이를 보고는, 검은 것은 고양이라고 생각하는" 인플레이션에 관한 잘못된 관념이다. 인플레이션은 통화 증발이 있을 때 일어난다. 그러나 통화 증발이 있다고 항상 인플레이션이 일어나는 것은 아니다. 그렇지만 우리나라의 경제 관료와 한국은행 당국자, 그리고 신문·방송 기자는 '검은 것은 모두 고양이'로 간주하는 '인플레이션 강박관념'에 시달리고 있다. 경제 담론이 달라지려면 우리의 경제관념에서 무엇이 잘못되었는지 밝혀내야 한다. 중도에 그만두려다가 다시 쓰게 된 이유는 이 책이 그런 작업에 조금이라도 보탬이 될 수 있었으면 하는 바람 때문이었다.

이 책을 쓰면서 나는 주변 여러 분에게 큰 부채를 졌다. 무엇보다 나의 초고를 읽고 여러 조언과 추천의 말씀까지 보내주신 정현식 교수님께 진심으로 감사드린다. 또 고등학교와 대학을 같이 다닌 송쌍종 교수님은 무려 십수 권이나 되는 《세법 대전》 시리즈를 집필하는 바쁜 가운데서도 나의 초고를 읽고, '기자 출신'인 나에게 교정 문제에까지 도움을 주었다. 금융 공학을 전공하는 원동철 교수께 나의 반(反)금융적 논리에 관해 더 많은 조언을 듣고 싶었지만 충분한 시간을 갖지 못한 것이 못내 아쉽게 느껴진다. 또한 시골에서 거주하는 나에게 저술 지원을 허주고 격려해준 삼성언론재단 관계자에게 심심한 감사를 표한다. 그리고 항상 하는 말이지만 이 책의 모든 내용과 오류는 전적으로 나의 단독 책임이다. 이 책을 읽게 되는 모든 분에게 기탄없는 비판과 질책을 부탁드린다.

2012년 봄, 단양 우거에서 **권화섭**

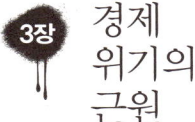
c o n t e n t s

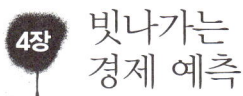

1장

아랍의 봄,
미국의 가을

역사는 자주 반추할 때에만 모습을 드러낸다. 사건의 의미는 되돌아볼 때에야 알 수 있다. 튀니지에서 한 과일 노점상이 지도상에는 거의 나타나 있지 않은 한 도시의 광장에서 스스로 몸에 불을 질렀을 때 그가 튀니지와 이집트, 리비아의 독재자를 무너뜨리고 시리아와 예멘, 바레인의 정권을 뒤흔든 시위에 불길을 당길 것이라고 어느 누구도 짐작조차 할 수 없었다. 아니 그 항의가 마약 카르텔의 테러에 맞서 멕시코인을 들고 일어나게 하고, 그리스인으로 하여금 무책임한 지도자를 규탄하는 시위를 벌이게 하며, 미국인으로 하여금 공공장소를 점거하고 불평등에 항의하게 하고 또 러시아인으로 하여금 부패한 독재 체제에 반대하는 시위를 벌이게 만들 것이라고 어느 누구도 알 수 없었다. ●

● 미국의 시사 주간지 〈타임〉이 '2011년의 인물'로 선정한 '시위자(Protester)' 사진에 붙인 기사 리드. 마스크와 벙거지로 얼굴을 가린 시위자의 두 눈이 강렬한 빛을 발산하고 있다.

2010년 12월 튀니지에서 20대의 젊은 과일 노점상이 경찰 부패와 과잉 단속에 항의하며 분신한 사건을 계기로 터진 아랍 민중의 항의 시위는 불과 수개월 사이에 중동의 정치·사회 분위기를 완전히 바꿔놓았다. 중동의 장기 독재 정권과 부패한 왕권의 축출, 민주화를 위해 일어선 아랍 민중은 2011년 1월과 2월에 튀니지와 이집트의 독재 정권을 무너뜨리고 8월에는 리비아의 무아마르 카다피 정권을 축출했으며, 심지어 사우디아라비아까지 국민

● 2011년 8월 인도 정부에 대해 반(反)부패법(Lokpal Bill) 통과를 촉구하며 단식을 벌였던 아나 하자레(Anna Hazare)는 단식 12일 만인 8월 28일 단식을 풀었다. 인도 의회가 하자레가 제안한 반부패법을 지지한다는 결의안을 통과시켰기 때문이다. 인도에는 정치권은 물론 각 사회계층에 부패가 만연해 있지만 1968년부터 의회에 제출된 반부패법안은 40년 넘게 단 한 번도 통과된 적이 없다. 결국, 2011년 말 인도 의회는 끝내 반부패법안을 폐기시켰다.

의 개혁 욕구를 외면하기 어렵게 만들었다. 이른바 '아랍의 봄'으로 불리는 대변혁의 물결이다. 동시에 유럽에서는 그리스를 비롯한 다수 국가에서 노동자와 공무원의 연금 삭감과 해고 선풍에 항의하며 격렬한 가두시위를 벌이고, 영국에서는 여러 도시에서 길거리 폭동이 일어나 상점이 불타거나 약탈당하는 사태가 발생했다. 또한 인도에서는 정치 부패에 항의하며 단식투쟁을 벌인 사회운동가 아나 하자레(Anna Hazare)●를 지지하는 민중 시위가 전국적으로 벌어지고, 중국에서는 광둥성 루펑(陸豊) 시의 우칸(烏坎)이라는 어촌 마을에서 주민 수천 명이 토지 강제수용에 항의하며 죽창 등으로 무장한 뒤 당 간부는 물론 공안도 마을에서 쫓아내 '해방구'를 형성하는 등, 이와 같은 투쟁 끝에 광둥성 정부의 고위 간부가 직접 협상에 나서 주민의 요구를 대부분 수용케 했다●●. 칠레에

●● 이 사건은 중국의 고도성장 속에서 쌓인 사회적 불만이 폭발점에 도달했음을 상징하는 것으로 외신은 전했다. 사건의 발단은 이렇다. 2011년 12월 당 간부가 토지를 강제수용한다는 소문에 주민의 반발이 거세지자 지방정부가 협상에 나섰다. 그러나 곧 강경 진압으로 돌아서 공안이 주민 대표를 체포했고, 이 과정에서 주민 1명이 공안의 고문과 구타로 숨지자 주민이 결사 항쟁에 나선 것이다. 외신은 우칸 사태를 중국의 부동산 개발 과정에서 벌어지는 중국 사회의 불안을 상징하는 가장 극적인 사례로 꼽았다. 외신에 따르면 지난 1990년부터 중국의 당 간부는 마을 토지를 부동산 회사에 팔아넘기며 막대한 부를 챙겨왔고 주민에게는 20년 동안 가구당 550위안(한화 약 10만 원)의 보상밖에 하지 않았다. 중국에서는 매년 18만 건의 집단 시위가 일어나며 그중 65퍼센트가 지방정부의 토지수용에 대한 항의와 관련돼 있다.

서는 정부 지출 확대를 요구하는 학생과 노조원의 항의 시위가 2개월 이상 지속되었다.

2011년 9월 이 분노의 물결이 마침내 자본주의의 심장부인 뉴욕 월가에 상륙했다. 9월 17일 주말을 맞아 30여 명의 고학력 백수 청년이 월가에서 몇 블록 떨어져 있는 주코티 공원(Zucotti Park)에 텐트를 치고 "월가를 점령하라(Occupy Wall Street)"는 구호를 외치며 장기 농성을 시작한 것이다. 시간이 가면서 노동조합원과 일반 시민이 합류하기 시작했고, 농성 3주째로 접어든 10월 1일에는 1500여 명의 시위대가 주코티 공원을 출발해 브루클린 다리 위로 행진하다가 700여 명이 도로 점거와 교통 방해 혐의로 경찰에 체포되어 본격적인 시민 저항운동으로 발전할 수 있는 계기를 맞았다. 같은 날 로스앤젤레스에서는 시청 건물 인근에서 항의 시위가 벌어졌고, 시

●●● 〈뉴욕 타임스〉의 칼럼니스트인 마크 비트먼(Mark Bittman)은 2011년 10월 11일 현재, 미국 전역 1500여 개 장소에서 농성 시위가 벌어지고 있다고 밝혔다.

카고에서는 연방준비은행 건물 앞에 시위대가 몰려들어 '은행가들 투옥하라'는 구호를 외쳤다. 보스턴에서는 시위대가 뱅크 오브 아메리카(BoA) 건물을 봉쇄하고 농성을 벌이다가 25명이 경찰에 연행되는 등 미국 전역에서 항의 시위●●●가 벌어졌다.

'월가를 점령하라'는 항의 운동 참여자는 "만약 은행과 대기업이 사람이라면 감옥에 집어넣고 싶다"고 분노를 터뜨렸다. 시위자는 은행이 2008년 금융위기 때 납세자의 돈으로 파산을 모면한 후 보너스 잔치를 벌이고 이제는 위기 재발을 막기 위한 금융 규제 강화에 불평을 쏟아내며 맹렬한 반대 로비를 벌이고 있다고 격분했다.

중동과 북아프리카에서 발원한 '아랍의 봄' 민주화 바람이 그리스를 비

롯한 유럽 국가에서 연금 삭감과 공무원 해고에 반대하는 시위 사태를 타고 미국에서 OWS(Occupy Wall Street)와 합류하면서 '2011년, 글로벌 분노의 해'로 폭발한 것이다. 〈파이낸셜 타임즈〉의 기데온 래크먼(Gideon Rachman) 국제 담당 수석 논평 위원은 이런 세계적인 저항 사태는 마치 1960년대 말 미국과 유럽에서 베이비 붐 세대가 일으켰던 베트남전 반대 시위와 이들이 냉전 시대의 정치사회 풍토와 소비 자본주의에 저항하여 폭발한 광범위한 분노의 물결(indignados)을 연상시킨다고 언급[1]했다.

"젊은 분노, 한국 정치 점령하다." 2011년 10·26 재·보선에서 여당 후보를 누르고 시민운동가 출신이 서울시장에 선출된 결과를 분석한 우리나라 신문 기사 제목이다. 이 기사에는 또한 "4년 전 '경제' 지지한 20~40대, '그들만의 경제'에 실망, 반(反)한나라로"라는 부제가 붙어 있었다. 여권의 한 고위 인사는 선거 결과에 대해 논평하면서 "댐이 무너지는데 집수리 좀 해서는 버틸 수 없었던 것 같다"고 말한 것으로 보도되었다. 야권의 한 핵심 관계자는 "처음부터 이길 수밖에 없는 구도였다"고 언급했다.(〈조선일보〉 2011. 10. 27)

한국의 젊은이는 무엇에 그처럼 분노하고 있는가? 국내 언론은 10·26 서울시장 보선에서 3, 40대가 드러낸 분노의 원인으로 '중산층 붕괴와 소득 양극화'를 지적했다. 〈조선일보〉보도에 따르면 2010년 우리나라의 GDP 증가율은 8년 만의 최고치(6.2퍼센트)였지만, 그 성장의 혜택이 어떻게 분배되는가를 보여주는 노동 소득분배율은 6년 만의 최저치(59.2퍼센트)였다. 그리고 샐러리맨이 주축을 이루는 중산층의 비중은 1990년대에 100가구 중 75가구 수준이었지만 최근에는 66, 67가구 수준으로 떨어졌고, 그 대신 빈곤층은 2010년에 처음 300만 가구를 넘어 그 비율은 10.6퍼센트로

OECD 회원국 평균의 두 배에 달했다. 소득분배 구조에서 노동 소득분배율의 하락과 소득 계층구조에서 중산층의 비중 감소는 우리나라의 빈부격차와 사회적 불평등 문제가 매우 심각해지고 있다는 것을 분명히 보여준다.

2011년, 10·26 재보선에서 터져 나온 '한국의 젊은 분노'와 '글로벌 분노'는 왜 거세게 폭발했나? 미국 카네기 국제평화재단의 모이제 나임(Moisés Naim) 선임 연구 위원은 차량으로 꽉 막힌 6차선 도로의 상황을 예로 들어 다음과 같이 그 분노의 원인을 설명한다.

> 다른 차선의 차량이 움직이고 있다면 트래픽 잼에 걸려 꼼짝하지 못하고 있어도 비교적 참을 만하다. 그러나 도든 차선이 장시간 막혀 있다면 울화가 치밀어 오른다. 그리고 한참 만에 교통경찰관이 나타나 자신이 서 있는 차선에서 몇 대의 차량만 빼내어 비상 통로로 빠져나가게 하는 것을 보면 폭동이 일어날 수 있다. 간단히 말해 '월가를 점령하라(OWS)'라는 항의 운동을 움직이게 하는 정서가 바로 이것이다. 모두가 꼭 알아야 한다.[2]

교통 혼잡을 사례로 든 나임의 설명처럼 비록 빈부격차와 불평등 문제(트래픽 잼)가 존재할지라도 그것만으로는 운전자가 분노를 터뜨리지 않는다. 그들을 항의 시위에 나서게 만드는 것은 교통경찰관이 들이닥쳐 몇몇 차량만 비상차선으로 빼돌려 빠져나가게 하고 다른 차량은 꼼짝달싹할 수 없는 상태로 그냥 내버려두는 차별적 행위(정부의 문제 외면 및 부자와 권력층의 이기적 행태) 때문이다.

허쉬먼의 터널효과

빈부격차의 문제를 교통 혼잡에 비유해 설명하는 것은 원래 개발 경제학자인 앨버트 허쉬먼(Albert Hirschman)의 아이디어였다. 지난 1973년 그는 빈곤국에서 소득 불평등에 대한 국민의 관용성 변화(changes of tolerance)를 설명하면서 '약간의 사회적 이동성의 여지(a modicum of social mobility)'만이라도 남아 있으면 국민을 인내할 수 있게 만들고 정치적 안정을 기할 수 있다는 것을 많은 개발도상국에서 확인했다고 밝혔다. 사람은 자신의 친척이나 이웃이 더 나은 생활을 하게 되는 것을 보면 자신에게도 그러한 기회가 올 것이라고 생각하며 때를 기다리게 된다는 말이다. 이른바

● '허쉬먼의 터널효과(Hirschman's tunnel effect)'는 성장과 분배 등을 논할 때 활용되는 이론으로 후진국에서 선진국에 이르는 과정을 2차선 일방통행의 긴 터널 속의 정체 현상으로 비유한다. 성장 초기에는 두 차선 가운데 어느 하나가 움직이면 다른 차선에서 기다리는 사람도 자신이 서 있는 차선(성장 초기에 그 혜택을 받지 못한 계층)도 곧 움직일 것이라는 기대를 갖고 기다리지만 시간이 흘러도 계속 한 차선만 움직이고 자신이 서 있는 차선의 정체가 한없이 지속되면 그때까지 부풀었던 기대가 꺼지면서 갖게 되는 좌절감으로 인해 불만이 쌓이게 되고 심지어 터널 앞에서 차량 소통을 돕고 있는 교통경찰(정부 정책)을 불신하게 된다. 그 결과 불만에 찬 운전자가 교통법규를 무시하게 되면서(위법, 탈법행위) 터널 속은 더욱 혼잡해지고 정체도 한층 더 심해진다는 것이다. 즉 분배의 형평성을 무시한 채 성장만을 지속적으로 추구하게 되면 경제적 효율성이 떨어져 성장을 저해시키게 되므로 성장과 분배의 적절한 병행 추진이 필요하다는 것이 허쉬먼의 충고다. Albert O. Hirschman, 1973. 11, The changing tolerance for income inequality in the course of economic development (with a mathematical appendix by Michael Rothschild), Quarterly Journal of Economics 87~4

'허쉬먼의 터널효과'●이다.

'허쉬먼의 터널효과'는 뉴욕 맨해튼에서 시작된 OWS와 런던 금융가 (The City of London) 혹은 이탈리아와 그리스에서 벌어진 광범한 시위 사태의 배경에 깔려 있는 중요한 한 측면을 설명해준다. 그 항의 시위의 참여자는 단순히 저성장과 고실업 속에서 빈부격차의 확대에 항의하고 있는 것만이 아니었다. 그들은 정부가 금융 안정을 구실로 구제금융을 통해 은행가의 배만 불려주고, 경기 침체와 긴축 조치로 인해 자신만 경제적으로 '뒷걸음질을 하고 있다'고 느끼면서 좌절감을 넘어 정부와 정치권에 분개하고 있다.

미국의 주요 여론조사 기관인 퓨(Pew) 리서치 센터의 앤드류 코허트 (Andrew Kohut) 소장은 "미국인이 OWS에 주목하기 시작했다"고 밝히면서 이 사태의 원인에 관해 다음과 같은 분석을 제시했다

첫째, 경제적 불평등에 관한 근본적 인식이 오랫동안 지속되어 왔다. 최근 20년간 우리는 아주 많은 응답자가 '미국은 부자가 더욱 부유해지고 빈곤층은 더욱 빈곤해지는 나라'라는 데 동의하고 있다는 것을 발견했다. 그리고 1980년대 말 이후 많은 시민이 미국을 '가진 자(haves)와 가지지 못한 자(havenots)의 두 집단으로 나뉜 나라'로 간주하기 시작했다. 둘째, 미국민은 정부 정책이 부자와 권력자를 감싸주고 있다고 간주하게 되었다. 퓨 조사에서 아주 빈도가 높은 다수 의견은 정부가 중산층과 빈곤층을 소홀히 하고 있다는 데 동의한 반면 응답자 3명 중 2명은 부유층에 대해 지나친 혜택을 주고 있다고 생각하는 것으로 나타났다. 그리고 셋째는 경제 기류다. 경제 여건, 특히

일자리에 관한 불안감으로 인해 '공정성에 관한 총체적 의문'이 보통 미국인의 중심적 관심사로 떠오르게 되었다. 미국민은 상환 능력 없이 모기지를 끌어 쓴 주택 소유자에 대한 지원과 함께 은행 구제와 자동차 산업 구제에 관해 강한 반대를 토로하고 있다.[3]

지금으로부터 170여 년 전 프랑스의 정치사상가 알렉시스 토크빌(Alexis de Tocqueville)은《미국의 민주주의(Democracy in America I-II, 1835, 1940)》에서 미국민이 유럽인에 비해 불평등에 대해 상대적으로 더 큰 관용성을 발휘하고 있는 것은 미국 사회가 유럽에 비해 더 큰 사회적 이동성을 가지고 있기 때문이라고 지적했다. 이른바 '아메리칸 드림'으로, 급속히 발전하는 미국 사회에서 가난한 이민자와 사회적 약자도 가난에서 벗어나 중산층으로 발돋움할 수 있는 사회적 역동성이 미국 사회의 안정과 발전의 원동력이 되고 있다는 말이다. OWS 시위자가 미국 사회에 대해 국민의 1퍼센트에 해당하는 극소수의 '슈퍼 리치(최상위 부유층)'가 나머지 99퍼센트를 착취하고 있다고 비난하며 "아메리칸 드림은 끝났다"고 외치는 함성에는 결코 가볍게 넘길 수 없는 심각한 의미가 함축되어 있다.

'칼더의 유형적 사실'의 붕괴

영국 케임브리지 대학의 대표적 경제학자인 니콜라스 칼더(Nicholas Kaldor, 1908~88) 교수는 1957년 자본과 노동 요소에서 중요한 관계성을 밝혔다. "국민소득에서 노동자에게 돌아가는 몫과 자본에 돌아가는 몫은 대체로 일정하다"는 이른바 '칼더의 유형적 사실(Kaldor's sty ized facts)'이다.[4]

'칼더의 유형적 사실'은 근본적으로 진실이긴 하지만 세부적인 내용에 부정확성이 개재되어 있을 수 있는 통계적 자료를 요약 서술하기 위해 칼더가 처음 사용한 연구 방법이다. 그는 1957년 〈경제성장의 모델〉이라는 논문에서 장기적 경제성장에 관한 통계적 연구 결과를 요약하면서 '6가지 중요한 역사적 항상성(恒常性)'을 밝혔다. 그것은 "첫째, 노동과 자본에 돌아가는 국민소득 배분 비율은 장기간에 걸쳐 대체로 일정하다. 둘째, 자본 스톡 성장률은 장기간에 걸쳐 대체로 일정하다. 셋째, 노동자의 산출량 증가율은 장기간에 걸쳐 대체로 일정하다. 넷째, 자본/산출량 비율은 장기간에 걸쳐 대체로 일정하다. 다섯째, 투자수익률은 장기간에 걸쳐 대체로 일정하다. 여섯째, 실질임금은 장기적으로 증가한다"는 것이다.

그런데 최근 20년간, 특히 대략 2000년부터 국민소득에서 임금과 여타 노동자의 보수로 돌아가는 몫이 여러 나라에서 급감하고 있는 것으로 나타났다. 미국 오바마 행정부의 초대 예산실장을 지낸 피터 오르재그(Peter Orszag)는 〈블룸버그〉 통신 기고에서 OWS 시위의 배경에 관해 언급하면서 "대개 노동분배율은 경기 주기에 따라 오르내린다. 그러나 그 하락이 지속된 기간을 고려할 때 이 문제는 그냥 지나칠 수 있는 문제가 아니다. 그리고 이것은 부분적으로 세계적으로 OWS를 불타오르게 하고 있는 분노와 좌절감을 설명해준다"고 지적했다.[5]

오르재그는 노동 통계국(BLS) 자료를 인용해 지난 1990년에 미국의 사업소득 가운데 약 63퍼센트는 임금과 여타 노동 보상의 형태였다고 밝혔다. 그러나 2005년 그 비율은 61퍼센트로 떨어졌고, 2011년 중반에 다시 58퍼센트까지 밀렸다. 결과적으로 1990~2011년 사이에 노동 분배 비율은 5퍼센트포인트 하락한 셈인데, 이는 연간 5000억 달러 이상 노동자의 분배 몫이 감소했다는 것을 의미한다. 왜 이런 결과가 빚어졌는가? 그 원인은 부분적으로 서방 선진국의 경제 구조의 변화에 있다. 이것은 미국의 산업구조가 노동 소득분배율이 상대적으로 낮은 서비스와 첨단 제조업 쪽으로 이행한 데 따른 결과로 해석된다. 그러나 오르재그는 이런 점을 고려할지라도 하락폭이 왜 그처럼 가파른지는 설명되지 않는다고 지적하면서 세계화와 기술 변화로 인해 경제적 통합이 가속화되면서 글로벌 차원에서 '실효적 노동 공급'이 100퍼센트 내지 300퍼센트나 증가한 점을 추가적인 원인으로 제시했다.

2008년 글로벌 위기 이후 세계경제는 여전히 저성장과 높은 불확실성에서 벗어나지 못하고 있다. 그러나 중국 노동자의 교육 수준 향상과 농촌에서 도시로의 이주 등 여러 가지 요인에 따라 앞으로도 세계적 노동 풀의 팽창은 지속될 것이다. 국민소득의 노동 분배 비율은 경제 상황에 따라 등락한다. 그러나 미국을 비롯한 선진국은 세계화의 흐름에서 빗장을 닫아걸고 보호주의로 후퇴하지 않는 한 노동 분배 비율의 하락 추세를 피할 수가 없을 것이다. 비록 그렇게 할 수 있을지라도 보호주의로의 후퇴는 세계를 대공황으로 몰고 가는 최악의 선택이라는 점을 지난 1930년대에 세계는 엄청난 대가를 치르고 깨달았다. 결국 경제성장의 과실을 분배하는 데 있어서 노동자의 몫을 유지하거나 증가시키는 최선의 방법은 노동자의 교육과 훈련을 강화하고 또 연구 개발과 인프라 건설에 대한 투자를 늘리는 것이다. 오르재그는 이 방법조차도 얼마 동안 시간을 버는 데 그칠 뿐 근본적으로 노동 분배 비율의 하락 추세를 역전시키기는 어려울 것이라고 지적한다.

경제 위축의 장기화

'월가를 점령하라'라는 항의 운동은 단순히 미국의 고학력 백수 청년의 외로운 항변이 아니다. 2008년 글로벌 위기 이후 4차 연도를 맞았지만 상황을 개선하기는커녕 새로운 유럽발 글로벌 위기의 공포 속에 허둥대고 있는 정치지도자에 대한 깊은 실망의 표출이다. 또한 경기 침체의 장기화로 인해 고실업과 소득 감소가 지속되고 있는 가운데 주택 버블 기간에 은행의 꼬임으로 떠안게 된 모기지 부채에 짓눌려 빈곤층으로 전락하고 있는 다수 민중의 분노의 표출이다. 이런 상황이 빚어지게 된 근본 원인은 글로벌 위기 이후 서방 선진국의 실질 GDP가 아직도 위기 이전의 수준을 회복하지 못하고 있는 가운데 이른바 '경기 부양'이라는 이름으로 거대 은행과 대기업의 구제에 국민 혈세를 쏟아부은 결과 새로운 경기 침체 우려가 높아지고 국가 부채의 급증으로 재정 위기에 직면하게 되자 이번에는 연금 삭감과 공무원 감원 등 긴축 조치를 취하면서 '인위적 불황' 국면을 야기하고 있기 때문이다.

경기회복은 주로 연도별 혹은 분기별 GDP 성장률로 따진다. 이 기준에 따르면 2009년 4분기 이후 미국과 유럽 경제는 비록 1퍼센트 혹은 그 이하의 매우 저조한 수준이긴 하지만 '플러스 성장'을 지속해왔다. 그러나 절대적인 GDP 수준을 기준으로 할 때 미국과 독일은 여전히 2008년 위기 이전의 수준을 회복하지 못하고 있고, 일본은 1997~2006년을 100으로 할 때 94의 수준으로 훨씬 뒤처져 있는 상태다. 특히 노동자의 소득과 지출 능력에 가장 큰 영향을 미치는 실업률의 경우에는 기국이 위기 이전에 비해 거의 두 배에 가까운 높은 수준을 유지하고 있기 때문에 일반 국민은 전혀 경기회복을 실감하지 못하고 있다. 저성장 고실업의 경제, 그리고 날로 떨어지고 있는 경기회복에 관한 자신감은 서방 선진국에서 정부의 경제정책에 대한 광범위한 불만과 정치적 불신감을 조성하고, 대외적으로 반(反)세계화와 보호주의적 역풍으로 발전하게 될 가능성이 크다.

〈파이낸셜 타임스〉의 마틴 울프 경제문제 수석 논평 위원은 서방 선진국의 경제적 위축과 경기회복의 취약성은 현재의 저성장 고실업 상황의 결과이자 동시에 원인이라고 지적한다. 즉 서방 선진국의 높은 민간 부문 채무가 자산 가격의 약세와 상응 작용을 하면서 경제적 위축이 지속되고 있고, 또 그로 인해 수요 증가가 부진할 것으로 예상되기 때문에 기업이 투자를 망설이고, 은행이 대출을 기피하고 있기 때문에 경기회복이 지체되고 있는 악순환이 빚어지고 있다는 것이다. 서방 선진국의 현재 경제 상황은 추가적인 재정 및 통화 확대를 절실히 요구하고 있다. 그러나 글로벌 위기 이후 각국이 대대적인 경기 부양 정책을 펼쳤지만 결과적으로 국가 부채만 크게 늘어난 채 경기회복 효과는 거의 거두지 못했다는 '정책 실패'에 관한 인식이 고조되어 있기 때문에 정치적으로 새로운 경기 부양에 관한 거부감이 팽배한 분위기다. 결과적으로 대서양 양쪽 경제정책을 이끌어야 할 최고 책임자인 미국의 오바마 대통령이나 독일의 메르켈 총리는 각기 미국 경제의 '더블딥(이중 침체)' 진입 위험과 유로 통화권(유로존)의 재정 위기 해결에 관해 흡사 '방관자(bystander)'처럼 행동하고 있다고 울프는 지적한다. 오늘날 서방 선진국은 재정 위기 속에서 '더블딥' 위험에 정책적으로 제대로 대응하지 못한 채 표류하고 있는 '정치 위기'에 빠져 있는 것이다.

'시민 불복종' 넘어
'정치 불복종'으로

대중 시위와 시민 저항운동은 일정 기간에 뜨겁게 달아오른 후 폭발점에 도달하지 못하면 시간이 지나면서 그 열기가 식어가는 것이 일반적이다. OWS가 시작된 지 만 두 달, 바로 그러한 시점에 다가서고 있던 2011년 11월 중순에 뉴욕 시와 미국의 다른 대도시에서 경찰이 시위자를 강제로 농성장에서 끌어내고 텐트를 철거했다. 그러나 비록 농성장에서 쫓겨나긴 했지만 시위자가 미국민과 정치권에 제기했던 메시지는 그대로 남아 있으며 그들의 항의는 언제든지 다시 터져 나올 것이다. 〈CNN〉 밤 9시 인터뷰 프로그램에서 한 시위자는 "사람들은 두 개 혹은 세 개의 '알바'를 뛰고 있지만 여전히 앞으로 나아갈 수 없다. 사람들은 기가 꺾이고 화가 나 있다"고 말했다. 그리고 다른 한 시위자는 프랑스대혁명에서 죽임을 당한 루이 16세의 왕비 마리 앙투아네트의 사례를 들며 "세계의 엘리트는 명심해야 한다. 혁명의 기운이 돌고 있다"고 거칠게 항변했다. OWS를 비롯한 세계의 분노한 군중의 항거가 언제든지 다시 불타오를 수 있다는 말이다.

　'월가를 점령하라'는 단순한 반(反)금융, 반(反)정부 시위가 아니다. 그것은 미국에서 '정치적 패러다임의 전환'이 일어나고 있다는 신호다." 시카고 대학의 정치학과장 버나드 하코트(Bernard E. Harcourt) 법학 교수의 말이다. 그는 〈뉴욕 타임스〉 기고에서 OWS 시위자는 월가 금융인의 탐욕과 극단적 투기 행태로 야기된 2008년 금융위기에 분노하고, 동시에 월가의 돈에 기생하고 있는 워싱턴 정치권의 부패와 정책적 무능에 분노한다면서 "이것은 '시민 불복종'을 넘어 '정치 불복종'이다"라고 명명했다.[6]

'시민 불복종(civil disobedience)'은 정치체제의 정당성은 인정하지만 그 체제가 발하는 법과 명령의 '도덕적 권위'에 대한 거부를 의미하며, '정치 불복종(political disobedience)'은 미국의 파당적 정치 구조와 평행선적 개혁 논의, 전후(戰後)의 냉전적 이데올로기 등 '전반적 정치 질서'에 대한 거부를 의미한다. 이렇게 볼 때 OWS 시위에 확실한 운동 주체나 통일적 주장이 결여되었다는 미국의 주류 언론과 보수 인사의 비판은 상황을 제대로 읽지 못한 헛뜯기다. 미국의 작가 겸 정치 평론가인 페기 누넌(Peggy Noonan)은 "그것은 정치운동이 아니라 반(反)주류 항거(be-in)다. 그것은 다가오는 무언가에 대한 예시이며, 현재의 상황과 구조에 대한 항거다"라는 발언으로 주의를 환기시켰다. 하코트 교수는 앞으로 이 운동의 방향과 목표가 "진화적으로 형성되어 갈 것"이며, 그것은 "이념적으로 자유시장(작은 정부)과 통제경제(큰 정부) 가운데 어느 하나를 선택하는 것이 아니라, 사안별로 이 두 가지를 연속적으로 절충하는 것이 될 것"이라고 보고 있다.

과연 미국과 유럽 정치권은 누넌이 말한 항거의 물결에 제대로 대응할 수 있는 능력을 갖고 있는가. 하코트 교수의 글에 대한 논평에서 한 누리꾼은 "미국의 정치권에서 돈을 추방할 수 없고, 월가를 비롯한 특수 이익집단의 로비에 놀아나는 정치권이 변화를 바라지 않기 때문에" 자신은 매우 비관적이라고 밝힌다. 반면에 《자본주의 4.0》의 저자 아나톨 칼레츠키는 상당히 낙관적이다. 그는 1930년대 대공황 이후 지배적 경제 이념으로 부상한 정부 개입의 '자본주의 2.0'이나 1970년대 스태그플레이션을 계기로 등장한 시장 방임의 '자본주의 3.0'이 2008년 위기를 통해 모두 불신당하게 되어 앞으로는 이 둘을 절충한 '혼합 자본주의 4.0'으로 수렴될 것이라는 낙관적 견해를 밝힌다.

중산층 몰락,
자본주의 위기

'월 스트리트를 점령하라'라는 운동을 통해 등장한 가장 쇼킹한 구호는 '1퍼센트 대 99퍼센트'의 대결 구도다. 시위자는 미국의 최상위 1퍼센트 소득 계층이 온갖 혜택을 독차지하고 탐욕스럽게 재산을 불리고 있는 사이에 99퍼센트의 절대 다수 계층은 모든 측면에서 사회적으로 소외당하면서 미국 자본주의의 도덕적 정당성의 중요한 한 부분을 이루고 있는 '아메리칸 드림'이 사라지고 있다고 절규한다.

〈파이낸셜 타임스〉의 기드온 래크먼은 '미국의 분노한 군중(America's Indignados)'(2011. 10. 3)이라는 칼럼에서 '아랍의 봄'과 '월 스트리트를 점령하라'는 항의 시위가 세계적 분노의 물결로 연결되고 있다면서 거기에는 한 가지 중요한 공통점이 깔려 있다고 말한다. 이른바 '2대8', 혹은 '1대 9'의 사회 구도다. 국제적으로 상호연계되어 세계화의 혜택을 독점하고 있는 극소수의 엘리트 수혜 계층과, 세계화의 성장 혜택에서 배제되고 저성장과 고실업의 고통과 부채 누적의 무거운 부담에 짓눌려 엘리트 계층의 부패에 분노하고 있는 세계화의 희생 계층인 다수 민중의 대결 구도다.

미국의 역사학자이며 사회문화 비평가인 크리스토퍼 래시(Christopher Lasch)는 이미 1990년대 이전부터 세계화 경제에서 소수 엘리트 계층과 다수 민중의 대결 구도에서 빚어지는 문제점을 인식하고 그 위험성에 관해 경고했다. 1994년 그가 생을 마감한 다음 해에 출간된《엘리트의 반란과 민주주의 배반(The Revolt of Elites and the Betrayal of Democracy)》이라는 저서에서 그는 "민주주의는 살아남을 가치가 있는가?"라는 의미심장한 질문을 던지며 엘리트 계층과 다수 민중의 유리(遊離) 내지 대결 구도가 형성되게 된 가장 중요한 원인으로 '중산층의 몰락'을 지적했다.

미국 언론과 정치권은 뒤늦게 시위자의 분노에 공감을 보였지만 미국 사회를 '1퍼센트 슈퍼 리치와 나머지 99퍼센트'의 대결 구도로 규정하고 부자에 대한 중과세와 소득재분배를 요구하는 것과 같은 급진적 주장에 대해서는 여전히 냉담한 상태다. 미국 언론은 지금 미국의 빈부격차 문제는 매우 심각한 상태이지만 그것을 '1퍼센트 대 99퍼센트'라는 계급적 대립 구도로 규정하려는 것은 옳지 않다고 비판한다. 그리고 부자 중과세를 통해 빈부격차 완화를 추구하는 것은 그 부자와 기업의 투자 의욕을 꺾고 그들의 자본을 해외로 빠져나가게 만들 것이라고 지적한다. 그러나 워싱턴 D.C. 소재 초당적 연구 기관인 '조세정책센터'의 자료에 따르면 미국의 최상위 1퍼센트 소득 계층은 전체 소득의 5분의 1을 차지하고 있고, 또 그들이 가진 순자산은 전체 부(富)의 3분의 1에 이른다. IMF 연구자도 "불평등의 정도가 높으면 경제성장률이 떨어지고, 불평등의 정도가 낮으면 경제성장이 빨라진다"고 밝힌다.•

월가 시위자의 구호는 미국의 중산층 몰락과 빈부격차의 악화가 더 이상 지속될 수 없는 한계에 도달했다는 강력한 메시지를 담고 있다. 또한 자유시장 자본주의가 아무리 부의 창출에 탁월한 경제체제라고 할지라도 이처럼 빈부격차가 심한 '승자 독식(Winner takes all)'의 현대 자본주의 시스템은 더 이상 존속하기 어렵다는 경고다. 그렇다면 자유시장 자본주의의 장점을 살리면서 빈부격차를 완화할 수 있는 묘안은 없는가? 이 질문에 대해 영국의 원로 언론인 새뮤얼 브리탄은 "소득재분배는 좋

● IMF의 앤드류 버그(Andrew G. Burg)와 조나단 오스트리(Jonathan D. Ostry) 연구원은 2011년 5월 보고서(〈Inequality and Unsustainable Growth: Two Sides of the Same Coin?〉)에서 "2008년 글로벌 경제 위기의 뿌리는 미국 금융시장에 있지만, 최소한 부분적으로는 불평등의 악화로 인해 빚어졌다"고 밝혔다. 그리고 "평등은 성장을 촉진하고 지속해가는 데 있어서 중요한 요소로 보인다. (중략) 불평등은 또한 조기 사망과 이혼 증가를 유발한다. 즉 불평등은 단순한 통계의 문제가 아니라 인간의 문제라는 점을 일깨워준다"고 지적했다.

지만, 평등은 안 된다(Redistribution, Yes, Equality, No)"는 말로 대답한다. 빈부격차를 완화하기 위한 조세 및 복지 정책의 시행은 찬성하지만, 그것을 '평등'이라는 이념적 잣대에 근거해 부자를 '부도덕한 존재'로 몰아붙이는 형태로 가져가서는 안 된다는 말이다. 칼레츠키가 《자본주의 4.0》에서 제시하는 '시장과 복지를 절충'하는 데 있어서 가장 긴요한 지혜는 이념의 족쇄에서 벗어나 아담 스미스의 실용주의 정신에 충실하는 것이다.

자유시장 자본주의에서 모든 부자를 부도덕한 존재로 몰아붙이는 것은 잘못이다. 단지 극소수의 부자가 그럴 뿐이다. 또한 OWS 시위자의 '우리는 99퍼센트다'라는 구호에 담겨 있는 메시지는 미국의 중산층 몰락과 빈부격차의 악화가 더 이상 지속될 수 없는 한계에 도달했다는 강력한 경고다. 그러나 경제적 불평등과 빈부격차의 악화는 월가 금융권과 일부 부도덕한 부유층의 책임이기보다는 월가를 비롯한 특별 이익집단의 로비에 휘둘리며 세계화 경제의 내재적 불평등 구조가 극한으로 치닫는 것을 방치해온 미국 정치권의 책임이 훨씬 더 무겁다는 점을 잊어서는 안 된다. 이는

미국의 보수적 언론과 월가 금융인이 뒤늦게 주코티 공원 시위자의 분노에 '공감'을 표시하면서도 항의 시위의 장소가 맨해튼이 아닌 워싱턴 D.C.가 돼야 하고, 규탄 대상은 금융인과 기업인이 아닌 워싱턴 정치인이 돼야 한다고 지적하는 배경이다.

경제학을 점령하라

우리는 경제학계의 이념적 세뇌(洗腦)에 반대하는 경제학자다. 마찬가지로 우리는 현재의 경제 위기의 원인과 결과에 관한 핵심적 논의에서 정치적 세뇌에 반대한다. 우리는 부유층과 힘센 1퍼센트의 단기적 탐욕으로부터 경제를 해방시키려는 미국과 전 세계의 '월가를 점령하라(OWS)' 운동을 지지한다.

미국 대학에서 '경제학 4'라는 이름의 블로그를 통해 전개되고 있는 '경제학을 점령하라(Occupy Economics)' 운동의 '경제학자의 선언문(Economists' Statement)' 첫 대목이다. 이 블로그의 명칭은 '국민을 위한(For The People), 지구를 위한(For The Planet) 그리고 미래를 위한(For The Future) 경제학'을 의미한다. 즉 '경제학 4'에서 숫자 '4'는 'For'에 해당한다. 그러나 다른 한편으로 아담 스미스의 경제학을 '경제학 1'이라고 한다면 케인스 경제학을 '경제학 2', 통화 학파의 자유주의 경제학을 '경제학 3'으로 부를 수 있을 것이며, '경제학 4'는 주류 경제학의 대안으로서 '서민과 환경 및 희망의 신경제학'을 지칭하는 것으로 이해할 수도 있을 것이다.

'경제학 4' 운동의 '경제학자 선언문'은 2011년 11월 13일 낸시 폴버(Nancy Folbre)를 비롯한 매사추세츠 대학(에머스트) 경제학과 교수의 주도로 작성되었고 11월 27일까지 220여 명의 미국 경제학자의 동참을 이끌어냈다. 폴버 교수는 '경제학 4' 운동의 의미를 설명하는 비디오에서 "우리는 경제적 위기의 시대를 살아가고 있다. 이 위기는 전통 경제학의 접근법이 얼마나 결함이 많은 것인가를 보여준다"고 밝혔다. 그리고 〈뉴욕 타임스〉(2011. 11. 28) 기고에서 "경제적 불평등의 심화에 관한 우려는 주류 경제학의 이론과 효율적 시장 신념에 대한 비판의 확산과 아주 정확히 합치한다. 나를 포함해 (주류 경제학을 비판하는) 많은 경제학자는 우리가 '효율적 시장'이 아니라 '글로벌 자본주의 시스템' 속에 살고 있다고 주장한다"고 말했다. 그리고 "이제 C라는 글자(자본주의를 비하하는 표현)에는 개인적 선택을 부당하게 제약하고, 정치적 민주주의를 잠식하고, 금융 및 환경적 위기를 발생시키고, 또 대안적 경제사상에의 접근을 제약하는 경제적 권력 집중에 관한 우려가 담겨 있다"고 강조했다.

이것은 '경제학 4' 운동이 단순히 주류 경제학의 특정 이론이나 방법론에 대한 비판에 그치는 것이 아니라 오늘날 세계적 경제 위기 속에 불평등의 심화와 중산층의 붕괴를 막을 해법을 내놓지 못하고 있는 '경제학의 실패'에 대한 책임 추궁을 의미한다. 미들베리 대학의 로버트 프라쉬(Robert Prasch) 교수는 "경제학이 비전을 주고, 위험을 경고하고, 의사결정을 할 수 있는 정보를 제공하지 못했다는 것이 모든 사람에게 분명해졌다"고 말했다. 또 매릴랜드 대학의 가르 앨퍼로비츠(Gar Alperovitz) 교수는 "경제학을 점령하라" 운동은 필요한 대화가 시작된 중요한 사건이다. 이 운동은 이러한 대화가 일어나는 데에 불을 당겼을 뿐만 아니라 미국인에게 무엇이 자신에게 중요한지 알려주는 사건이기도 하다"고 지적했다.

이에 앞서 11월 초 하버드 대학에서는 그레고리 맨큐(Gregory Mankiw) 교수의 경제학 개론을 수강하던 학생 가운데 80여 명이 그의 강의가 "미국에서 경제적 불평등을 심화하고 있는 제한되고 특정한 경제학 시각을 옹호한다"는 항의문을 제출하고 강의실을 뛰쳐나가는 사건●이 벌어졌다. 폴버 교수는 이 사건이 자극제가 되어 미국 경제학자 사이에서 경제학 개론 교재의 '보수적 왜곡(conservative bias)'에 관해 온라인 토론이 벌어지고 있

● 맨큐 교수는 학생의 항의문에 대한 답변으로 "너희가 항의하는 것에 대해 알라"는 글을 〈뉴욕 타임스〉에 기고(2011. 12. 3)했다. 이 글에서 그는 자신의 강의를 듣는 750여 명의 학생 가운데 5~10퍼센트가 퇴장했다고 밝히고, 자신은 스펙 쌓기에 여념이 없는 대학가에서 학생이 자신의 좁은 관심사에서 벗어나 모두를 위해 더 나은 사회를 만들려고 하는 점에 박수를 보낸다고 하면서 이렇게 말했다. "그러나 다른 많은 OWS 운동과 마찬가지로 그들의 불만이 나에게는 정책적 처방에 관한 분명하고 냉철한 분석을 결여한 진부한 반체제 구호 덩어리일 뿐으로 보였다. 대다수의 경제학자와 나는 경제학이 이데올로기로 채워져 있다고 생각지 않는다. 우리 대다수는 케인스의, '경제 이론은 정책에 즉각 적용할 수 있는 확립된 결론의 집합체를 제공하지는 않는다. 그것은 원칙(doctrine)이기보다는 방법이며, 또 그 사용자가 올바른 결론을 도출할 수 있게 도와주는 마음의 장치(apparatus of mind)이고 사고의 기술(technique of thinking)'라는 말에 동의한다."

다고 밝혔다. 바야흐로 '경제적 불평등'이라는 개념이 경제 구조의 양극화나 소득분배의 불평등과 같은 부차적 관심사에서 경제학의 중심적 이슈로 떠오르고 있다.

경제적 불평등은 왜 심화되고 있는가. 그리고 그 해결책은 무엇인가. 폴버 교수의 〈뉴욕 타임스〉 기고에 대해 한 누리꾼은 "경제적 보상(報償)의 불공정성이 그 원인이며, 해결책은 다수 노동자에 대한 '과소 보상'과 소수 엘리트에 대한 '과잉 보상'을 바로잡는 것이다"라고 댓글을 달았다. 다른 한 누리꾼은 "경제학자는 대개 부유층과 권력자를 위해서 일하며, 그들

의 이데올로기는 사용자의 이익을 방어하도록 짜여 있다"고 비판한다. 주류 경제학에 대한 비판과 불신을 넘어 사실상 보이콧에 해당하는 강력한 항변이다.

과연 미국 경제학계는 이러한 분노의 목소리에 얼마나 부응할 수 있을까. 대학은 상아탑으로 불린다. 비록 미국 경제학계 내부에서 주류 경제학에 대한 반성과 대안 모색이 열기를 띠고 있지만 그로부터 '월가를 점령하라'의 시위나 맨큐 교수의 강의를 보이콧한 하버드 대학생의 욕구를 만족시킬 수 있는 어떤 현실적 결과물이 나올 것을 기대하기는 어려울 것 같다. 한 누리꾼은 "모든 경제문제의 근원은 경제 이론이나 경제 시스템의 잘못에 있기보다는 그 이론과 시스템을 구사하는 사람의 잘못에 있다"고 지적하며 경제학자와 정책 당국자의 '의식 변화'가 선결 과제라고 강조한다.

이른바 '경제학 4'의 논리는 만성적인 질병을 고치지 못하는 원인을 현대 의학의 탓으로 돌리고 대체 의학을 따를 것을 주장하는 이들의 논리와 유사하다. 현대 의학은 완전하지 못하며 더욱 발전되어야 한다거나 대체 의학에서 유용한 치료법이 있는지 의학적으로 검증하고 이를 선별하여 채택하여야 한다는 논리는 옳다. 그러나 검증이 되지 않은 대체 의학으로 정통 의학의 치료법을 대체하려는 것은 위중한 병일수록 더 위험할 수 있다. 대체 의학에 의한 정통 의학의 대체는 정통 의학의 실패 사례가 누적되고 대체 의학의 성공 사례가 집적되는 가운데 검증을 통해 그 유효성이 확립되었을 때에만 가능할 것이다. 만약 환자나 의사가 정통 의학의 처방과 치료법을 제대로 지키지도 않았으면서 병이 낫지 않는 원인을 정통 의학의 탓으로 돌리려 한다면 적절하지 않은 것과 마찬가지다. 경제학은 의학이나 다른 자연과학보다는 훨씬 덜 엄밀한 사회과학이지만, 다른 사회과학 분야보다는 훨씬 더 엄밀성을 자랑한다. 지금의 세계경제문제는 정통 경제학의 불완전성에 기인하는 면도 있겠지만, 그런 정통 경제학이 제시하는 유효한 경제정책 처방과 치료법을 제대로 지키지 않는 정치와 정책 당국의 책임도 적지 않다.

미국 통치체제의 위기

이라크 전쟁은 미국 정치체(政治體)에 대한 일종의 스트레스 테스트였
다. 그리고 행정부와 입법부, 군부, 정보기관, 영리 및 비영리단체, 언
론 등 모든 주요 제도와 기관이 그 테스트에서 떨어졌다. (중략) 이라
크 비극에 대한 책임을 특정한 인물에게 돌리는 것은 쉽고 또 아주
정당한 일이다. 그러나 지난 수년간 나는 개개인이나 이라크보다 한
층 더 중대한 실패가 훨씬 더 걱정스러웠다. 바로 미국 체제의 동맥
경화증 악화다.

—조지 패커(George Packer)

2011년 10월 하순 미국의 국제정치 전문지 〈포린 어페어스(Foreign Affairs)〉
11, 12월호를 받아들고 책장을 넘기다가 〈사회계약의 붕괴(The Broken
Contract)〉라는 제목의 글에 눈길이 멈췄다. 그리고 우에 인용한 대목을 읽으
면서 계몽주의 시대를 이끈 대표적 이론가 중 한 사람인 루소의 《사회계약
론》이 떠올랐다. 그리고 이 글의 다음 대목에서 〈뉴요커〉의 선임 기자인

조지 패커가 우려하는 바가 무엇인지 분명하게 느낄 수 있었다.

이라크는 예외적인 사례가 아니었다. 그것은 해마다 악화되고 있는 한 장기적 추세의 선명한 증세였다. 바로 그 파멸적인 전쟁을 유발했 던 동일한 고질병이 이번(2011년) 여름 부채 상한선 연장 소동에서 전 면적으로 펼쳐졌다. 예컨대 광신(狂信)에 가까운 이념적 경직성, 실제 적 사실에 대한 무관심, 목전(目前)의 이해관계밖에 보지 못하는 천박 한 사고, 국가이익을 망각한 파당적 행태 등이 그렇다.

2011년 11월 하순 미국 정치권은 또다시 고질병을 극적으로 드러내보 였다. 2011년 8월 초 연방정부의 디폴트(채무 상환 불능) 시한을 불과 이틀 앞 두고 황급히 연방 채무 상한선(federal debt ceiling)을 얼마간 올린 후 이른바 '슈퍼위원회'로 불리는 '상하원 합동 적자 감축 특별위원회'를 구성해 향 후 10년간의 부채 삭감 방안을 짜내도록 맡겼지만 이 위원회마저 합의안 을 찾아내지 못하고 11월 21일 해산을 선언한 것이다. 이 슈퍼위원회 공동 위원장을 맡은 젭 헨살링(Jeb Hensarling) 하원 의원(공화당)과 패티 머레이(Patty Murray) 상원 의원(민주당)은 "수개월간 열심히 집중적인 심의를 했지만 우리 는 시한 안에 국민에게 초당적 합의안을 내놓을 수 없게 되었다"고 위원회 활동의 실패를 선언했다. 그러나 두 사람은 성명서에서 "우리는 미국의 재 정 위기가 해결되어야 하며, 또 그것을 다음 세대가 해결하도록 남겨둘 수 없다는 공통된 신념을 가지고 이 과정을 끝낸다"는 사족(蛇足) 아닌 사족을 달아 조지 패커가 고발하는 미국적 고질병의 '인증 샷(증거 사진)'을 남겼다. 미국의 재정 적자 삭감이 후세대로 넘겨줘서는 안 될 그토록 중대한 문제라면서 왜 미국의 양대 정당인 민주당과 공화당은 그 해결책에 관해 미국 정부의 디폴트 상황에 이르도록 도박하면서 줄다리기를 벌인 후 다시 수 개월이 지난 시점에 이토록 참담한 무능력을 미국민과 세계에 공개적으로 인정해야만 했는가?

조지 패커는 그 원인이 '소득 불평등의 심화'와 '엘리트 계층의 도덕적 타락'에서 연유한다고 밝히고, 오늘날 미국의 상황을 '중산층 민주주의의 붕괴'로 규정한다. 그리고 미국의 모든 문제점의 뿌리에 숨어 있는 병은 '경제적 불평등'이라고 지적하며 다음과 같이 밝힌다.

> 그것은 마치 냄새가 없는 가스처럼 미국 사회의 모든 곳에 침투해 이 나라 민주주의의 생기를 빼앗아간다. 그러나 그 원천을 찾아내서 도려내기란 불가능해 보인다. 오랫동안 그 징후는 너무나 뚜렷했지만 일부 정치인과 전문가는 그 존재조차 부인했다. (중략) 불평등은 미국인 모두에 대한 기회의 약속을 계속 조롱하고 있다. 불평등은 경제를 한쪽으로 치우치게 만들어 부자는 돈이 넘쳐나 투기에 흥청대고 중산층은 돈에 쪼들려 꼭 필요한 물건조차 살 수 없어 빚을 얻고 부채에 시달린다. 이런 문제가 바로 금융위기와 대침체의 장기적 원인 중 일부다. 불평등은 사회를 계급 체제로 경화(硬化)시킨다. (중략) 불평등은 민주주의를 붕괴시킨다.[7]

미국 사회의 이런 실망스런 모습은 결코 미국만의 문제가 아니다. 한미 자유무역협정(FTA) 비준을 둘러싸고 여의도 국회의사당에서 벌어진 '최루탄 투척' 사건과 그 이후에 전개된 한국의 보수와 진보 진영 간의 상호 비방과 책임 공방은 조지 패커가 고발하는 미국 사회의 고질병을 무색케 하는 '한국병의 극치'를 보여주었다. 루소는 자연 상태에서의 인간을 '자유롭고 평등하며 선량한' 것으로 파악하고, 바로 그런 자연 상태에서의 행복을 지키기 위해 사회계약을 통해 정부를 만든다고 밝혔다. 그런데 지금 워싱턴이나 여의도 정치인은 그런 계약 정신을 내팽개치고 당파적 이익에 매달려 국정을 극단적인 정쟁의 무대로 타락시키고 있다. 조지 패커의 말대로 세계화 경제는 지난날 국가 단

● 영국의 옥스퍼드 영어 사전 편찬자는 2011년을 상징하는 '올해의 단어'로 '쥐어 짜인 중산층(squeezed middle)'을 선정했다. 유력 후보였던 '아랍의 봄'을 제친 것이다. 〈BBC〉 등 외신에 따르면 옥스퍼드 사전 측은 '쥐어 짜인 중산층'의 정의를 "경제 위기에 따른 물가 상승, 임금동결, 공공 지출 삭감 등에 민감하게 영향 받는 사회계층으로서 주로 소득수준이 낮거나 중간층인 사람"으로 풀이했다. 옥스퍼드 사전 대변인은 "쥐어 짜인 중산층이 빠르게 뿌리를 내렸으며 경제 위기로 인해 2012년 이후에도 계속 사용될 가능성이 커 '올해의 단어'로 적합하다"고 설명했다. 이 용어는 에드 밀리반드(Ed Samuel Miliband) 영국 노동당 당수가 〈BBC〉 라디오 프로그램에서 처음 사용한 것으로 알려졌다.

위로 벌어지던 경쟁 관계를 지구적 차원으로 확대하면서 경제 구조의 양극화와 소득 불평등을 극대화하고 중산층을 붕괴시켰다. 그리고 정치의 이념화와 파당적 행태로 인해 노동자와 기업 및 정부 간에, 그리고 엘리트와 대중 간에 불문율로 지켜온 '사회적 계약'이 무너지고 선동적 포퓰리즘이 횡행하면서 '중산층 민주주의'가 붕괴되고 있다.●

'중산층 민주주의'란 무엇인가? 그것은 2차 대전 이후 미국의 경제성장에 따른 과실이 한층 더 공평하게 분배되고, 소득 불평등이 그리 심하지 않았고, 또 사회의 안정 세력으로서 중산층이 탄탄하게 자리 잡고 있었던 이른바 '혼합경제' 시기의 미국 정치 상황을 가리킨다. 조지 패커에 따르면 1970년대에 미국 기업의 최고 경영자의 보수는 최말단 종업원의 보수에 비해 40배가량 높았을 따름이다. 그런데 2007년 그 비율은 무려 400배로 벌어졌다. 또한 미국의 노동법과 정부 정책은 노동자와 사용자 간의 관계

를 균형적으로 유지함으로써 노동자의 임금 상승과 정부의 경기 부양 사이에 선순환이 이루어질 수 있게 했다. 정부의 세법과 금융감독 기관도 개인의 손에 과도한 부(富)가 축적되는 것을 억제하고, 세대 간에 부의 이전이 이루어지게 하는, 상속을 통한 금권주의(plutocracy)가 대두하는 것을 차단해왔다. 동시에 글래스-스티걸 법은 투자은행을 예금은행과 분리하고 모든 위험 투자에 대해 직접 책임을 지게 함으로써 금융위기의 소지를 없애고 경제적 번영을 실현하는 것으로 미국인의 정치 참여율을 전후 이후 최고 수준으로 끌어올렸다.

이런 가운데 엘리트 계층은 스스로 미국의 국가 체제와 이익을 지키는 관리자(custodian)라는 자부심을 가졌다. 그러나 이것은 당시의 은행과 기업·대학·법무 법인·재단·언론의 대표자가 미국의 현재 엘리트 계층에 비해 덜 부패하고, 덜 실적주의적이고, 덜 탐욕스러웠기 때문이 아니라고 조지 패커는 강조한다. 그러기보다 그들을 한층 책임감 있게 행동하도록 만든 것은 당시 미국 사회의 문화가 그들에게 이기주의적 기질을 드러내거나 미화하지 않도록 억제했기 때문이었다. 불행하게도 미국 사회의 이런 분위기는, 미국이 1978년에 경기 침체와 인플레이션이 동시에 진행된 스태그플레이션 상황에 대한 해법으로 규제 완화와 경쟁 강화에 기반을 둔 신자유주의 정책으로 급선회하면서 무너져버렸다. 조지 패커는 그에 앞서 이미 1960년대에 미국 사회를 휩쓴 문화 전쟁, 미국적 예법과 도덕관의 근본적 변화가 신자유주의적 선회를 가능하게 만든 배경을 형성했다고 지적한다.

사회적 양식과 정치적 금기는 쉽사리 깨지지만, 한번 깨진 다음에는 좀체 다시 일으켜 세울 수가 없다. "인간은 어떤 생활 조건에도 익숙해질 수 있으며, 특히 자신의 주변에 있는 모든 사람이 용인하고 있는 것으로 생각할 때 더욱 그러하다"고 톨스토이는 일찍이 우리에게 일깨워주었다. 1980년대 이후 신자유주의 광풍을 타고 경제 세계화가 급진전되면서 경제적 양극화와 소득 불평등이 심화되고, 그로 인해 중산층이 붕괴되고 엘리트 계층이 '노블리스 오블리제' 정신을 상실하면서 정치의 이념화와 당파적 행태가 극치를 이루고 있다. "불평등은 미국의 중대한 사회적 문제를 더 이상 공동의 문제로 여기지 않게 만들고 있기 때문에 그에 대해 야심에 찬 해법을 강구하려는 사회적 의지의 결집을 불가능하게 만들고 있다. 그러기 때문에 불평등은 민주주의를 붕괴시킨다"고 조지 패커는 고발한다.

엘리트 계층의 타락,
위기의 진원지

미국의 저명한 역사학자이며 문화 비평가인 래시(Christopher Lasch, 1932~94)는 현대사회의 위기를 엘리트 계층의 반란에서 연유하는 것으로 규정한다. 지난 19세기 이후 산업화의 급진전과 노동자 및 서긴 소비자 계층의 급팽창에 따라 스페인의 작가 오르테가는 '대중의 반란(The Revolt of the Masses, Jose Ortegay Gasset, 1932)'을 우려했고 실제로 그 우려는 나치즘과 파시즘을 통해 현실화됐다. 그러나 이제는 민주주의를 위협하는 것은 난폭한 대중이 아니라 책임 의식을 상실한 이기주의적 정치 엘리트와 지식인 계층이라고 래시는 강조한다.[8]

래시가 고발하는 엘리트의 반란은 바로 '21세기 인간의 전형(典型)'으로 제시되고 있는 엘리트 계층의 노마드(Nomad, 유목민)적 측면과 밀접히 연관되어 있다. 이른바 '글로벌 경제'가 등장하면서 이들 엘리트 계층은 자신이 속한 지역에 대한 책임과 의무를 도외시하고 세계 보편인으로 글로벌 기준과 가치를 우선시하며 공동체 문화와 민주주의의 토대를 무너뜨리고 있는 것이다. 래시가 말하는 엘리트 계층은 우리 사회의 각 분야에서 상층

부를 구성하고 있는 신지배층을 가리킨다. 즉 정치인과 관료, 교수, 기업 관리자, 변호사와 회계사, 언론인, 그리고 여타 전문 직업인이 여기에 해당한다. 신지배층은 과거의 지배 계층과 여러 가지로 다른 점을 가지고 있다. 그중에서 가장 두드러진 특징은 '노마드'적 방랑성(放浪性)과 집단적 폐쇄성, 그리고 실적주의의 신앙이다.

과거의 지배 계층은 지역공동체에 그 뿌리를 두고 있었다. 그들은 지역공동체에서 가장 많은 재산을 소유하고 있는 부호이거나 국가적 공훈을 세운 명문가의 일족이었다. 즉 그들은 '토지의 귀족'이었다고 할 수 있다. 이에 비해 신지배층은 지역공동체와 무관한 '두뇌의 귀족(aristocrats of brain)'이다. 그들은 자신의 노력을 통해 사회적 출세의 사닥다리를 딛고 올라서 지배 계층에 진입했다. 그리고 이들이 활동하는 무대는 이제 국제화되어 스스로 세계시민을 자처하며 전통적 의미의 시민이라는 말에 함축되어 있는 지역사회에 대한 기본적 책임과 의무를 외면하는 성향을 키우고 있다.

래시는《엘리트의 반란과 민주주의 배반》에서 그들의 초국가적 성격을 다음과 같이 설명한다.

이제 로스엔젤레스에서 기업인과 전문직 계층은 자신의 도시를 태평양 연안으로 나가는 '출입문' 정도로 간주한다. (중략) 국경 없는 글로벌 경제에서 돈은 국적과의 연결 고리를 상실했다. (중략) 로스엔젤레스의 특권 계층은 자신의 동족 대다수보다는 일본과 싱가포르, 그리고 한국에 있는 자신의 동류(同類)에 대해 한층 더 친족관계를 느낀다.

신지배층은 또한 일반 주택지와는 동떨어진 곳에 자신만의 주거 단지를 만들고 자녀를 사립학교에 보내며 사설 경비원을 채용해 자체 방범체제를 운영한다. 그리고 공공서비스의 개선에 무관심하며 스스로의 폐쇄적 집단이익에 더욱 많은 관심을 쏟는다. 이것은 과거의 지배 계층이 비록 대저택이나 성채 안에서 대중과 동떨어진 생활을 하면서도 어디까지나 그 지역 공동체 안에서 거주하며 대중과 긴밀한 관계를 가졌던 것과는 아주 대조적인 현상이다. 신지배층은 의도적이든 아니든 지역공동체에 대한 스스로의 의무를 외면하면서 그들만의 폐쇄적 집단을 형성해 고립된 생활을 영위하고 있는 것이다. 동시에 신지배층은 오로지 자신의 노력과 능력을 통해 지배 계층으로서의 영예와 특권을 획득했다는 철저한 실적주의의 신앙을 지니고 있다. 이러한 실적주의 관념은 생각하기에 따라 현대사회를 신분과 세습에 입각한 과거 사회와 구별 지어주는 매력적인 것으로 보일 수 있다. 그러나 실제로 우리는 이 실적주의로 인해서 사회적 빈부격차가 더욱 벌어지고 다수 근로자의 삶의 질이 후퇴하는 것을 발견한다. 특히 실적주의는 "모든 것을 스스로의 능력과 노력의 결과로 치부하기 때문에 자신이 선조나 공동체로부터 받고 있는 혜택과 스스로 후세를 위해 기여해야 하는 책임감을 망각하게 만드는 경향"이 있다고 래시는 지적한다.

한국 엘리트 계층의
현주소

래시가 고발하는 '엘리트의 반란'은 미국의 신지배층에 관한 문제다. 그렇다면 우리나라의 엘리트는 어떠한가? 기자적 직감으로 얘기한다면 이 문제는 미국의 엘리트보다 우리나라의 엘리트에게 있어서 훨씬 더 심각하다. 그것은, 미국 사회는 확고한 민주주의에 대한 신념과 전통에 따라 엘리트 집단의 이기주의가 어느 정도 억제되고 있는 데 반해 우리나라는 과거의 반상(班常) 의식이 신엘리트 계층의 특권 의식과 결합하여 오로지 자신의 권익만을 탐하고 사회적 의무를 외면하는 타락한 엘리트 계층을 양산하고 있기 때문이다.

한국의 엘리트 계층 가운데 가장 추악한 부류는 정치 엘리트다. 한국의 정치 엘리트는 오로지 갈등과 대립의 게임만을 벌이며 정치 그 자체를 부정하는 방법까지 동원하여 상대방을 제압하고자 애쓴다. 정치 윤리를 전적으로 부정하는, 오로지 정치 공작과 꼼수만이 판을 치는 것이 한국의 정치판이다. 이 때문에 한국의 정치는 사회에 대해 거의 전적으로 부정적 기능만을 하면서 국민적 지탄의 대상이 되고 있다. 현재 한국의 정치에는 희망이 전혀 없다. 즉각 정리해고를 단행하여 퇴장시키고 완전한 무(無)의 상태에서 새로운 정치를 일구어나가야 한다.

한국의 정치는 사회의 질서를 규율하고 그 흐름을 투명하고 효율적으로 유지하지 못하고, 그 질서를 깨뜨리고 왜곡하며 흐름을 혼탁하게 만드는 반(反)정치적 기능만을 능사로 한다. 이러한 한국 정치의 행태는 정치의 시장화(市場化)에서 연유한다. 정치인이 자신의 지위와 권세를 돈벌이 수단으로 여기고, 그 돈으로 다시 더 높은 지위와 더 강한 권세를 획득하려는 정치의 시장화 게임을 하고 있는 것이다.

한국 정치의 시장화 폐해는 정치에서 멈추지 않는다. 사회의 나머지 다른 부문을 함께 정치화하고 시장화하여 온 나라를 정치의 해독으로 뒤덮는다. 이 때문에 사회 각 부문에서 똑똑한 인재는 쉽사리 정치화되고 궁극적으로 정치 무대로 흡인되어 부패하고 무능한 정치인의 수족(手足)으로 전락한다. 오늘날 우리 사회가 어느 한구석 정치화되지 않은 곳이 없고 사회 모든 부문이 정치적 허구와 출세주의로 멍들어 있는 것은 이 때문이다. 이것은 한국 정치의 맹독성 블랙홀(black hole) 현상이다.

한국의 지식인은 입신양명을 최고의 가치로 삼고 있는 출세 지상주의자다. 그들은 출세를 위해 교육을 받고, 또 출세를 위해 면학을 하고, 출세를 위해 사회적 경력을 쌓아간다. 그리고 출세는 일차적으로 자기 자신의 영예와 가족의 호사를 보장하기 위해서이며, 사회적 공익과 국가적 안위는 항시 그들의 개인적·가족적 이익과 안위에 대해 부차적 가치로밖에 인정받지 못한다.

출세 지상주의 때문에 한국에서 권력자가 바뀌고 교육제도가 달라지고 사회 각 부문의 물갈이 인사가 이루어져도 지식인의 추악한 행태는 전혀 바뀌지 않고 나날이 그 폐해가 깊어지고 있다. 한국 지식인의 행태 중에서 가장 폐해가 심한 것은 시류 영합적인 사고와 논리다. 그들은 권력자가 원하는 것을 역사적 진리로 포장하고, 자신과 견해를 달리하는 동료를 반(反)개혁으로 매도하며 출세의 게임에서 배제시키는 데에 지나치게 능숙하고 또 잔인하다. 지식의 사닥다리에서 그들이 추구하는 최고의 목표는 권력자의 지근(至近)거리에 접근하여 권세를 확보하고 자신과 가족의 부귀영화를 담보하는 것이다.

한국의 지식인은 '사고의 빈곤'이라는 중병을 앓고 있다. 이 병은 지식으로 치유되지 않는다. 오히려 지식의 사닥다리를 타고 높이 올라갈수록 이 병의 증세는 더욱 고질화된다. 이 때문에 초년기에 창의적이고 비판적이던 소장 학자도 연륜을 쌓으면서 자연스레 시류 영합적이 되고 출세 지상주의자의 무리에 스스로도 모르는 사이에 합류한다.

부채의 저주

2장

금융자본주의의
독소

소비자 부채는 우리 경제의 피다. 모든 민족국가는 적자 지출을 바탕
으로 하고 있다. 부채가 세계 정치의 핵심 이슈가 되었다. 그런데도
부채가 정확히 무엇인지, 아니면 부채에 대해 어떤 식으로 생각해야
하는지에 대해 아는 사람은 아무도 없는 것 같다.[9]

— 데이비드 그레이버(David Graeber)

경제학 사전에 '부채'는 '재화나 용역의 차입(借入)을 전제로 부담한 금전
상의 상환 의무'라고 아주 간명하게 정의되어 있다. 또 일반적인 용어로
부채는 채무와 같은 말로 쓰인다. 그런데 부채란 무엇인가? 또 그에 관해
사람들의 생각이 어째서 그처럼 헷갈린다는 말인가? 그레이버가 말하는
부채의 신비성은 그 도덕적 측면과 연관되어 있다. 보통 사람은 부채를 꼭
갚아야 하는 것으로 생각한다. 부채를 갚지 않는 사람은 비양심적인 사람
으로 취급되며 사회적으로 따돌림을 받는다. 그런데 다른 한편으로 그에
게 돈을 꿔준 사람 역시 탐욕스럽고 자기 잇속만 챙기는 이기주의자로 취

급되며 사회적으로 빈축을 받기 십상이다. 부채의 두 당사자인 채무자와 채권자가 경제적으로 단순히 돈을 빌리고 빌려주는 관계를 넘어 사회적으로 똑같이 비난을 받을 수 있는 매우 곤혹스러운 관계에 서 있는 것이다.

"인류의 역사는 부채의 역사다"라고 그레이버는 말한다. 인류가 공동체를 이루고 생활하면서 물물교환을 시작하던 그 시점부터 모든 사람이 여러 가지 방식으로 거의 모든 사람에게 빚을 지고 있었으며, 대부분의 거래가 화폐가 없는 상태에서 이미 시작된 것이다. 그리고 2008년 금융위기 이후 부채 위기는 세계 정치의 핵심 이슈가 되어 많은 설왕설래가 있었지만, 여전히 이 문제에 관해 "진정한 대화는 결코 이뤄지지 않았다"고 그레이버는 말한다. 2008년 위기에 앞서 우리는 "첨단 금융 혁신에 관한 이야기를 귀가 따갑도록 들어왔다. 그러나 결국 모든 것이 정교한 사기에 지나지 않았다"는 사실이 드러났다. 정치인과 금융 귀재(鬼才)는 또다시 새로운 금융 마술을 통해 사기극을 덮으려 하고 있지만 첨단 금융에 관해 무지한 대중은 그 논의에 끼어들 틈이 전혀 없다. "월가를 점령하라"라는 시위자의 반(反)금융 반(反)자본주의 외침에 담긴 좌절과 분노의 의미다.

현대사회는 금융자본주의의 지배하에 있다. 모든 산업의 정점에 금융업이 둥지를 틀고 앉아 자금줄을 당겼다 늦추었다 하면서 각 산업부문의 생산과 고용을 좌지우지하는 것이다. 금융업은 실물경제의 돈줄이 되어 그 성장을 뒷받침하고 기업 이윤에서 일정한 몫을 이자로 취하는 것이 정상이다. 그런데 언제부터인가 금융인이 이 원칙을 외면하고 실물경제를 거치지 않은 채 자금을 금융시장 내부에서 빠르게 회전시키면서 고율의 이득을 챙기는 '자본의 금융화' 현상이 확산되기 시작했다. 부채에 관한 정의에서 '재화나 용역의 차입을 전제로'라는 조건이 사라지고, '실물거래와 단절된' 순수한 금융거래가 급증하면서 시장의 혼란이 가중되고 있다. 금융시장 가운데 가장 거래가 활발한 외환시장의 하루 거래량이 2010년 4월을 기준, 3.98조 달러로 연간 세계무역액 15조 495억 달러의 26퍼센트, 하루 무역량의 96배에 달해 실제 무역 결제를 위한 외환 거래는 시장의 극히 작은 일부를 차지*하고 있을 뿐이다. 실물경제와 유리된 금융시장의 급팽창은 1980년대 초 영국의 마거릿 대처 총리와 미국의 로널드 레이건 대통령의 신자유주의 경제정책에 힘입어 금융 규제 철폐와 자본 자유화가 급진전된 결과다. 그레이버는 이러한 변화로 인해 "생산성은 끊임없이 향상되었지만 임금은 제자리걸음을 걷거나 오히려 떨어지면서 그 둘의 관계가 단절되었다"고 지적한다. "경제성장 혜택의 배분에서 자본과 노동의 몫은 거의 일정하다"는 이른바 '칼더의 유형적 사실'이 무너지고 경제적 불평등과 빈부격차가 악화되어온 배경은 여기에 있다.

● 2010년 4월 외환시장의 하루 거래량 3.98조 달러 가운데 1.5조 달러는 현물거래, 2.5조 달러는 선물과 스와프 및 여타 파생 상품 거래였다. 주요 거래자는 대형 은행, 중앙은행, 기관투자가, 통화 투기자, 기업, 정부 그 밖의 금융기관이고, 거래 중심지는 영국 36.7퍼센트, 미국 17.9퍼센트, 일본 6.2퍼센트의 순이다.

부채 위기와
소비 침체의 악순환

2008년 글로벌 금융위기 이후 벌써 만 4년이 됐지만 대다수 선진국
경제는 새로운 유령에 시달리고 있다. 그것은 선진국의 절대 다수 시
민이 앞으로 상당 기간 저성장 속에 임금 침체를 겪게 되리라는 전망
이다.

—크리스 자일스(Chris Giles)

마치 《공산당선언》의 첫 대목을 읽는 기분이다. 〈파이낸셜 타임스〉의 크
리스 자일스(Chris Giles) 경제 에디터는 '소득 침체 유령이 세계를 괴롭히고
있다'[10]는 글에서 "전후 선진국에서 각 세대는 자신의 부모보다 더 나은
생활수준을 누릴 수 있을 것이라는 믿음이 있었다. 그러나 지금은 어느 때
보다 소득 전망이 어둡다"고 밝혔다. 소득 전망이 나쁠 때는 정부가 아무
리 다그쳐도 소비자가 지갑을 열려고 하지 않는다. 많은 미국인은, 휘발유
값이 갤런당 4달러로 치솟고 식료품 구입비가 1주일에 30달러나 증가해
다른 소비를 늘릴 수 있는 여유가 전혀 없다. 소득 침체가 소비 침체로 이

어져 미국 경제의 회복을 가로막고 실업률을 높인 결과 다시 소득 침체가 지속되는 악순환의 고리가 형성되었다.

미국의 GDP에서 개인 소비지출이 차지하는 비중은 약 70퍼센트에 이른다. 그렇기 때문에 미국 소비자가 지갑을 열지 않으면 정부가 아무리 경기를 살리고자 해도 헛수고로 끝나기 십상이다. 이 대목에서 케인스주의자는 개인 소비자의 지출 부족 부분을 정부 지출을 늘려 메워주면 경기 침체를 막고 경제성장을 지속시킬 수 있다고 말한다. 그러나 2008년 글로벌 위기 이후 미국을 비롯해 많은 나라의 재정 및 통화 확대는 경기회복을 끌어내지 못한 채 국가 부채만 크게 늘렸고, 다시 그 부채를 줄이려고 긴축정책으로 돌아서면서 경기 침체는 한층 악화되었다. 왜 이런 일이 벌어지게 됐나? 그 이유는 정부가 아무리 돈을 풀어 소비를 뒷받침하고 경기를 회복시키려고 해도 소비자가 그 돈을 시장에서 쓰지 않고 은행 대출을 갚는 등 부채를 줄이는 데에 쓰고 있기 때문이다. 워싱턴 정치권이 GDP의 100퍼센트에 달한 연방 부채를 줄일 방안을 둘러싸고 극한적 대립을 벌이고 있는 가운데 미국 소비자 역시 GDP의 100퍼센트에 가까운 자신의 부채를 줄이는 데에 여념이 없는 것이다.● "소비자 부채는 경제의 피"라는 그레이버의 말은 틀림없는 진리다. 그러나 그 부채가 일정한 한도를 넘어서면 부채의 원리금을 갚는 데 소득의 상당 부분이 묶이면서 전체 소비자지출이 줄어들고 소비 침체가 악화되면서 경제가 회복되는 것이 아니라 다시 침체로 기울어지게 되는 것이다.

유럽의 상황은 소비 침체를 넘어 '소비

● 미국의 소비자 부채는 1984년 2조 달러에서 2008년 14조 달러로 늘어났다. 이는 미국 경제가 소비자 부채 위에 호황을 구가해왔음을 확인해준다. 미국 FRB는 2010년 현재 소비자 부채를 11.4조 달러(모기지 부채 8.4조 달러, 여타 부채 3조)로 집계했다. 미국의 소비자 부채는 1970년대에 급증하기 시작해 1982, 83년 불황기에 잠시 주춤하다가 그 이후 25년간 다시 급증해왔다.

위기'라고 할 만큼 매우 심각하다. 그리스가 이미 사실상 디폴트 상태에 빠진 가운데 유로 통화권(유로존) 국가는 부채 위기가 이탈리아와 스페인으로 옮겨붙는 것을 막느라고 정신이 없다. 그러나 부채 위기에 대한 유로존의 기본 대책이 엄격한 긴축정책을 조건으로 구제금융을 제공하는 것이어서 '부채 위기와 소비 침체'의 악순환이 가속화되고 있다.

'침체 속 긴축'의
어리석음

매번 같은 일을 반복하면서 이번에는 다른 결과가 나올 것으로 기대하는 것은 멍청한 짓이라고 에디슨은 말했다. 정치인과 정책 당국자는 스스로를 아주 똑똑하다고 생각한다. 그러나 바로 '이번엔 다르다'고 여기는 그들의 자만심이 항상 경제 위기를 불러왔다고 케네스 로고프와 카르멘 라인하트 교수는 증언●한다. 또한 영국의 주간 경제지 〈이코노미스트〉는 "선진국의 2012년 정책 상황은 1930년대 대공황 중간에 프랭클린 루즈벨트 대통령이 긴축정책으로 선회함으로써 힘차게 살아나고 있던 미국 경제를 다시 침체로 빠져들게 만들었던 것과 같은 정책적 오류로 이어질 수 있다"[11]고 우려한다. 1937년 루즈벨트 대통령은 당시 헨리 모겐소(Henry Mogenthau) 재무장관이 거듭 부채 삭감과 균형예산을 주장하자 의회에 긴축 조치를 취할 것을 요구했고, 의회는 지출 삭감과 세금 인상을 통

● "800년 동안 일어난 금융위기 사건을 집중 분석하여 내린 최종 결론은 다음과 같다. 금융위기 직전에 경제 호황이 발생하고, 반복되는 가장 값비싼 투자 조언은 '이번엔 다르다'였다는 점이다. (중략) 금융 전문가와 고위 관리는 우리가 과거보다 업무를 잘 수행하고 있고, 보다 현명하며, 과거의 실수로부터 충분히 교훈을 얻었다고 주장한다." — 《이번엔 다르다》, 케네스 로고프 · 카르멘 라인하트 지음, 최재형 박영란 옮김, 다른 세상, 2010. p28

해 1936~38년 사이에 GDP의 5.5퍼센트에 이르던 재정 적자를 한 번에 제거했다. 동시에 FRB는 소폭의 금리 인상과 함께 1937년 중반에서 1938년 중반 사이에 은행 지급준비율을 두 배로 올렸다. 그 결과 미국 경제는 1929년 위기 이전 수준으로 올라서는가 싶더니 다시 침체로 빠져들어 1937, 38년 사이에 실질 GDP가 9퍼센트나 감소하고 산업 생산이 32퍼센트나 격감하면서 실업률이 다시 19퍼센트(계산 기준에 따라 13퍼센트)까지 치솟았다.[12]

2008년 글로벌 금융위기를 맞아 미국과 유럽 국가는 1930년대 대공황의 교훈을 살려 대대적인 재정 및 통화 확대에 나섰고, 그 결과 자칫 제2의 대공황이 촉발될 수 있었던 상황을 '대침체(Great Recession)'로 완화시킬 수 있었다. 미국 연준(FRB)의 벤 버냉키(Ben Bernanke) 의장과 영국 잉글랜드은행의 머빈 킹(Mervyn King) 전 총재는 자랑스럽게 "우리가 대공황을 막아냈다"고 말한다. 그러나 산업 생산과 고용 등 전반적인 경제 상황이 아직 2008년 위기 이전 수준으로 회복되지 못한 상태에서 유로 통화권(유로존) 국가는 2010년 초 그리스의 부채 위기를 계기로 강도 높은 긴축 조치로 돌아서기 시작했고 미국 역시 부채 압박에 쫓겨 재정긴축으로 방향을 바꾸지 않을 수 없는 상황이다. 1937년 당시 루즈벨트 대통령은 정책적 오판으로 미국 경제를 다시 침체에 빠뜨렸지만, 현재는 뻔히 잘못된 정책이 될 것이라는 점을 잘 알면서도 부채의 압박 때문에 그런 정책을 따라가고 있는 괴이한 상황이 벌어지고 있는 것이다.

2012년 선진국의 경제정책 기조는 '침체 속 긴축(austerity amid recession)'으로 규정할 수 있다. 특히 유로존 재정 취약국은 유로화라는 족쇄 때문에 통화 가치를 떨어뜨려 대외적 경쟁력을 회복할 수 있는 '대외적 평가절하'의 길이 막혀 있기 때문에 국내적으로 정부 지출을 줄이고 임금과 연금을 깎고 세금을 올리는 이른바 '대내적 평가절하'라고 불리는 긴축 조치를 취할 수밖에 없는 딱한 처지다. 미국은 경기 침체의 위험이 보일 때 버냉키 의장이 즉각 제3의 양적 완화(QE3)에 나설 것을 다짐하는 등 적극적인 정책 대응자세를 보이고 있다. 그러나 워싱턴 정치권은 오바마 대통령과 민주당이 부자 증세(Buffet tax)와 복지 확대를 고집하는 반면, 공화당은 일체의 증세를 거부하며 지출 삭감만을 고집하고 있기 때문에 재정적 경기 부양 가능성은 사실상 완전히 막혀 있는 상황이다. 그렇다면 유로존 국가와 미국이 '침체 속 긴축'이라는 암울한 정책 상황에서 벗어날 수 있는 방법은 없는가. 일부 전문가는 긴축이 꼭 경제성장에 부정적인 것만은 아니라고 지적한다. 통상 재정 긴축은 이자율을 떨어뜨리고 민간 부문에의 자금 배분을 원활하게 만들어 성장을 부추기는 것으로 간주된다. 그러나 현재는 미국과 유로존의 정책 금리가 사실상 최저 수준으로 떨어져 있기 때문에 그런 긴축 조치의 긍정적 효과가 나타날 여지는 거의 없다.

결국 '침체 속 긴축'이라는 정책적 딜레마 상황은 경제적 차원이 아닌 정치적 차원에서 탈출구를 찾을 수밖에 없다. 이 점에 관해 버냉키 의장과 현재 오스트레일리아 재무부의 고위 관리인 마틴 파킨슨(Martin Parkinson)은 중요한 시사점을 던져준다. 지난 1989년 두 사람은 한 논문에서 뉴딜 정책의 효과에 관해 그것이 직접 경기회복을 이끌어냈다기보다는 "자연적 경기회복을 가로막고 있던 걸림돌을 치워준 측면"이 더 크다고 밝혔다. 또한 노벨경제학상 수상자인 폴 크루그먼 프린스턴 대학 교수는 "안정적이고 책임감 있는 정부, 즉 상황이 괜찮을 경우 얼마간 높은 세금을 부과하려는 의지를 가진 정부"가 있는 국가는 역사적으로 통상적 관념보다 훨씬 높은 수준의 부채를 감당할 수 있었다고 지적하며 워싱턴 정치권이 연방 부채 감축 논의에 빠져 경제성장 문제를 도외시하고 있는 점을 비판한다.

유로존과 미국 정치지도자 역시 같은 역할을 할 수 있다. 지금 세계경제를 괴롭히고 있는 최대의 악재는 정치적 리더십 부재에 따른 경제적 불확실성과 성장 정책의 실종이다. 2012년 미국과 유럽 정치인은 '침체 속 긴축'이라는 모순된 정책으로 경제 상황을 악화시켜 사회 정치적 갈등을 증폭시키는 대신에 장기적으로 재정 건전성을 회복할 수 있는 계획에 입각해 적극적으로 성장을 통해 부채의 압박을 완화해가는 적극적이고 책임감 있는 정치력을 발휘할 수 있어야 한다.

제로 금리정책의 역설

'악화가 양화를 구축한다.' 16세기 영국의 경제학자 토머스 그레샴(Thomas Gresham)의 이름을 따서 명명한 그레샴의 법칙이다. 과거 금이나 은으로 주조된 화폐를 사용할 때 소재 가치가 액면가치보다 높은 양화(良貨)와 소재 가치가 액면에 미치지 못하는 악화(惡貨)를 동시에 유통시킬 경우 전자는 시중에서 사라지고 후자만 남아서 유통된다는 의미이다. 그런데 이제 그런 구분이 전혀 없는 법화(法貨)만을 사용하는 현대사회에서 또 다른 모습의 그레샴 현상이 나타났다. 일본과 미국, 그리고 유럽에서 부채 위기를 헤쳐나가기 위해 이자율을 제로 상태까지 떨어뜨리고 무한정 돈을 풀고 있지만 그 돈은 시중에서 자취를 감추고 미국 재무부 증권과 같은 안전 자산에만 투자가 몰리고 있는 것이다. 이것은 신용 시장에서 위험 인식이 높아지고 대출 위험을 감수하려는 인센티브가 낮아지면서 은행이 돈을 수익률이 극히 낮은 미국 재무부 증권에 투자하거나 중앙은행에 지급준비금으로 쌓아놓기 때문에 일어나는 현상이다.

선진국의 제로 금리정책은 연금이나 이자소득에 의지해 생활하는 계층에게 큰 고통을 안겨주고 있다. 그리고 대기업은 경기 전망과 정책 상황이 불투명하기 때문에 현금을 쌓아놓은 채 투자에 나서지 않고 있다. 반면에 중소기업은 돈 가뭄을 호소하고 있지만 위험성이 높아 은행이 대출을 기피하기 때문에 제로 금리정책에도 불구하고 경기회복이 좀체 이루어지지 못하고 있다. 금융기관은 낮은 이자율로 단기자금을 조달해 기업과 소비자에게 높은 이자율로 장기 대출을 하는 것이 본업이다. 즉 장단기 이자율 곡선은 단기가 낮고 장기가 높은 우상향 경사를 이루는 것이 바람직하다. 그러나 미국 연준(FRB)은 정부와 소비자가 안고 있는 엄청난 부채의 압박을 감안해 장기금리를 최대한 낮게 유지하는 정책을 펴고 있으며, 그 결과 장단기 금리가 거의 수평 상태를 이루고 있다. 표면적으로 이런 상태는 마치 '유동성 위기(liquidity crisis)'처럼 보이지만 실제로는 높은 부채의 압박과 소득 침체로 인해 소비자가 지출을 늘릴 수 있는 능력이 없는 '지급 능력의 위기(solvency crisis)'인 측면이 더 강하다.

이런 정책적 딜레마 상황에서 벗어나려면 세 가지 방법이 있다. 그 첫째는 부채를 갚아버리는 것이고, 둘째는 인플레이션을 통해 부채의 실질 가치를 떨어뜨려 가볍게 만드는 것이고, 셋째는 디폴트(채무 상환 불능) 선언을 하고 채무 조정 절차를 밟는 것이다. 이 가운데 가장 좋은 방법은 첫 번째이지만 앞으로 수년 동안 '저성장 고실업' 상태가 지속될 것으로 보이는 상황에서는 전혀 현실적인 해법이 될 수 없다. 성장이 뒷받침되지 않는 부채 삭감은 국가 경제의 장기적 발전의 관점에서 독이 될 수 있다. 그보다는 부채를 그대로 둔 채 경제성장을 진척시켜 GDP 대비 부채비율을 낮추는 것이 중요하다. 두 번째 방법은 각국 중앙은행이 만사를 제쳐놓고 인플레이션을 다스리는 것을 최대의 존재 목적으로 삼고 있기 때문에 역시 기대하기 어려운 해법이다(이 점에 관해서는 5장 '인플레이션의 신원' 참조). 세 번째 방법은 가장 현실적인 방법이지만 글로벌 금융 안정에 대한 위협 때문에 선택하기 어려운 방법이다. 유로존 재정 위기에서 사실상 디폴트 상태에 빠진 그리스와 함께 아일랜드와 포르투갈의 디폴트까지는 어느 정도 감당해낼 수 있는 충격이지만 그 파장이 이탈리아까지 확산되면 유로존 은행이 전면적인 위기에 빠지게 되고 대서양 건너 미국 은행까지 위태롭게 되어 새로운 글로벌 금융위기가 촉발될 수 있기 때문이다.

그렇다면 선진국의 부채 위기와 장기적 저성장 고실업에 따른 소득 침체 위기를 극복할 수 있는 길은 없을까? 스탠포드 대학의 로널드 매키넌(Ronald McKinnon) 교수는 유로존 국가가 미국의 초대 재무장관인 알렉산더 해밀턴의 '전쟁 부채 해결책'을 원용하면 된다고 갈한다. 1790년 독립 전쟁을 치룬 신생국가인 미국은 막대한 전비와 통상적인 정부 지출을 충당하기 위해 엄청난 국채를 발행했고, 그 국채가 디폴트될 것으로 우려되면서 대폭 할인된 가격으로 투기꾼의 손에 넘어가고 있었다. 오늘날 유로존 국가가 채권시장에서 국채 수익률이 급등하며 자금줄이 끊길 위험에 처해 있는 것과 마찬가지로 신생 미국 정부의 신뢰성이 땅에 떨어질 위기였다. 해밀턴은 이 위기를 수습하기 위해 각 주가 짊어지고 있던 부채를 한꺼번에 '연방 부채'로 인수하고 그 원리금의 상환을 위해 특별 세금을 부과할 것을 제안했다. 그러나 많은 부채를 떠안고 있는 북부 주와 달리 상대적으로 부채가 적은 남부 주, 특히 버지니아와 조지아 주가 국채를 액면 그대로 전액 연방 부채로 인수할 경우 투기꾼에게 횡재를 안겨준다는 이유로 반대해 무산되었다. 바로 오늘날 유로존의 재정 건전국과 취약국 간에 벌어지고 있는 대립 양상을 빼닮은 상황이다. 결국 이 문제는 토머스 제퍼슨이

나서서 액면 그대로 연방 부채로 인수하되 그 조건으로 연방정부의 수도를 필라델피아에서 '포토맥 강 언덕(현재 워싱턴 D.C.)'으로 옮기기로 합의하여 해결되었다. 유로존 재정 위기 역시 각국의 부채를 유로 공동 채권으로 인수하고 특별 세금을 부과해 그 원리금에 충당하는 방법으로 해결할 수 있을 것이라는 말이다.

'경제적 불균형'에 관한 오해

경제가 어려워지면 정치인은 책임을 모면하기 위해 엉뚱한 구실을 둘러대고 애꿎은 상대를 희생양으로 삼는 데에 능하다. 예를 들어 미국은 국내적으로는 부자의 몰염치와 부도덕성 때문에 빈부격차가 악화되고 있는 것처럼 말하며 '부자 증세'를 들고 나온다. 대외적으로는 다른 나라가 환율 조작을 하고 덤핑 수출을 하기 때문에 제조업의 일자리를 빼앗기고 무역 적자가 쌓이고 있다면서 수입 규제를 통해 국내 일자리를 지켜야 한다거나 심지어 통화 전쟁을 벌여야 한다고 말한다. 1930년대 대공황은 미국이 '스무트–홀리 관세법(Smoot-Hawley Tariff Act)'을 제정해 1932년까지 미국의 수입 관세를 무려 60퍼센트나 올리고 다른 나라의 연쇄적 관세 인상을 유발해 국제 무역을 격감시킴으로써 한층 험악한 양상으로 발전했다. 이것은 1980년대 미국과 일본 사이에 벌어진 '자동차 수입 자율 규제 협정'을 비롯한 무역 관계의 긴장과 2000년 이후 지속되고 있는 중국 위안화(元)의 인위적 저평가를 둘러싼 미국과 중국 간의 환율 논쟁의 뿌리다.

과연 빈부격차는 부자에게 세금을 더 많이 물리면 해결할 수 있는 문제인가? 그리고 중국이 위안화의 가치를 대폭 올리면(평가절상) 미국의 무역 적자는 사라지고 미국 제조업의 일자리는 늘어나게 될 것인가? 부자 중세에 관한 논의의 밑바닥에는 '부자는 탐욕스럽고 부도덕하다'는 암묵적인 가정이 깔려 있다. 미국의 대중국 환율 조작 논쟁에는 중국이 노동자의 임금을 억누르고 수출 가격을 낮추어 덤핑 수출을 하는 중상주의적 정책을 추구하고 있다는 암묵적 가정이 깔려 있다. 도대체 이런 가정은 경제적으로 어떤 의미인가?

일찍이 에이브러햄 링컨은 무역 적자 문제에 관해 전혀 걱정할 필요가 없다고 말한 것으로 알려져 있다. 왜냐하면 다른 나라가 미국에서 수입하는 것보다 더 많은 것을 수출해 무역 흑자를 낸다면 언젠가는 그 수출 흑자로 자국 내에 들어온 돈을 밖으로 내보내야 하는데 미국 달러화로는 미국 물건과 서비스를 살 수밖에 없다는 것이다. 물론 오늘날의 글로벌 무역은 그처럼 두 나라 간에 직접적으로 이루어지는 쌍무무역이 아니라 다수 국가 사이에 복잡하게 이루어지는 다각적 무역이다. 그러나 무역 흑자국은 수출초과로 벌어들인 외국 돈을 무역 적자국이 수입초과로 인해 발생시킨 적자를 메울 수 있도록 환류시켜주어야만 국제 무역이 원활하게 돌아가게 된다. 즉 한 나라의 무역 흑자는 다른 나라의 무역 적자가 있어야만 가능해지는 '한 몸통, 두 머리'의 쌍생아다. 따라서 그 둘은 '영원한 동반자'의 관계다. 이것은 경제적 기본 상식이다. 그런데 이런 경제적 상식을 외면한 채 무역 흑자국을 환율 조작을 일삼거나 국제 무역의 균형을 깨뜨리는 파괴자처럼 취급하는 것은 문제의 해결에 전혀 도움이 되지 않는다. 마찬가지로 유로존 재정 위기에서 그리스를 비롯한 PIIGS 국가에 대해 능력 이상으로 낭비를 하고 부채를 누적하고 복지 지출을 늘려온 무책임한 나라로 몰아붙이며 심각한 경기 침체 속에 고통스러운 긴축을 강요해 경제를 더욱 가라앉게 만드는 것도 문제 해결에 전혀 도움이 되지 않는다.

경제는 시장을 통한 교환의 세계다. 만약 시장이 없고, 그래서 교환이 이루어지지 않는다면 빈부격차나 무역 불균형과 같은 문제는 전혀 일어나지 않는다. 이것은 빈부격차나 무역 불균형 문제에 관한 해법을 시장을 살리는 방향에서 찾지 않고 시장을 위축시키거나 부정하는 방향에서 찾으면 병을 고치는 것이 아니라 악화시키거나 아예 환자를 죽이게 된다는 것을 의미한다. 빈부격차라는 문제에서 부자가 없어지면 그 문제도 없어진다. 그러나 이로부터 얻어지는 것은 단지 '가난의 평준화'일 뿐이다. 1930년대 대공황에서 미국의 스무트–홀리 관세법은 문제의 해법이 아니라 주가 폭락으로 빚어진 금융위기를 세계적 대공황으로 폭발시킨 뇌관이었다. 채권자는 채무자와 한 몸통을 이룬다. 그리고 채무자가 끝내 빚을 갚을 수 없게 되면 가장 큰 손해를 보는 것은 채권자다. 빈부격차의 문제에서 부유층과 빈곤층은 서로 적대시해야 할 상대가 아니라 서로의 안위를 걱정하며 함께 살아가야 할 동반자의 관계다. 또한 글로벌 불균형의 문제에서 흑자국인 독일과 중국은 중상주의적인 나쁜 나라이고 미국과 그리스는 자기 분수를 모른 채 소비를 일삼는 한심한 나라인 것만은 결크 아니다. 오늘날 선진국 경제가 '죽을 쑤고' 있는 가운데 그나마 신흥국 경제의 성장세를 통해 세계경제가 파국을 피해 가고 있는 것은 지난날 미국이 지속적인 국제수지 적자를 일으켜 세계시장에 무한정 달러화를 풀어놓는 무리를 자행한 데서 얻어진 '불행 중 다행'의 결과라는 점을 기억할 필요가 있다. 2012년 세계경제 최대의 불안은 선진국 경제의 침체나 혼란이 얼마나 악화되느냐가 아니라 중국을 비롯한 신흥국 경제가 유로존 위기 등으로 인해 성장에 급제동이 걸리게 되지 않을까 하는 우려다. 다시 말해 미국의 압력 때문에 중국이 무리하게 위안화 환율을 절상해 중국 경제의 성장률이 급격히 떨어지면 글로벌 불균형은 얼마간 완화될 수 있을지라도 그 결과로 세계경제가 걷잡을 수 없는 침체의 늪으로 굴러떨어지는 최악의 상황이 빚어질 수 있다는 말이다.

'1달러 경매'의 교훈

경제학자를 상대로 1달러짜리 지폐를 걸고 경매를 해보면 어떤 결과가 나올까? 미국 예일 대학의 마틴 슈빅(Martin Shubik) 교수는 이 경매를 처음 1센트를 시초 가격으로 하여 계속 1센트씩 응찰가격을 높여가는 방식으로 진행하기로 했다. 최고 응찰가격을 제시한 낙찰자에게는 경매 물건인 1달러짜리 지폐가 주어지지만 그 낙찰자보다 1센트 낮은 가격을 부른 차순위 응찰자는 낙찰자와 마찬가지로 자신이 부른 응찰 득액을 경매 시행자에게 지불해야 하지만 그 대가로 아무것도 얻을 수가 없다.

경제학자는 다른 직업인에 비해 훨씬 더 합리적이고 이익을 챙기는 데에 아주 철저한 사람으로 간주되고 있다. 그러니 경매가 시작되면 분명히 어느 한 경제학자가 1센트를 외치고 나올 것이다. 물론 다른 한 경제학자는 곧장 2센트를 외치고, 또 다른 경제학자는 3센트를 외칠 것이다. 이렇게 계속 응찰가격이 높아지다가 마침내 99센트에 도달하게 되면 경매에 열중하던 경제학자는 잠시 생각에 잠길 것이다. 이제는 1달러짜리 지폐를 1달러를 내고 낙찰을 받게 되면 거기서 얻을 수 있는 이득은 전혀 없고 경매

대금을 지급하고 낙찰받은 물건을 찾아오는 등 번거로움만 남게 되기 때문이다. 그러나 마지막 99센트의 응찰자보다 1센트 낮은 98센트로 응찰한 경제학자의 경우에는 그냥 가만히 있을 수가 없다. 다시 응찰가를 높여 1달러를 외치지 않으면 경매가 종료되고 자신은 아무것도 얻지 못한 채 98센트를 잃어버리기 때문이다. 그러나 1달러로 응찰하면 이득은 전혀 없지만 또한 차순위 응찰자로서 경매 시행자에게 자신의 응찰 금액인 98센트를 내놓지 않아도 된다. 따라서 그가 1달러로 응찰하는 것은 지극히 합리적인 결정이다. 그런데 그가 1달러를 외치면 그의 차순위 응찰자는 즉각 1.01달러를 외치고 나올 것이다. 그 역시 얻는 것은 없지만 99센트를 잃기보다는 101센트로 낙찰받아 손실을 1센트로 줄이는 것이 합리적인 선택이기 때문이다. 이렇게 하여 1달러짜리 지폐의 경매는 참가자가 동원할 수 있는 자금이 바닥날 때까지 끝없이 이어진다.

슈빅 교수의 1달러 경매 게임은 선진국의 부채 위기에 관해 중요한 교훈을 던져준다. 그 교훈이란 국가 부채가 일정한 한도를 넘어서게 되면 1달러 경매를 닮게 되어 세금을 높여 세수를 늘리고 부채를 줄이려고 해도 그 부채는 줄어들지 않고 세금 인상으로 인해 경제의 활력이 떨어지고 세수가 줄어들어 오히려 부채가 늘어나는 결과에 직면하게 된다는 것이다. 슈빅 교수의 1달러 경매가 한없이 이어지는 것을 막고, 그것을 일거에 끝내는 방법은 첫 번째 응찰자가 곧장 99센트로 응찰하는 것이다. 그렇게 되면 다음 응찰자가 1달러를 외치며 경매에 뛰어들어도 얻을 수 있는 이득은 전혀 없고 경매 절차를 거치는 번거로움만 자초하기 때문에 경매에 참여할 이유가 전혀 없게 된다.

그리스의 부채 위기는 다분히 1달러 경매 형태로 진행되어왔다. 이 게임의 참여자 사이에는 유로존 국가가 그리스를 디폴트(채무 상환 불능) 상태에 빠뜨려 유로존에서 탈퇴하게 만들어서는 결코 안 된다는 암묵적인 합의가 깔려 있었다. 따라서 유로존 회원국, 특히 그리스의 디폴트로 가장 큰 피해를 입게 될 독일과 프랑스는 어떻게든 그런 사태를 막으려고 계속 응찰가(구제금융)를 높여야 했다. 그러나 다른 나라의 부채 위기, 그것도 방만한 재정 운용과 부패, 그리고 정치적 혼란으로 인해 긴축정책을 제대로 이행할 것 같지 않은 그리스에 대해 계속 구제금융을 쏟아붓는 데 따른 정치적 부담으로 인해 한꺼번에 응찰가를 99센트로 높이지 못하고 1센트씩 찔끔찔끔 올리는 늑장 대응을 할 수밖에 없었다. 그리스 부채 위기에서 유로존 국가가 한편으로는 채권시장에서 그리스 채권의 스프레드(독일 국채와의 수익률 격차) 상승을 다른 한편으로는 국내 여론의 눈치를 살펴가며 사태가 급박해지면 그때 가서야 어렵사리 다음번 구제금융 이행 조치를 제시해온 배경이다.

영국의 시인이자 소설가인 키플링(Rudyard Kipling)은 "무뢰배(Dane)에게 몸값(Dane-geld)을 지불해서는 결코 그 무뢰배를 내쫓을 수가 없다"고 조언한다. 한 번 몸값을 받아 챙긴 무뢰배는 돈이 아쉬워지면 언제든지 다시 찾아와 몸값을 요구하기 때문이다. 1달러 경매처럼 앞에서 저지른 조그만 손실을 피하려고 응찰가격을 조금 더 높이고, 그것을 잃게 되면 다시 응찰가격을 높여 그 손실을 피하려고 하는 것은 경제적으로는 아주 합리적인 행위처럼 생각될 수 있지만 실제로는 더할 수 없이 '멍청한 짓거리'가 될 수 있다. 키플링의 조언을 따른다면 그러한 1달러 경매에는 아예 끼어들지 않는 것이 가장 현명한 일이다. 마찬가지로 유로존 국가가 진정으로 그리스의 재정 위기를 해결하고자 한다면 단순히 디폴트 위협을 넘길 만큼의 구제

금융을 제공하는 미봉책이 아니라 그리스의 부채 상당 부분을 '유로 본드' 와 같은 공동 채무 형태로 전환하고 그리스 경제를 정상화시켜 나머지 부채를 갚아나갈 수 있도록 하는 '99센트 응찰가' 방식을 선택했어야 한다.

미국의 부채 논쟁과
공화주의의 위기

> 언젠가 이 나라엔 달에 인간을 보내고, 대륙횡단철도와 후버 댐을 건설하고, 나라 전체를 특급 고속도로로 연결할 수 있었던 때가 있었다. 그러나 이제 우리가 하는 모든 것은 그저 깎고 줄이고, 또 깎고 줄이는 것뿐이다. (중략) 내 생각이 틀렸으면 좋겠다. 그러나 미국이 잘 나가던 시절은 지나가버린 것 같다. 참으로 서글픈 심정이다.
>
> ─〈뉴욕 타임스〉, 독자 편지 페이지, 2011. 7. 24

미국의 정치체제는 근본적으로 각 정파와 이익집단이 '견제와 균형'을 통해 '공존'해가는 공화주의에 입각하고 있다. 그리스의 도시국가 사이에서 처음 실험되었고, 로마제국의 팽창과 더불어 한층 널리 퍼지게 된 이 정치체제는 폭군과 독재자로부터 개별 도시국가의 권리를 지키기 위해 권력을 분산시키고, 각 권력기관이 타협과 절충을 통해 '지배를 하고, 또 지배를 받는(to govern, and to be governed)' 전통을 발전시켜왔다. 미국 '건국의 아버지들(Founding Fathers)'은 이 공화주의 정치철학에 입각해 미국의 권력 구조를 엄격한 '삼권분립' 체제로 구축해 입법부와 사법부, 그리고 행정부가 각기 독립적으로 움직이며 서로 간에 견제와 균형을 유지해가도록 만들었다.

정치는 국민의 지지를 얻어 권력을 잡으려는 게임이며, 그래서 당파적 대립과 갈등은 정치의 떨쳐버릴 수 없는 속성으로 자리 잡았다. 미국도 예외가 아니다. 그러나 미국은 1930년대 대공황을 맞아 프랭클린 루즈벨트 대통령의 '급진적 사회주의' 정책을 전폭적으로 밀어주는 정치적 혁신 능력을 과시했고, 1970년대 '스태그플레이션' 위기를 맞아서는 로널드 레이건 대통령의 '신자유주의' 정책에 입각해 루즈벨트 시대 이후 지속되어온 각종 규제와 제한을 허무는 반전(反轉)의 유연성을 과시했다. 이후 미국 사회는 '효율적 시장 가설'과 '통화주의'에 입각해 경제적 번영을 구가해왔지만 2008년 9월 15일 리먼 브라더스의 파산 보호 신청으로 글로벌 금융 위기가 터지자 불과 보름 남짓한 짧은 시간에 7000억 달러의 TARP(부실 자산 매입 계획)를 구축해 위기 진화에 나서는 놀라운 순발력을 발휘했다. 이는 '위기는 기회다'라는 경구를 실제로 확인시켜주는 미국 정치의 특출한 측면이다.

그러나 미국 정치권은 GDP의 100퍼센트에 이른 연방 부채 삭감 방법을 둘러싸고 끝없는 '닭싸움(chicken game)'을 벌이면서 워싱턴을 '정치 실종' 상태에 빠트리고 있다. 2011년 8월, 연방 부채 상한선 증액 협상에서 절정을 이룬 민주당과 공화당의 극단적 대립은 이른바 '부채 삭감을 위한 슈퍼 위원회'의 설치라는 편법을 통해 12월 초까지 휴전에 들어갔지만, 여기에서도 타협을 이루지 못해 결국 2012년 11월 대선 이후로 문제를 떠넘기게 되었다. 미국의 월간 평론지 〈애틀랜틱(The Atlantic)〉의 클리브 크루크(Clive Crook) 선임 에디터는 '워싱턴이 미국을 익사시키고 있다'는 글(〈파이낸셜 타임스) 2011. 7. 24)에서 "정치적 양극화와 리더십 실종, 맹목적인 긴축 강박관념, 그리고 법과 절차 및 예산 문제를 둘러싼 정치적 소모전으로 인해 미국 경제가 장기적 저성장의 늪으로 빠져들 위험이 높다"고 우려했다.

〈월 스트리트 저널〉의 제럴드 사이브(Gerald F. Seib) 워싱턴 지국장은 부채 삭감 문제를 둘러싼 미국 정치권의 극한적 대립이 결코 우연히 일어난 사건이 아니며 미국 정치의 두 가지 큰 흐름의 '논리적 귀결'이라고 말한다. 두 가지 흐름이란 아직 결말이 내려지지 않은 '큰 정부'와 '작은 정부'에 관한 논쟁과 미국 의회에 점증하는 극단적 당파주의다. 사이브 지국장은 "어떤 한 가지 사안을 두고 이 두 가지 요인이 맞부딪칠 경우엔, 오바마 대통령과 베이너 하원 의장의 TV 비난전에서 보듯이, 마치 냉전 시대의 두 적대국이 서로를 '파멸'시키겠다고 으름장을 놓는 것과 같은 극한적 대립이 빚어지게 된다"고 설명한다. 당초 견제와 균형을 통해 민주주의를 지키고자 했던 미국 헌법의 기본 정신은 부채 위기를 갖아 그 삭감 방법에 관한 '기술적' 대립(지출 삭감과 세금 인상)에 묻혀버렸다.

조지메이슨 대학의 타일러 코원(Tyler Cowen) 교수는 미국 정치의 양극화 현상의 원인이 미국의 경제적 쇠퇴에서 연유하며, 또 그로 인해 쇠퇴에서 벗어나기가 더욱 어려워지고 있다고 다음과 같이 경고한다.

미국 경제는 최소한 17세기 이후, 그것이 공짜 땅이었거나 이민 노동력이었거나 혹은 강력한 신기술이었건 간에, 낮은 가지에 주렁주렁 달린 과일을 즐겼다. 그러나 최근 40년간 그 낮은 가지의 과일은 사라지기 시작했지만 우리는 여전히 그것이 있는 것처럼 여기며 부채에 기대어 살아왔다. (중략) 미국은 혼란에 빠져 있다. 우리는 날로 늘어나는 재정적 특혜(entitlements)와 부채에의 의존, 그리고 계속적인 문제 해결의 외면으로 인해 장기적 재정 위기에 직면해 있다.[13]

사르카르의
사회 순환론

인도의 철학자이자 사회 혁명가이며 시인이자 언어학자인 사르카르(Prabhat Ranjan Sarkar, 1921~90)는 인간을 네 가지 유형으로 나누고, 이들이 순차적으로 사회를 지배한다는 사회 순환론(Law of Social Cycle)을 주창했다. 1950년에 출간된 그의 저서 《인간사회(Human Society)》에서 사르카르는 모든 인간이 대체로 비슷하지만 그들 상호 간에는 일정한 차이점이 있다고 밝히고, 이 차이점을 근거로 무사(Kshatriya), 지식인(Vipra), 취득자(Vaishya), 육체노동자(Shudra)의 네 가지 인간유형을 제시했다. 모든 사회에서 무사 계층은 법과 질서를 유지하는 역할을 담당하고, 지식인 계층은 이론과 종교를, 취득자 계층은 경제 운용을, 그리고 육체노동자 계층은 비숙련 노동을 담당한다. 그리고 각 사회에는 이 네 가지 계층이 함께 존재하지만 취득자 계층에 부가 집중됨에 따라 다른 세 계층의 생활수준이 점차 악화되면서 사회는 두 개의 계층, 즉 '가진 자'와 '가지지 못한 자(haves and havenots)'로 양분된다. 이 단계에서 사회에는 범죄와 가난 그리고 불만이 팽배하게 되고, 무사와 지식인 계층은 강력한 생존 본능에 이끌려 육체노동자 계층과 제휴해 군중 반란을 이끌게 된다. 사르카르는 이를 '육체노동자 혁명'이라고 부르는데, 그것은 취득자 시대의 말기에 발생하며, 그 종말에 기여한다. 그는 이러한 사회 주도 계층의 순환을 일종의 '진화(evolution)' 과정으로 파악한다. 즉 인간의 진화가 거스를 수 없는 성질의 것인 만큼 사회 순환 구조 역시 거스를 수 없다는 말이다.[14]

사르카르의 사회 순환론은 일종의 결정론적 이론(determinism)이다. 그러나 결정론적 관념이 인간의 자율적 결정을 부정한다는 일반적인 비판과는 달리 그의 순환론은 큰 테두리의 사회변동의 궤도를 밝히는 것이며, 그 궤도 안에서 인간은 폭넓은 자율적 결정을 통해 사회적 삶의 조건을 바꿀 수 있음이 인정된다. 그러나 거시적 사회변동의 궤도 그 자체는 일종의 자연법칙으로 결코 바뀌지 않는다. 그의 사회 순환론에서 주목할 점은 그 순환의 세 번째 단계인 취득자 계층이 지배하는 사회에서 경제의 금융화(金融化)가 진행되어 경제정책을 운용하는 정부 관료와 기업 경영을 책임지고 있는 전문 경영자가 부와 권력을 독점하게 되고, 그 결과 경제적 불평등이 극대화되어 심각한 경제 위기가 닥치게 되고, 금권주의 경제체제가 무너져 육체노동을 하는 노동자·농민 계층이 주도하는 사회체제로 되돌아가게 된다는 점이다. 여기서 육체노동자 계층이 주도하는 사회는 농업이나 광공업 중심의 초기 산업화 사회를 지칭하는 것이 아니라 경제적 불평등이 극대화되면서 중산층이 무너지고 사회적 갈등과 부유층에 대한 적대감이 팽배해져 법과 사회질서가 붕괴되는 사회 상황을 가리킨다.

소득과 부의 집중, 경제 위기의 핵심

사르카르의 사회 순환론을 신봉하고 그 전파에 큰 역할을 해온 미국 댈러스 소재 서던(南) 메소디스트 대학 경제학과의 라비 바트라(Ravi Batra) 교수는 지난 1930년대 대공황이 근본적으로 부의 불평등이 극대화되어 더 이상 지탱할 수 없게 된 금권주의 경제체제가 붕괴된 결과라면서, 1990년대에 대공황보다 훨씬 더 파멸적인 경제 위기가 닥칠 것이라고 예언했다. 다행히 그의 예언은 빗나가고, 실제로는 구소련의 붕괴와 독일 통일이라는 전혀 예상치 못한 글로벌 정치 구도의 지각변동이 일어났다. 그리고 1997년 아시아 외환위기와 1998년 러시아 경제 위기가 이어졌지만 역시 대공황은 일어나지 않았다. 그렇다면 바트라 교수의 예언은 완전히 빗나갔고, 더 이상 고려할 만한 가치가 없는 것인가? 결코 그렇지 않다. 2008년 9월 미국의 서브프라임 모기지(부실 주택 대출 채권) 파동으로 촉발된 글로벌 금융위기와 세계경제의 '대침체(Great Recession)' 돌입은, 비록 그 시점은 20년 가까이 늦추어진 것이었지만, 바트라 교수가 제시하는 세계경제의 '위기 메커니즘'과 근본적으로 합치하고 있다.

지난 1930년대 대공황의 발생 과정에 관해 케인스주의자는 1929년의 투자 감소가 그 발동 원인이었고, 당시 정부의 엉뚱한 긴축정책으로 상황이 악화되었다고 말한다. 즉 경제활동이 둔화되고 세수가 줄어들게 되자, 예산 균형을 유지하기 위해 정부가 세율을 인상했고, 그것이 소비를 더욱 떨어뜨리고, 그로 인해 경제활동이 한층 더 둔화되었다는 것이다. 다시 말해 케인스주의자는 정부의 대응이 적절했다면 온건한 경기 침체로 끝날 수 있었던 사태가 정부의 부적절한 정책으로 인해 대공황으로 악화되었다고 주장한다. 그러나 바트라 교수는 케인스 이전의 일반적 경제관념은 건전한 가계와 마찬가지로 정부 역시 균형예산을 유지해야 하는 것으로 되어 있었고, 과거 경기 침체가 발생할 때 세수의 감소로 인해 거의 예외 없이 정부의 재정정책이 긴축적인 경향으로 기울었지만, 그때마다 언제나 경제가 공황에 빠져든 것은 아니었다고 지적한다.

그렇다면 왜 1930년대에는 온건한 경기 침체가 아닌 파멸적인 대공황이 발생한 것인가? 이 점에 관해 바트라 교수는 다음과 같이 밝힌다.

> 나의 주장은 1929년에 피크에 달한 부의 집중이 새로운 파라미터(매개변수)가 되어 대공황이 촉발되었다는 것이다. 1920년대에 미국에서는 급작스럽고 가파른 부의 집중이 일어났다. 즉 1922년에 미국 가구의 1퍼센트는 국부의 31.6퍼센트를 소유했을 뿐인데, 7년 후인 1929년에는 36.3퍼센트로 높아졌다. 아울러 1920년대에는 부의 불평등이 급증했을 뿐만 아니라 최상위 계층의 국부 점유율이 사상 최고 수준이었다.[15]

부의 불평등과 경제공황은 어떻게 연관되어 있는가? 이 점을 이해하기 위해서는 단순한 경기 침체와 심각한 경기 침체, 즉 공황의 차이를 이해할 필요가 있다. 경기 침체는 GDP가 감소하거나 혹은 GDP의 증가가 노동력의 증가에 미치지 못해 실업률이 상승할 때 발생한다. 반면에 경제공황은 경기 침체가 금융 체제의 붕괴와 병행될 경우에 발생하게 된다. 이 경우에는 다수의 기업과 가계가 파산하게 되고, 은행의 신뢰성 붕괴로 인해 금융 패닉이 일어나며 이것이 대대적인 은행 파산으로 이어진다. 캘리포니아 대학(UC) 버클리의 라이시(Robert B. Reich) 공공 정책 석좌교수는 《위기 이후(After Shcok)》라는 저서에서 2008년 글로벌 금융위기가 대공황이 아닌 '대침체'로 끝난 것은 1930년대 대공황에서 배운 교훈에 따라 정책 당국자가 적극적인 재정 확대와 양적 완화(QE, quantitative easing)를 비롯한 과감한 통화 완화를 통해 금융경색과 경제 수축에 적극적으로 대응한 결과라고 지적한다.

2008년의 경제 붕괴는 미국 경제의 기본적 결함을 들여다볼 수 있는 창문이었다. 미국 경제가 80여 년 이전처럼 벼랑 밑으로 떨어지지 않았던 것은 연준(FRB)이 이자율을 제로 가까이 내려 한층 쉽게 차입을 할 수 있게 했고, 의회와 백악관이 월가를 구제하고 세금을 내리며 인프라 투자와 실업수당으로 수천 억 달러를 지출하는 등 비상한 노력을 기울인 덕분이었다.[16]

그러나 라이시 교수는 1930년대 대공황에서 우리가 한층 더 큰 교훈은 배우지 못했다고 아쉬워한다. 그 교훈이란 "소득분배가 지나치게 정상 상태에서 벗어나면 중산층이 충분한 구매력을 가지고 장기적으로 경기를 다시 활발하게 만들 수 있도록 경제가 재조직되어야 한다"는 사실이며, 이 교훈을 깊이 새기지 않으면 미국은 대침체의 후유증인 고실업과 저임금 상태에서 벗어나지 못하게 되고, 중산층의 분노는 날로 높아질 것이라고 경고한다.

경제 예측은 매우 위험한 게임이다. 그것은 맞아떨어지기보다는 상황 변화에 따라 계속 예측치를 낮추거나 올려야 하는 대단히 신뢰하기 어려운 숫자 놀음이다. 바트라 교수의 예측도 예외가 아니다. 그러나 그의 경제 분석은 우리에게 한 가지 중요한 교훈을 일깨워준다. 그것은 라이시 교수가 지적하듯이 경제공황의 근본 원인이 빈부격차의 악화와 중산층의 붕괴에 있으며, 그 해법은 경제체제를 더욱 공평하고 정의롭게 만드는 것이라는 점이다. 바트라 교수는 2007년 출간된 새 저서《새로운 황금시대》에서 현재 미국 최상위 1퍼센트 계층이 전체 순자산 가운데 40퍼센트 이상을 점유하고 있으며, 최하위 20퍼센트 계층의 소득 비중은 전체의 3.4퍼센트(1920년대 3.6퍼센트)에 그쳐 역사상 최악의 상황이라고 강조한다.

이러한 빈부격차의 악화는 저소득층과 중산층의 금융 신인도를 떨어뜨려 금융권 대출자산의 부실화를 확대시키고, 부유층의 리스크 의식을 둔감하게 만들어 투기적 투자 버블을 야기해 끝내 경제적 공황 사태를 촉발하게 된다고 바트라 교수는 설명한다. 그는 빈부격차를 악화시키는 요인 가운데 가장 위험한 것으로 '정부의 부패'에 주목한다. 왜냐하면 정치인과 관료의 부패는 부자를 더욱 부유하게 만들고, 빈곤층과 중산층을 더욱 가난하게 만드는 정책의 타락으로 고착화되기 때문이다. 이것이 바로 2011년 9월 맨해튼의 한 공원에서 시작된 '월가를 점령하라'라는 항의 시위가 미국 전역으로 급속히 확산된 배경이다.

경제 위기의 근원

3장

금융시장의
내재적 불안정 구조

> 대부분의 채권시장과 마찬가지로 자금 시장에서도 가장 높은 이자를
> 벌 수 있는 방법은 가장 질이 떨어지고 가장 신뢰할 수 없는 투자자
> 에게 가능한 최장기간 대출을 하는 것이다.
>
> —조지 쿠퍼(George Cooper)

은행은 이자율을 매개로 돈장사를 하는 기업이다. 은행가는 예금으로 들
어온 돈이나 자금 시장에서 차입한 돈을 가지고 최대한 높은 수익을 내는
것을 본업으로 한다. 그렇게 하려면 신용도가 떨어질지라도 더 높은 이자
를 내려고 하는 개인이나 기업에 대한 대출을 되도록 늘려야 한다. 고위
험 · 고수익 원칙, 즉 대출 위험도와 은행 수익성의 정비례 관계다. 반면에
은행에 돈을 맡기거나 빌려주는 측은 은행이 수익성을 높이기 위해 지나
치게 고위험 대출이나 투자를 하고 있는 것으로 생각되면 한꺼번에 은행
으로 몰려와 예금을 인출해 가거나(bank-run) 혹은 자금 조달을 위해 발행하
는 CD나 여타 채권 금리가 급등해 돈줄이 막히게 된다. 은행의 고위험 대

출과 신인도는 역비례 관계다.

은행가는 보수적인 인물로 묘사되는 것이 일반적이다. 고수익을 위해 투기적 이익을 챙기려고 하기보다는 상대적으로 안전한 대출을 통해 적정 수익을 추구하는, 검정색 양복에 검정색 중절모를 쓰고 손에 스틱을 쥐고 있는 인물상이 전통적인 은행가의 모습이었다. 만약 은행가가 영구히 이런 모습으로 남아 있었다면 금융 파동이나 위기는 결코 일어나지 않았을 것이다. 현실은 전혀 그렇지 않다. 1930년대 대공황 이후 크고 작은 금융 위기가 지구 곳곳에서 연이어 터지더니 마침내 2008년 미국발 글로벌 금융위기가 세계를 덮치고, 그로 인해 대공황 이후 최악의 경기 침체(대침체)가 닥쳤다. 이것은 누구의 책임인가? 미국 의회의 초당적 금융위기 조사 특별위원회(FCIC)는 그 원인을 미국의 중앙은행인 연준(FRB)의 주택 시장 버블 간과(看過) 및 장기간의 과도한 저금리정책, 월가 금융인의 과잉 차입 (excessive leverage) 및 고위험 파생금융상품 투자, 과도한 금융 규제완화와 금융 감독의 해이로 규정[17]했다.

FCIC의 지적대로 그런 위기 요인에 대해 정책 당국자가 좀 더 치밀하게 상황을 살피고 제때에 조치를 취했다면 2008년 글로벌 금융위기는 피할 수 있었거나 훨씬 가벼운 금융 교란 정도로 지나갈 수 있었을 것이다. 그런 데 현실은 그렇지 않았다. 왜 그랬을까? 정말 2008년 위기는 월가 금융인 의 탐욕과 정책의 실패가 결합되어 발생한 '충분히 피할 수 있었던' 인재 (人災)였는가? 그리고 이번 위기를 교훈 삼아 금융 시스템을 뜯어고치고 은행의 위험 행위를 단속하고 감독을 철저히 한다면 새로운 금융위기의 발생은 전혀 걱정하지 않아도 될 것인가?

금융위기의
메커니즘

2008년 글로벌 금융위기를 겪은 이후 세계는 금융시장을 그대로 내버려두면 크고 작은 위기가 되풀이되고, 그 위기를 수습하는 과정에서 시장의 경직성이 누적되어 또다시 대공황으로 폭발한다는 것을 분명히 인식하게 되었다. 각국이 개별적으로, 또 선진국과 신흥국의 최고 정책협의 기구인 G20을 통해 금융 개혁과 규제 강화를 논의하고 있는 이유가 여기에 있다. 금융산업은 잘 다스리면 경제성장의 필수 요소 가운데 하나인 귀중한 자본을 효율적으로 공급하는 고마운 존재가 된다. 그렇다고 금융산업을 너무 풀어놓으면 자산 버블과 붕괴를 촉발하며 경제 위기를 일으키는 가공할 악귀로 바뀌고 반대로 너무 심한 규제와 강한 압박을 가하면 이른바 '관치 금융'으로 전락해 오히려 효율적 자본 배분의 기능을 제대로 발휘할 수 없게 된다.

금융시장에서 자산 버블을 일으키는 위험의 씨앗은 신용창조라는 금융산업의 고유한 기능 속에 숨어 있다. 은행은 예금으로 받은 돈의 극히 일부만 지급준비금으로 남겨둔 채 나머지 대부분을 개인이나 기업에 대출해주는데 그 대출은 같은 은행이나 다른 은행의 예금계좌에 들어가 다시 새로운 대출 재원으로 활용된다. 이른바 '부분 지급준비금제(fractional reserve banking)'를 통해 상업은행이 신용(돈)을 창조해내는 기능이다. 흔히 상품과 서비스를 사고파는 실물시장에서는 공급이 늘어나면 가격이 하락하고, 수요가 늘어나면 가격이 상승하면서 실물시장의 균형이 이루어진다. 금융시장 역시 평소에는 이 원칙에 따라 움직인다. 금융거래의 기준이 되는 이자율이 상승하면 대출 수요가 줄어들고, 반대로 이자율이 하락하면 대출 수요가 늘어나면서 금융시장의 균형이 이루어지는 것이다.

그런데 실물시장에서는 빈번히 가수요(假需要)로 인해 가격이 크게 오르고, 그 가격의 뜀박질이 자극제가 되어 투기 수요가 촉발되면서 가격이 더한층 치솟는 현상이 빚어진다. 과거에 각 나라가 국경으로 나뉘어 폐쇄적인 시장을 구성하고 있을 때에는 이런 시장의 교란을 틈타 사재기와 투기를 하는 것이 대박 이익(windfall profit)을 챙길 수 있는 기회이기도 했다. 그러나 국경이 사라지고, 정보가 아무런 제약 없이 순간적으로 전달되는 세계화 시장이 등장하면서 각국은 긴급수입을 통해 쉽사리 시장을 안정시킬수 있게 되었다. 반면에 금융시장에서의 교란 현상, 특히 주식이나 부동산과 같은 자산 가격이 급등하면서 투자자가 몰려들고, 그로 인해 가격이 한층 더 치솟으면서 더 많은 투자자가 몰려들어 연쇄적으로 가격이 상승한다. 이렇게 해서 버블 현상이 빚어지게 되면 실물시장처럼 쉽게 진정되지 않고 극한으로 치달은 후 엄청난 경제적 충격을 주면서 그 거품이 꺼지는 것이 예사다.

실물시장이나 금융시장은 모두 거품 경기와 침체(boom and bust)의 심한 변동을 일으킨다. 그러나 금융시장의 변동은 상대적으로 그 정도가 매우 심하고, 또 쉽사리 진정시키기 어려울 뿐만 아니라, 실물경제를 깊은 경기 침체의 수렁에 빠뜨리며, 또 그 침체는 단순히 실물시장의 교란으로 인해 빚어지는 통상적인 경기 침체와는 달리 금융 버블과 연관되어 일어나는 경우에는 경기 침체가 훨씬 더 격렬하고 오랜 기간 지속되는 것이 보통이다. 도대체 실물시장과 금융시장은 어째서 이처럼 다른 현상을 보이는가? 그것은 어떻게 다스려야 하며, 또 애당초 다스리는 것이 가능한 일이기는 한가?

쌍방향 온도계

온도계는 외부의 온도 변화에 따라 눈금이 변하는 '한 방향'의 장치다. 만약 외부의 온도 변화가 전혀 없는데도 온도계의 눈금이 저 혼자 움직인다면 그 온도계는 쓸모가 없을 뿐만 아니라, 그런 눈금을 믿었다가 낭패를 당하기 십상이다. 시장은 수요와 공급의 과부족(過不足)에 따라 가격이라는 눈금이 바뀌면서 수급의 균형을 이루어가는 온도계라고 할 수 있다. 따라서 시장이 정상적인 온도계가 되려면 실물경제의 변화에 따라 자산 가격의 변화 역시 '한 방향'으로 움직여야지, 실물경제의 변동이 자산 가격에 영향을 미치고 다시 그 자산 가격의 변동이 실물경제에 영향을 미치는 '쌍방향'으로 작용하면 안 된다. 그런데 오늘날의 글로벌 금융시장에서는 온도계의 눈금이 외부의 온도 변화가 없는데도 그 자체로 바뀌면서 거꾸로 외부의 온도에 영향을 주는, 실물경제의 변동 없이 자산가격 그 자체가 바뀌면서 실물경제에 영향을 미치는, 실물경제에서는 전혀 일어나지 않는 특이한 현상이 일어나고 있다. 그런데 이처럼 온도계의 눈금이 '쌍방향'으로 움직이는 자산 가격의 버블 현상이 금융산업, 특히 투자금융 부문을 중심

으로 급속히 확산되어 금융위기가 한층 빈번히 발생하는 가공할 위력으로 실물경제를 엄습하고 있다.[18]

　2008년 글로벌 위기의 진원지가 된 미국의 주택 시장은 '쌍방향' 온도계가 실제로 어떻게 작용하는지를 보여주는 좋은 사례다. 미국의 주택 가격은 2006년 상반기에 정점에 달한 후 그해 하반기부터 하락하기 시작해 2011년 현재까지 아직 바닥을 치지 않은 것으로 간주되고 있다. 2007년 10월 당시 조지 W. 부시 대통령 행정부의 헨리 폴슨 재무장관은 주택 버블의 붕괴를 "미국 경제의 가장 중대한 위기"라고 말했다. 같은 시점에 미국 연준(FRB)의 앨런 그린스펀 의장은 서브프라임 모기지(비우량 장기 주택 대출)의 대량 부실화와 그로 인한 금융경색 사태가 빚어진 후 "정말이지 나는 2005년과 2006년에 주택 버블이 일어난 것을 알아채지 못했다"고 밝혔다. 이것은 어떻게 된 일인가?

　그것은 그린스펀 의장의 잘못이 아니다. 그는 FRB 역대 의장 가운데 최장수를 누린 미국의 '금융황제(마에스트로)'로 불린 인물이다. 그렇다면 그는 왜 미국의 주택 버블을 감지하지 못했는가? 그 이유는 신용팽창이 진행되면서 주택 대출이 계속 불어났지만 그 대출로 매입하는 주택의 평가액도 매번 함께 상승했기 때문에, 신용 평가 기관은 모기지 채권에 대해 계속 트리플 에이(AAA)의 최상위 신용 등급을 부여할 수 있었고, 미국과 외국 투자자는 그 신용 평가를 믿고 모기지 채권과 그 유동화 증권(MBS)을 계속 사들였기 때문이다. 그렇기 때문에 주택 버블은 자산 버블이 계속 부풀어오르는 과정에 있을 때에는 간파하기 어렵고, 정점을 지나 집값이 떨어지기 시작하면 버블이 함께 꺼지면서 비로소 모습을 드러낸다.

　이것은 1990년대에 은행이 시장가격의 하락으로 부실화된 자산을 손실

처리하지 않기 위해 매입 가격으로 계속 보유해 손실을 은폐하는 폐단을 막으려고 도입된 이른바 '시가 평가(mark-to-market)'라는 회계 처리 기준의 변경으로 인해 야기된 뜻밖의 부작용이다. 즉 총체적 수준에서 전체 경제의 부채 스톡은 '시가 평가' 방식에 따라 자산 평가액과 같은 비율로 계속 증가하기 때문에 자산 버블이 진행되고 있을 때에는 그에 상응하는 부채 스톡이 전혀 과도하게 비치지 않으며, 또 레버리지(자기자본 대비 차입 비율) 역시 악화되지 않는 것이다. 이처럼 신용 창출과 자산 가격이 연쇄적으로 상승하면서 버블을 형성하는 과정을 조지 쿠퍼는 '금융시장의 내재적인 불안정 포지티브 피드백(正歸還) 현상'으로 설명한다. 반대로 버블이 정점에 달한 후 자산 가격이 급락하면서 버블이 붕괴하는 과정은 '네거티브 피드백(負歸還) 현상'으로 평상시에는 이 작용에 따라 시장이 안정 상태로 돌아가지만 버블 경제에서는 자산 가격이 정상 수준보다 훨씬 더 크게 하락하면서 경제를 심각한 침체나 공황에 빠트리게 된다.

그린스펀의 고해성사

> 그래요. 나는 (내 사고방식에) 결함이 있다는 것을 알았습니다. 그것
> 이 얼마나 심각한 것인지, 혹은 항구적인 것인지 알지 못했습니다.
> 그러나 나는 이 사실 때문에 아주 괴롭습니다. (중략) 거의 40년 동안
> 그처럼 잘 움직였던 글로벌 경제정책에서 무엇이 잘못되었는지 말입
> 니다.
>
> ─앨런 그린스펀, 미 의회 청문회 2008. 10. 23

2008년 3월 14일, 월가의 5위 투자은행인 베어스턴스가 파산 위기에 몰려
미국 연준(FRB)의 긴급 지원을 받은 후 곧이어 본사 건물 값의 5분의 1에 불
과한 헐값에 J.P. 모건 체이스은행에 팔린 사건은 월가를 충격에 빠트렸다.
이로부터 6개월 후인 9월 15일, 월가는 4위 투자은행인 리먼 브라더스가
FRB에 구제금융을 요청했으나 거부당한 뒤 파산보호 신청을 하고, 또 3위
투자은행인 메릴린치가 아메리카은행(BoA)에 전격 인수되는 '공포의 월요
일'을 맞았다. 모두가 "월가의 종말이 닥쳤다"고 외쳤다. 2008년 글로벌

금융위기가 폭발한 것이다.

이로부터 한 달쯤 후인 10월 23일, 미 의회 청문회에서 앨런 그린스펀 전 FRB 의장은 자신이 평생 지녀온 자유방임 시장주의의 신념에 "결함(flaw)이 있었다"고 처음으로 인정했다. 그리고 월가의 파생금융상품 규제 강화에 대한 자신의 반대가 "방향 착오(lean against the wind)였다"고 처음으로 시인했다. 미국 금융계에서 자유시장주의의 아이콘으로 간주되어왔고, 또 미국 의회에서 대다수 의원으로부터 '두려움에 가까운(AP 통신의 표현)' 존경을 받던 그린스펀은 네 시간에 걸친 청문회에서 여러 의원의 추궁을 받고 "자체적인 이익에 따라 움직이는 은행이 자신의 주주와 그 자체를 보호하는 데에 필요한 조치를 취할 것이라고 믿은 데에 '잘못'이 있었다"고 말했다. 그는 또한 5년간에 걸친 미국의 주택 붐이 지탱할 수 없는 투기적 버블로 바뀌어 터질 때 경제에 타격을 미칠 것이라는 우려를 자신이 배척한 것은 잘못이었다고 인정했다. "시장 경쟁과 자유시장의 핵심적인 기둥이 무너졌다. 나는 아직도 왜 그런 일이 일어났는지 완전히 이해하지 못하고 있다"고 그린스펀은 말했다.

정말 그린스펀은 2008년 금융위기가 왜 일어났는지 그때까지도 이해하지 못하고 있었는가? 그렇지 않다. 그는 의회 청문회가 열리기 7개월 전인 2008년 3월 17일 '완전한 리스크 모델은 불가능하다'라는 〈파이낸셜 타임스〉 기고에서 "금융시장에서 모든 불연속적 현상을 예상할 수는 결코 없을 것이다"고 주장했다. 그리고 "시장구조와 규제에 관한 어떤 개혁이나 조정에 있어서도 그것이 누적적 정책 실패(cumulative economic failures)를 피할 수 있게 해주는 가장 믿음직하고 효과적인 안정장치인 시장의 신축성과 개방적 경쟁을 제약하지 않도록 하는 것이 중요하고 또 필수적이다"라고 강조했다. 이 글로 인해 폴 크루그먼을 비롯한 다수의 진보적 경제학자로부터 "그의 글은 글로벌 금융위기에서 자신의 책임을 감추려는 연막전술"이라는 거센 비판을 받게 된 그린스펀은 4월 6일 다음과 같은 반론을 제시했다.

1 나는 2001년에서 2006년 사이에 20여 개국에서 나타난 놀랍도록 유사한 주택 버블이 동일한 요인에 기인한 것이라는 점을 왜 알아차리지 못했는지 수수께끼다. 장기 실질 이자율의 극적인 하락은 부동산 자본화율(real estate capitalization)의 전 세계적 하락과 수렴 현상을 통계적으로 설명해주며, 또 가장 개연성 높은 주요한 요인이다.

의심할 여지없이 각 개별적 주택 버블은 각기 상이한 특성을 가지고 있으며, 일부 인사는 FRB 통화정책의 미국 버블 연루성(連累性)을 지적한다. 그러나 미국 버블은 세계적 경험의 중앙값에 근접하며, 통화정책의 버블 조장 증거는 통계학적으로 미약하다.

2 규제 당국자가 효과적이려면 차후의 금융 장애를 예상할 수 있어야만 한다. 그러나 이것이 가능한지는 입증되지 않았다. 실시간의 불확실성에 직면한 규제 당국자는 지금까지 선제적 조치를 취할 수 있을 만큼 충분한 미래의 확실성을 갖출 수 없었다.

서브프라임 유동화가 폭발한 것은 서브프라임 담보 증권(MBS)이 첫 발행 시점에 저평가(고수익)된 것으로 보였기 때문이었다. (주택 가격이 상승하는 시장에서) 서브프라임 연체와 압류 건수는 많지 않았고, (투자자에게) 큰 이익의 기회라는 환상을 심어주었다.

3 나는 사회적 보험에는 비용이 따른다는 〈파이낸셜 타임스〉의 마

틴 울프의 견해와, 이익의 사유화와 손실의 사회화에 관한 그의 우려에 동의한다. 일부 금융기관이 '대마불사(too big to fail)'에 해당되는 것으로 공식적으로 지정되는 금융 시스템에서는 그 은행이 경쟁적으로 낮은 자본비용의 특혜를 얻게 될 것이다. 그런 '대마불사'가 되려는 은행에 대한 암묵적 특혜 문제는 바로잡아야 한다.

4 미국의 통화정책이 '위험스러울 만치 불균형적'이었다는 점에 관해 나는 지난 반세기 동안 단지 7분의 1 기간만 미국 경제가 경기 침체에 있었다는 점을 지적하고자 한다. 그렇지만 실업률은 일정한 추세를 보이지 않았다. 그러므로 실업률의 평균 상승률은 그 평균 하락률보다 훨씬 더 컸다. 그에 대응해 통화정책은 경기 팽창기보다는 경기 침체기에 더 적극적이었지, '위험스러운' 것은 아니었다.

5 나의 〈파이낸셜 타임스〉 기고에 대한 비판적 논평 가운데 많은 부분은 울프가 지적하듯이 그 내용보다는 '내가 드러내는 이데올로기'를 겨냥한 것이다. (중략) 우리가 현실에서 부닥치는 많은 것은 불확실하고, 일부는 소름끼칠 만큼 그러하다. 그러나 우리는 그 불확실한 인과관계의 고리에 관해 판단을 내리지 않을 수 없으며, 그렇지 않으면 주저앉아야만 한다. (중략) 위험 분산에 관한 나의 견해는 크게 흔들렸지만 자유경쟁 시장이 경제를 조직하는 데 있어서 비교할 상대가 없을 만치 월등히 우수한 방법이라는 나의 판단은 전혀 흔들리지 않았다. 우리는 강압적인 것에서부터 중앙 집중적인 것에 이르기까지 갖가지 계획경제를 시험해보았다. 어느 것도 제대로 작용하지 않았다. 우리는 다시 그 실험을 해보고자 하는가?

그린스펀의 반론에는 2008년 글로벌 금융위기에 관한 주요한 의문이 모두 포함되어 있다. 첫째, 그는 왜 주택 버블을 감지하지 못했는가? 그 이유는 장기 실질 이자율이 극적으로 하락한 뒤, 그에 따라 모기지 이자율이 하락•하고, 주택 수요가 늘어남에 따라 집값이 오르고, 주택 자본화율(주택 소유이 따른 순이득/주택 시세)이 떨어지면서 주택 시장의 연쇄적 가격상승이 전혀 이상스럽게 느껴지지 않는 착시 현상이 발생했기

• 여기에는 미국 정부의 저소득층 '주택 소유지원 정책(affordable housing)'도 크게 작용했다

때문이다. 이런 환각 현상은 그린스펀만이 아니라 다른 20여 선진국 중앙은행과 금융권 인사가 공통적으로 경험한, 따라서 어느 한 사람에게 그 책임을 돌리기 어려운, 오직 사후적으로만 중대한 정책적 실패로 규정할 수 있는 문제다.

둘째, 2008년 글로벌 금융위기의 방아쇠 역할을 한 서브프라임 모기지 및 그 담보 증권(MBS)의 대량 부실화는 누구의 책임인가? 그것은 미국의 통화정책을 책임지고 있는 FRB의 잘못인가, 아니면 금융시장 각 부문을 책임지고 있는 감독 기관의 잘못인가? 금융위기를 선제적으로 차단할 수 있으려면 규제 당국자가 시장을 누비는 일선 금융기관 직원보다 더 빠르고 정보에 밝아야 한다. 그러나 현실은 전혀 그렇지 않다. 물론 모두가 그런 것은 아니지만 월가의 일부 금융인은 1년에 수천 만, 수십 억 달러의 보너스를 챙기는 당대의 금융공학 귀재다. 그린스펀이 지적하듯이 규제 당국자는 평균적인 수준에서 업무를 수행한다. 모기지 대출과 그 유동화 증권의 매매가 대박을 터트릴 수 있는 황금 어장이라던 어느 금융인이 그 기회에 눈감을 것으로 기대할 수 있고, 또 신용 평가 기관이 트리플 에이(AAA)의 최고 신용 등급을 부여하는 그 금융상품에 대해 규제 당국자가 어

떻게 추가적인 위험 회피를 위한 사전적 규제를 가할 수 있다고 기대할 수 있는가?

셋째, '대마불사', 즉 몇몇 금융기관은 덩치가 너무 커서 쓰러지면 국가 경제가 위태로워진다는 것은 경제적 영역이 아닌, 다분히 '정치적' 영역에 속하는 문제이므로 그린스펀에게 책임을 묻기 어렵다. 물론 '대마불사'로 간주되는 대형 은행의 출현은 1930년대 대공황 기간에 제정된 예금은행과 투자은행을 따로 떼어놓은 '금융의 칸막이 법(Glass-Steagall Act)'이 신자유주의 물결에 밀려 크게 완화되면서 한층 가속화되었고, 그린스펀은 자유경쟁적 시장의 효율성에 관한 신념을 여전히 버리지 않고 있었다는 점에서 비판을 받을 수 있다. 그러나 사고의 자유는 민주사회의 발전을 위한 기본 요건이다. 그린스펀이 '대마불사' 현상에 대해 "바로잡아야 한다"고 인정하고 있는 만큼 이 문제는 경제적으로 접근하기보다 정치적으로 해법을 찾아야 할 것이다.

넷째, 1980년대 이후 미국의 통화정책이 다른 선진국에 비해 '불균형적으로' 느슨했고, 그 결과 세계시장에서 '달러 과잉' 현상이 빚어졌다는 점은 분명한 사실이다. 미국의 만성적인 재정 적자와 부채 누적이 그 증거다. 미국의 통화 완화는 또한 글로벌 경기과열을 자극하고, 국제 유가와 원자재 가격의 상승을 부추기고, 닷컴 버블과 주택 버블을 촉발해 금융위기를 일으키는 저변적 요인(underlining cause)이었다. 그린스펀은 미국의 통화정책이 그처럼 '불균형적 완화'로 치달아온 이유를 실업률의 상승폭이 하락폭에 비해 심했다는 점에 돌린다. 미국의 통화정책이 인플레이션 억제보다 고용 안정을 더 중시했다는 말이다. 이 기간 중에 중국의 경제적 약진을 비롯한 신흥 경제국의 비약적 발전이 미국인에게 '풍부하고 값싼 상품의 공급원'이 됨으로써 미국의 국내 물가 상승을 억제해주는 '고마운 인플레이션 진정제'로 작용한 것도 한 요인이었다.

다섯째, 이데올로기는 '사회에 관한 일련의 신념'이라고 말할 수 있다. 그 신념은 우리가 사회에 참여하고 활동하는 데 있어서 하나의 '준거 틀(framework)'을 제공하며, 또 사회에 참여하고 활동할 때 사회로부터 영향을 받으면서 바뀌게 된다. 그린스펀은 글로벌 금융위기에도 불구하고 자유경쟁 시장의 효율성에 대한 자신의 신념에 여전히 강한 확신을 표명한다. 그렇지만 그 자유경쟁 시장이 위험 분산에 있어서는 중대한 결함을 드러냈으며, 그 점에 관한 자신의 신념에 큰 동요를 느끼고 있다고 밝혔다. 사회는 끊임없이 변화한다. 이데올로기 역시 변화해야 한다. 변화를 모르는 이데올로기는 사고와 행동의 효율적인 준거 틀이 될 수 없다. 그러나 사회 상황이 바뀌었다고 특정 이데올로기가 완전히 쓸모없어지는 것은 결코 아니다. 사회는 혁명적으로 변하기도 하지만, 대부분 점진적이고 단계적으로 바뀐다. 글로벌 금융위기는 그 이전의 자유시장 경제체제에 중대한 변화를 요구한다. 그렇지만 자유경쟁 시장이 경제를 조직함에 있어서 다른 어느 이데올로기보다 여전히 월등히 우수하다는 그린스펀의 말은 한국의 진보적 지식인도 귀담아들어야 할 것이다.

중앙은행의 역할

2000년 6월 10일, 런던 시민은 템스 강을 가로지르는 새로운 다리를 갖게 되었다. 1998년 공사를 시작해 이날 개통된 보행자 전용 다리인 '런던 밀레니엄 풋브리지(London Millenium Footbridge)'가 그것이다. 그러나 이 다리는 개통된 지 이틀 만에 부분 통제된 후 거의 2년 동안 완전 폐쇄되었다가 다시 개통되었다. 왜 이런 일이 벌어졌는가? 그 이유는 폭 4미터, 길이 144미터의 현수교인 이 다리가 보행자의 걸음으로 진동과 공명이 일어나 심하게 흔들리면서 보행자가 심한 불안감을 느끼게 되었기 때문이다. 그래서 '밀레니엄'이 아닌 '워블리(흔들림)' 다리라는 별명이 붙었다. 그렇다면 다리는 왜 그처럼 흔들렸는가? 그 이유는 보행자의 걸음으로 생겨난 진동 때문에 다리가 흔들리고, 다리가 흔들리면서 보행자가 좌우로 흔들거리게 되고, 그 진동이 한층 더 커지게 되는 일종의 '포지티브 피드백(正歸還)' 진동 현상이 일어났기 때문이다.

금융위기도 이 사례와 닮아 있다. 금융위기는 은행의 대출 증가로 경제활동이 활발해지고, 그에 따라 대출이 다시 늘어나고, 또 경제활동이 더욱 활발해지는 대출과 경제활동의 상승적 피드백 과정(positive feedback)을 통해 지탱할 수 없는 버블(진동)이 형성되다가 그것이 마침내 정점에 이르러 터지면서 발생하게 된다. 말하자면 '금융의 워블리 다리(Financial Wobbly Bridge)'를 그대로 방치할 경우 금융위기를 맞게 된다. 이 위기를 막는 것은 중앙은행 혼자 힘으로는 불가능하다. 그러나 행정부의 정책 당국자는 대개 불황은 신속히 끝내고 호황은 가능한 한 끝까지 연장시키려는 강한 유혹을 받으며, 또 실제로 그렇게 행동하는 경우가 다반사다. 그래서 경기과열을 사전에 차단하고 경제 안정을 도모하는 것은 빈번히 중앙은행에 그 책임이 맡겨진다. 세계 3대 중앙은행 가운데 유럽중앙은행(ECB)과 영국의 중앙은행인 뱅크 오브 잉글랜드(BoE)는 경제 안정(디플레이션 억제)을 유일한 목적으로 하고 있고, 미국 연준(FRB)은 경제 안정과 함께 고용과 성장을 동시에 챙기도록 이중 임무를 부여받고 있다. 그린스펀이 FRB의 통화정책이 다른 나라에 비해 상당히 느슨했고, 그렇게 된 이유 가운데 한 가지로 경기 침체로 인해 실업률이 높아졌다가 좀체 낮아지지 않는 현상에 대응하는 과정에서 빚어진 일이라고 밝힌 것은 바로 FRB의 이중적 임무를 시사한다.

그는 중앙은행의 임무를 물가안정 한 가지로 규정하든, 아니면 물가안정과 더불어 고용과 성장을 함께 챙기는 것으로 이중적으로 규정하든, 중앙은행이 그 임무를 효과적으로 수행하기 위해서는 행정부나 정치권으로부터 간섭을 받지 않고 독자적으로 정책을 결정하그 집행할 수 있어야 한다고 말한다. 이른바 '중앙은행의 독립성' 주장이다. 과거의 금융위기는 주로 라틴 아메리카와 아시아 개발도상국의 문제로 간주되었고, 그 나라에서는 중앙은행의 독립성이 존중되지 않거나 취약한 것이 사실이었다. 그러나 2008년 글로벌 위기로 인해 이제는 더 이상 그런 구분을 할 필요가 없게 되었다. 중앙은행의 독립성은 금융위기를 막을 수 있는 방화벽이 전혀 되지 못할 뿐만 아니라, 바로 그런 방화벽이 될 수 있다는 생각 그 자체가 금융위기를 한층 더 걷잡을 수 없는 가공할 사태로 만드는 위험한 사고방식이라는 점이 드러나고 있다. 심지어 미국 하원 금융감독 소위원회의 론 폴(Ron Paul) 위원장을 비롯한 FRB 폐지론자는 국민의 위임을 받지 않은 이 기구가 돈을 마구 찍어내어 정부의 재정 낭비를 지속시키고 세계적으로 전쟁을 일삼으며 독재 정권을 비호할 수 있게 하고 있다고 주장하기도 한다.

중앙은행은 어째서 경제 안정이라는 그 고유의 임무를 제대로 수행하지 못하고 있는가?《금융위기의 근원》의 저자인 조지 쿠퍼는 그 원인이 '정책 대상의 오류'에 있다고 지적한다. 즉 중앙은행이 안정시키고자 하는 것은 '소비자물가 인플레이션'이지만, 실제로 전체 경제를 심각한 불안정에 빠트리고 있는 요인은 '자산 가격 인플레이션'이다. 아울러 중앙은행 당국자가 자산가격 인플레이션을 알려주는 가장 중요한 시그널인 은행의 신용 창출은 외면한 채 다른 엉뚱한 지표(본원통화와 금리의 변동)에만 관심을 집중하는 '정책 수단의 착오'를 범하고 있다고 쿠퍼는 비판한다. 사냥꾼이 호랑이를 잡으려고 하면서 그 뒤를 쫓는 자신의 사냥개에게 총질을 한다면 어떻게 되겠는가? 금융시장이 '포지티브 피드백'의 과정을 통해 버블을 극대화시키는 가운데 정책 당국자가 그것을 호황의 지속으로 착각하고 통화 고삐를 조이는 데 늑장을 부린 것이 바로 2008년 글로벌 금융위기의 원인이었고, 이런 정책적 오류는 앞으로도 되풀이될 것이라는 말이다.

하이먼 민스키의
'금융 불안정성 가설'

2008년 글로벌 금융위기는 자본시장에 관한 경제학자의 믿음에 큰 충격을 안겨주었다. 비록 경제 현실에서는 자주 자신의 믿음에 맞지 않는 현상이 일어나긴 했어도 기본적으로 경제학자는 자본시장이 모든 이용 가능한 정보를 '항상, 그리고 즉각적으로' 자산 가격에 반영하기 때문에 정상적으로는 어떤 투자자라 할지라도 초과 이익을 얻을 수 없다고 생각했다. 그러나 이번 글로벌 위기를 통해 우리는 자산 가격이 경제적 펀더멘털로부터 지속적으로 이탈하면서 심각한 버블을 형성하고, 그것이 붕괴되면서 대공황 이후 최악의 경기 침체를 야기한 '거품 경기와 침체 과정'을 목격했다. 그리고 이 결과로 이제는 '효율적 시장가설'의 성가는 크게 퇴색되고, 자본시장의 근본적인 불안정성을 고발하는 영국 경계학자 하이먼 민스키(Hyman P. Misnky)의 '금융 불안정성 가설(Financial Instability Hypothesis)'이 새롭게 주목을 받게 되었다.

민스키는 자산 가격이 '상승적 피드백' 과정을 통해 지탱할 수 없는 버블로 치달은 후 결국 붕괴되는 현상을 가리켜 "안정이 불안정을 창출한다"고 표현한다. 버블이 진행되고 있을 때 투자자는 매 순간 가격의 상승을 정상적인 것으로 간주하지만(안정), 실제로는 경제적 펀더멘털과는 동떨어진 버블이 형성되고 있는 것이고(불안정), 결국 그것이 붕괴되면서 금융위기가 촉발된다는 뜻이다. 그리고 버블이 정점에 달한 후 붕괴되어 자산 가격이 급락하기 시작하자 신용평가 기관이 뒤늦게 그 자산의 신용 등급을 강등하면서 매물이 쏟아져 나오게 됨에 따라 해당 자산 가격의 하락에 한층 가속이 붙게 된다.

꼬리 위험(tail risk)

2008년 글로벌 금융위기 이후 '꼬리 위험(tail risk)'이라는 개념이 널리 회자되기 시작했다. 이 용어는 정상적으로는 발생할 확률이 지극히 낮은 어떤 현상이 전혀 뜻하지 않은 곳, 즉 꼬리 부분에서 일어나는 경우를 가리킨다. 미국의 주택 버블이 붕괴되면서 터진 서브프라임 모기지(비우량 장기 주택 대출) 파동의 핵심으로 지목되고 있는 MBS(모기지 담보 증권)가 좋은 사례다.

월가의 투자은행은 미국의 주택 붐이 버블로 치닫고 있는 과정에서 투자 부적격 채권인 서브프라임 모기지를 자산 담보부 증권(CDO)이라는 '복합 금융상품(혹은 구조화 금융상품)'으로 만들어 그 신용 등급을 높이면서 미국의 주택 붐을 한층 더 크게 키우는 데 중요한 역할을 했다. 1990년대 중반에 첫선을 보인 CDO는 2002년에 발행 규모가 840억 달러에 그쳤다. 그러나 이로부터 불과 3년 후에는 그 발행 규모가 2500억 달러로 급증했고, 그 다음 해에는 무려 1조 달러에 이를 만큼 폭발적으로 성장했다.

CDO 시장이 이처럼 급팽창할 수 있었던 것은 월가 금융 공학자가 투자 부적격의 모기지 채권을 고수익의 최우량 투자상품(신용 등급 AAA)으로 둔갑시키는 마술을 구사할 수 있었기 때문에 가능했다. 자본시장은 수익이 높으면 필연적으로 그에 상응하는 높은 위험을 부담해야 한다. 그런데 수익률이 높으면서 위험성이 전혀 없는 최우량 투자상품이 있다면 어느 누가 그것을 외면할 수 있겠는가? 월가 금융공학자가 고안해낸 신용 등급 높이기의 마술은 두 개의 투자 부적격 자산을 결합한 후 이것을 두 개의 다른 상품으로 쪼개어 하나는 신용 등급이 높은 선순위 채권으로, 다른 하나는 위험성이 높은 후순위 채권으로 만드는 방법이다.

예컨대 부도 확률이 10퍼센트인 두 개의 모기지 채권을 기초로 하여 CDO를 만들 경우 선순위 채권(두 개의 기초 자산이 모두 부도가 날 경우에만 부도 처리)의 위험성은 0.1(10퍼센트) × 0.1(10퍼센트)로 0.01(1퍼센트)로 떨어진다. 그리고 이 두 가지 채권에다가 부도 확률이 동일한 제3의 채권을 결합한 후 쪼개면 선순위 채권의 위험성은 0.001퍼센트(0.1×0.1×0.1)로 한층 더 떨어지게 된다.

월가 금융공학자가 구사한 이 마술(魔術)은 각 채권이 서로 연계되어 있지 않고 독립적이어서 어느 하나의 부도가 다른 것의 부도에 영향을 미치지 않는다는 가정을 전제로 하고 있다. 이런 가정은 경제 상황의 악화가 특정 개인이나 기업, 혹은 지역에 국한될 때에는 성립할 수 있을지라도 경제 전반의 상황이 악화될 때는 일거에 무너지게 된다.

세계 3대 신용 평가 기관의 하나인 피치(Pitch Ratings)에 따르면 회사채는 전체 발행 물량 가운데 최고의 신용 등급이 부여되는 것이 1퍼센트에 불과한 데 비해, CDO는 약 60퍼센트에 AAA 등급이 부여되었다. 월가의 5대 투자은행 가운데 2위 은행인 J.P. 모건 체이스는 이 CDO의 위험성을 일찌감치 파악해 위기가 본격화되기 훨씬 이전에 보유분을 서둘러 정리하여 화를 면할 수 있었다. 반면에 3위에서 5위 투자은행이었던 메릴린치와 리먼 브라더스 및 베어스턴스는 간판을 내리고 다른 은행에 흡수되어 사라졌다.

정책 관료,
경제 전문가의
'치명적 자만심'

> 2008년 글로벌 경제 위기는 미국과 유럽 다수 국가의 부동산 대출 부
> 실화로 인해 금융기관이 부실화되고, 각국 정부가 위기 수습을 위해
> 국민의 혈세로 부실 금융기관에게 구제금융을 제공하고 경기 부양에
> 나섰지만 막대한 국가 부채만 남긴 채 경제를 살리는 데 실패하고 이
> 제 국채 금리가 급등하면서 디폴트(부채 상환 불능) 위기에 직면하게 되
> 었다.

위의 글은 김광수 경제연구소가 《위기의 재구성》에서 제시한 '2008년 위
기 진단'이다. 만약 2008년 글로벌 위기가 이런 원인과 과정을 통해 일어
난 사태라면 크게 걱정할 필요가 없다. 원인이 이런 것이라면 그런 위기는
이제 얼마든지 미리 포착할 수 있고 차단할 수 있으며 또 설령 일이 잘못되
어 실제로 위기가 닥칠지라도 그리 어렵지 않게 봉합할 수 있을 것이기 때
문이다. 그러나 과연 그럴 수 있을까? 전혀 그렇지 않다. 2008년 글로벌 위
기는 그 이전의 다른 경제 위기와 마찬가지로 경제체제 그 내부에 자리 잡

고 있는 '내재적 원인(inherent cause)'과, 정책 당국자와 경제 전문가의 '사고의 빈곤'과 '이념적 경직성', 그리고 '지적 자만심'이 결합되어 일어난 복합적 인재(人災)였기 때문이다.

불행하게도 한국의 정책 당국자와 경제 전문가는 2008년 글로벌 경제 위기를 경험하고도 여전히 케인스 이후 발전해온 수학적 거시 예측 모델에 기대어 경제적 미세 조정(fine-tuning)을 수행할 수 있다는 '치명적 자만심'에서 벗어나지 못하고 있다. 2008년 위기 이후 4차 연도인 2012년에 들어서면서 다시 새로운 글로벌 위기의 불안감이 높아지고 있지만 국내 정치권과 정책 관료 및 경제 전문가는 여전히 2008년 위기 이전의 경제적 관념과 이념적 경직성을 고수하며 이제는 시대적 유물이 되고 있는 '시장과 복지' 논쟁에 열중하고 있다. 2012년 이후 새로운 글로벌 위기가 닥칠 때 과연 우리나라가 2008년 위기에서와 마찬가지로 큰 타격을 입지 않고 빠져나올 수 있을까 하는 것이 대단히 걱정스러운 이유다.

'자본주의적 사회주의?'

"2008년 글로벌 위기에서 정말로 놀라운 점은 그것이 어느 날 청천벽력처럼 전혀 예기치 못한 놀라움으로 들이닥쳤다고 모두가 쉽사리 믿게 되었다는 사실이다." 워싱턴 D.C. 소재 미국 대학 교육전문 주간지 〈CHE(The Chronicle of Higher Education)〉로부터 '문화 이론의 엘비스'라는 극찬을 받은 런던 대학 버벡(Birbeck) 인문학연구소 소장 슬라보예 지젝(Slovoj Zizek) 교수의 말이다. 그러나 2008년 글로벌 위기는 결코 예기치 못한 돌발 사태가 아니었고, 또 그 위기를 수습한다고 벌인 각국 정부의 유례없는 대대적인 국가의 개입은 "자본주의를 살리기 위해, 극단적인 사회주의로 돌아선 이념적 희극이었다"고 지젝 교수는 지적한다.

 2008년 9월 말, 금융위기가 한참 절정으로 치닫고 있을 때 노벨 경제학상 수상자인 콜롬비아 대학의 조지프 스티글리츠(Joseph Stiglitz) 교수는 영국 〈가디언〉에 기고한 글에서 헨리 폴슨 당시 미국 재무장관의 은행 구제 계획이 "월가를 구할 수는 있어도, 경제를 살리지는 못할 것"이라고 주장하면서 부시 행정부와 민주당 지배의 의회가 황급히 마련한 7000억 달러의 부실 자산 정리 계획(TARP)에 관해 다음과 같이 논평했다.

> 이러한 위기에서 정치인은 그냥 손 놓고 보고 있을 수만은 없다. 그
> 래서 우리는 특수 이해 집단과 오도(誤導)된 경제 전문가, 그리고 이
> 위기를 초래한 우익 이데올로기의 위험한 결합체(toxic mix)에서 어떻
> 게든 효과를 거둘 수 있는 구제 계획이 만들어지거나, 아니면 그들
> 의 실패로 인해 지나치게 심한 상처를 입게 되지 않기를 단지 기도
> 할 수밖에 없다.
>
> — 〈가디언(The Guardian)〉, 2008. 9. 30

　스티글리츠 교수는 어째서 부시 행정부의 긴급 위기 대책에 관해 이처
럼 비관적인 판단을 하게 되었는가? 그 이유는 같은 해 7월 15일, 미국 연
준(FRB)의 벤 버냉키 의장에 대한 공화당 짐 버닝(Jim Bunning) 상원 의원의 다
음과 같은 비판에서 잘 드러나고 있다.

> 이제 FRB는 시스템적 위기 관리자가 되려고 한다. 그러나 시스템적
> 위기는 바로 FRB 자체다. FRB에 더 많은 권한을 부여하는 것은 길거
> 리에서 야구 놀이를 하다가 창문을 깬 동네 어린이에게 더 큰 야구방
> 망이를 쥐어주면서 문제가 해결될 것이라고 생각하는 것과 같다.

　2008년 9월 15일 월가의 4위 투자은행인 리먼 브라더스의 파산으로 글
로벌 금융위기가 터진 후 1주일이 지난 9월 23일, 버닝 상원 의원은 1930
년대 대공황 이후 최대의 금융 구제 계획인 TARP에 관해 다음과 같이 비

판했다.

> 누군가가 그 손실을 감당해야 한다. 우리는 잘못된 의사결정을 한 사
> 람에게 그들 자신의 행동에 따른 결과에 대해 책임을 지도록 하거나,
> 아니면 그 고통을 다른 사람에게 분산시킬 수 있다. 그리고 바로 그
> 것이 폴슨 장관이 제안하는 것이다. 월가의 고통을 대신 떠안고, 그
> 것을 납세자에게 분산시키려는 것이다. (중략) 대대적인 이 구제 계
> 획은 해결책이 아니다. 그것은 금융 사회주의(financial socialism)이며, 비
> (非)미국적(un-American)인 것이다.

버닝 상원 의원은 어째서 버냉키 의장이 월가 구제를 위해 요구하는
FRB의 권한 확대를 '금융 사회주의'라고 몰아붙였는가? 그리고 버닝 상원
의원의 비난은 얼마나 진실에 가까운 주장인가? 2008년 9월 글로벌 금융
위기가 터지면서 미국을 비롯한 세계 전역의 금융 시스템이 마비 상태에
빠져들었을 때 헨리 폴스 재무장관의 TARP 계획과 버냉키 의장의 FRB 권
한 확대 요구는 필수적인 긴급 위기 대응책으로 간주되었다. 그러나 글로
벌 위기 4차 연도에 들어선 2012년 현재 세계는 유럽발 금융위기로 인해
어쩌면 2008년 위기보다 한층 심각한 새로운 위기 상황이 닥치지 않을까
전전긍긍하고 있다. 폴슨 장관의 TARP와 2010년과 2011년, 두 차례에 걸
쳐 2.3조 달러에 이르는 엄청난 달러 유동성을 금융권에 긴급 수혈한 이른
바 '양적 완화(QE)'라는 버냉키 의장의 위기 대응책은 월가의 거대 은행과
해외 금융기관의 고위험 투자에 따른 손실을 메워주었고, 또 FRB가 제공
하는 초저금리 자금으로 한층 더 몸집을 키울 수 있게 해주었을 뿐 미국의

실물경제 상황은 2008년 위기 당시보다 전혀 나아지지 않고 있는 것이다. 폴슨 장관과 버냉키 의장의 긴급 월가 구제가 2008년 위기를 촉발시킨 금융권이 전혀 그 책임을 지지 않은 채(위험의 사회화) 긴급 구제책의 이득을 챙길 수 있게 해줌으로써(이득의 사유화) 전형적인 사회주의적 방식으로 귀결되고 있는 것이다.

  2008년 금융위기에 대한 각국의 대응이 이처럼 경제를 살리지 못한 가운데 다시 유럽발 금융위기를 맞게 된 상황에 관해 슬라보예 지젝 교수는 다음과 같이 말한다.

> 월가 구제 계획은 진정 '사회주의적' 조치이며, 미국에서 국가사회주의(state socialism)의 탄생을 의미하는가? 만약 그렇다면 그것은 아주 특이한 유형이다. '사회주의적' 조치라는 것의 주된 목적이 빈곤층이 아닌 부자를 도우려는 것이며, 돈을 빌린 자가 아니라 돈을 꿔준 자를 도우려는 것이기 때문이다. 지극히 극단적인 아이러니이지만 금융 시스템의 '사회화'는 자본주의를 구제하는 데 도움이 될 경우에만 용납할 수 있다. 사회주의는 자본주의를 안정시키는 데 도움이 되는 경우를 제외하고는 나쁜 것이다. 아이러니컬하게도 오늘날 중국에서는 같은 방식으로 중국 공산주의자가 '사회주의' 정권을 강화하기 위해 '자본주의'를 이용하고 있는 또 다른 희극을 연출하고 있다.[19]

'대마불사' 논리와
'도덕적 해이'

미국 자본주의는 금융산업이 그 정점을 차지하고 있고, 실물경제는 오직 그 상부구조를 지탱하는 데 의미가 있는 하부구조의 형태를 이루고 있는 금융자본주의다. 바로 이런 이유 때문에 미국 자본주의의 내부 깊숙한 곳에는 월가 금융기관으로 하여금 '위험한 도박'을 일삼도록 만들고, 그 결과 파산의 위기에 직면하면 미국 정부가 납세자의 혈세로 월가의 구제에 나서는 '도덕적 해이(moral hazard)'가 불문율(不文律)로 아로새겨져 있다고 지젝 교수는 지적한다. 도덕적 해이는 국내 언론의 논평과 경제적 담론에서 흔히 사용되는 것처럼 단순히 어떤 도덕적 일탈이나 비난 받을 행위를 가리키는 말이 아니다. 그것은 '정부 규제나 법령, 보험회사나 다른 어떤 기관이 그 규제 대상이나 고객의 위험 행위로 인해 야기되는 어떤 손실이든 보상해주어 고객에게 그러한 위험 행위를 저지르게끔 부추기는 현상'을 가리킨다.

2008년 금융위기가 터졌을 때 부시 행정부가 황급히 월가 구제에 나선 명분은 월가의 거대 은행을 그대로 파산하도록 내버려둘 때 전체 금융 시스템이 마비되고 실물경제가 붕괴될 수 있다는 이른바 '대마불사(too big to fail)' 논리였다. 다시 말해 미국의 실물경제, 즉 메인 스트리트(main street)의 안녕(安寧)은 미국 금융산업의 중심인 월가의 번창과 결부되어 있다는 것이다. 그런데 아주 당연한 것처럼 들리는 이 논리의 배후를 살펴보면 이념적으로 대립하는 두 세력이 함께 손을 잡고 '도덕적 해이'에 가담하고 있다.

● 일체의 정부 지출 증대와 금융 구제에 반대하는 공화당 개혁 세력인 티 파티(Tea Party)의 대칭 개념.

월가의 거대 은행과 등을 맞대고 있는 미국 공화당 보수파●와 재정지출 확대를 통한 중소기업 지원과 일자리 창출을 주장하는 민주당 진보파의 연합이 그것이다. 그런데 정치적으로 이질적인 이 두 세력의 연합은 2008년 금융위기를 계기로 일시적으로 생긴 것이 아니라 항상 월가에 유리하게 작용하고 있는 항구적인 존재라고 지젝 교수는 지적한다. 왜냐하면 '대마불사'의 논리에는 월가와 메인 스트리트의 근본적인 비대칭 관계, 즉 '월가의 번성이 꼭 메인 스트리트의 이익과 합치하는 것은 아니지만, 월가가 잘못되면 메인 스트리트는 결코 무사할 수 없다'는 무언의 믿음이 깔려 있기 때문이다.

'낙수 효과'라는 신화

2008년 글로벌 위기가 터진 지 만 3년이 지난 시점에 유로 통화권(유로존) 국가는 그리스의 디폴트(부채 상환 중지) 위험이 높아지면서 유럽은행이 위기에 처하게 되자 서둘러 미국의 TARP와 유사한 대대적인 구제 계획을 들고 나왔다. '도덕적 해이론자'가 주장하는 것처럼 금융인의 머릿속에서 '대마불사'의 인식을 완전히 떼어내지 않는 한 금융위기는 장소를 바꿔가며 꼬리를 물고 계속 되풀이된다는 사실을 새삼 깨우치게 된다. 그러나 불행하게도 2008년 금융위기 이후 한때 거세게 일었던 금융 규제와 감독 강화에 관한 논의는 시간이 갈수록 시들해지고 미국과 유럽 국가는 각기 자신의 금융산업을 지키기 위해 다른 나라보다 규제와 감독을 가볍게 만들려는 정치적 계산을 앞세우고 있다. 물론 이런 움직임의 배후에 국민의 혈세로 위기를 넘기고 한층 더 덩치를 키운 월가와 유럽 금융권의 로비 활동이 개재되어 있음은 두말할 필요가 없다. 장차 더 큰 금융위기를 불러오게 될 또 다른 '금융 버블'의 굿판이 펼쳐지고 있는 것이다.

월가와 메인 스트리트의 관계에서 전자를 펀드는 또 하나의 경제적 논리는 낙수(落水) 효과(trickle-down effect)를 내세워 평등주의적 소득재분배에 반대하는 보수파의 주장이다. 그들은 고율의 누진세율을 통해 소득재분배를 시도하는 것은 '가난한 사람을 부유하게 만드는 것이 아니라 부자를 가난하게 만드는 일일 뿐'이라고 주장하며, 경제 규모가 커지고 부자가 더욱 부유해지면 그 부(富)가 자연히 빈곤층에게로 흘러가 모두가 한층 더 잘 살게 될 것이라는 '낙수 효과'를 주장한다. 이러한 논리에는 빈곤층이 경제적으로 생산적인 계층이 못 되므로 그들에게 직접 소득을 이전하는 것은 경제를 발전시키는 것이 아니라 후퇴시키는 일이라는 가정이 깔려 있다. 따라서 빈곤층에 대한 직접적인 소득 이전보다는 경제적으로 생산적인 금융 부문과 대기업에 대한 지원을 확대하는 것이 경제를 발전시키고, 그 결과 빈곤층을 가난에서 벗어날 수 있게 하는 방법이라는 주장이다.

지난 1978년 덩샤오핑(鄧小平)의 개혁 개방정책에 따라 자본주의적 경제개발을 추구한 결과 13억 인구 가운데 4억 명이 가난에서 벗어나게 되었다는 중국의 경우는 분명 이 '낙수 효과'를 뒷받침하는 것처럼 보인다. 그러나 중국의 사례는 경제개발 초기의 과정에서 보이는 사례일 뿐이고•, 미국이나 유럽처럼 금융산업이 경제의 꼭짓점을 차지하고 있는 '금융자본주의' 아래에서는 전혀 다른 결과가 나타난다. 세계화 경제에서 금융은 경제적 고지(Commanding Heights)를 점령하는 데에 가장 효과적인 무기이고, 시차를 두고 거듭되는 글로벌 금융위기에서 살아남으려면 자국의 금융산업을 더욱 막강하고 거대하게 만들어야 한다고 서방 선진국 정치지도자는 믿고 있다.

• 한국 경제는 1990년 이전까지 '낙수 효과'가 분명히 얼마간 작용하고 있었지만, 동시에 세계화 경제의 치명적인 부작용인 '빈부격차'가 점차 커졌다. 이로 인해 국내에서도 반(反)세계화 기류가 높아지기 시작한 것으로 분석된다.

금융 개혁의 실종,
선량한 시민과 추악한 채귀(債鬼)

> 은행은 선량한 시민이 될 수 있는가? 이 질문에 대한 대답은 '예스'
> 가 되어야 한다. 그러나 지금으로부터 3년 전 내게 이 질문을 한 백악
> 관 보좌관은 내가 미처 대답도 하기 전에 '밥, 당신은 아무도 당신을
> 믿지 않는다는 사실을 깊이 생각해봐야 한다'고 말했다.
>
> —바클레이스은행 , 밥 다이아몬드 총재(Barclays PLC CEO), 2011. 11. 3

영국의 대표적 은행인 바클레이스의 밥 다이아몬드 총재가 〈BBC〉 방
송의 '오늘의 경제 강좌' 첫 번째 초대 손님으로 출연해 한 말이다. 이 강
좌에서 다이아몬드 총재는 은행에 대한 시민의 분노와 불신이 팽배해 있
다는 점을 시인하면서 경제성장과 일자리 창출을 위해서는 은행이 시민의
신뢰를 회복하는 것이 필수적이라고 강조했다. 정말 옳은 말이다. 현대 금
융자본주의에서 은행이 없는 경제는 상상할 수 없다. 은행은 돈이라는 자
원을 순환시키는 기본 통로다. 그것이 잘 돌아가야만 기업과 정부 및 가계
가 원활하게 자금을 공급받고 또 잉여 자금을 가장 효율적으로 운용할 수

있게 된다. 이런 의미에서 은행은 사회적으로 '선량한 시민'임에 틀림없다. 그렇지만 2008년 글로벌 금융위기와 유로 통화권(유로존)의 재정 위기는 때로 은행이 험악한 '저승사자'로 바뀌어 실물경제와 서비스 부문을 파산 지경으로 몰아가는 악덕 채귀가 될 수 있다는 것을 보여주었다. 다이아몬드 총재의 말대로 은행은 경제성장과 일자리 창출을 돕는 선량한 시민이 되어야 한다. 그러나 현실에선 은행이 국민경제의 안위를 외면한 채 무모한 위험 투자를 감행해 스스로 파산 위기에 빠졌다가 이른바 '대마불사' 논리에 기대어 국민의 혈세로 살아나 몰염치한 보너스 잔치를 벌이는 일이 되풀이되고 있다.

2011년 7월 도드-프랭크 금융 개혁법(Dodd-Frank Act)을 통과시킨 미국 의회와 백악관은 미국에서 더 이상의 TBTF(대마불사)는 없을 것이라고 다짐했다. 그러나 미국 미들버리(Middlebury) 대학의 로버트 프라쉬(Robert Prasch) 통화 이론 및 정책 담당 교수는 최근 1년 사이 각종 학회 및 세미나 모임에서 동료 학자와 금융 전문가가 도드-프랭크 법의 TBTF 방지에 관한 규정이 전혀 실효성이 없다는 점에 견해를 일치한다고 말했다. 그 이유는 간명하다. 도드-프랭크 법은 미국의 '시스템적으로 중요한' 은행 지주회사(BHC)가 문제에 부딪칠 때 은행 감독 기관이 그 징후를 사전에 포착하고 신속히 정리절차를 밟도록 규정하고 있지만 관련 BHC는 자체적 문제를 한사코 은폐하다가 다급해지면 정치권으로 달려가 또다시 납세자의 혈세를 구걸하게 될 것이 분명하기 때문이다. 이때의 명분은 항상 '은행 지주회사가 파산하게 되면 전체 금융 시스템이 마비되고 국가 경제가 위태롭게 된다'는 것이다.

뉴욕 공학대학의 리스크 공학(risk engineering) 전문가인 나심 탈레브(Nassim

Nicholas Taleb) 교수는 이제야말로 근본적인 금융 개혁을 해야 할 때라고 강조하며, 현재의 재무 상태가 아무리 건전할지라도 언젠가 문제에 부닥치게 될 때 혈세로 구제금융을 제공해야 할 모든 BHC의 종사자에 대해서는 보너스 지급을 금지함으로써 그들의 무모한 위험 투자 행위를 근원적으로 차단해야 한다고 말한다.[20]

은행 보너스를 없애라

도대체 은행가의 보너스와 보수를 손보는 것이 어째서 위기를 막는 데에 필요한가? 그 이유에 대해 나심 탈레브 교수는 현대 금융자본주의 체제에서 은행이 담당하고 있는 역할이 전기나 수도 회사와 마찬가지로 막중한 공익성을 띠고 있지만 그 경영은 극도의 고위험, 고수익 행태를 보이며 국가 경제를 거듭 위기에 빠뜨리고 있기 때문이라고 설명한다. 코언은 월가 은행의 고액 보수를 "터무니없고 부당하다"고 지적하며, "도대체 공개 기업 가운데 어떤 회사가 수익금의 50퍼센트 내지 60퍼센트를 종업원 보수로 뿌리고 있는가"라고 반문한다.

2008년 글로벌 금융위기를 촉발시킨 미국의 서브프라임 모기지 사태와 유로존 은행의 존립을 위협하고 있는 PIIGS(포르투갈·이탈리아·아일랜드·그리스·스페인) 국채 위기의 공통점은 무엇인가. 그것은 미국 월가의 대형 은행이나 유로존 은행이 똑같이 투자 부적격 위험 자산을 최우량 자산으로 간주하고 무작정 사들였다는 점이다. 그리고 월가와 유로존 은행으로 하여금 그런 무모한 행위를 하도록 만든 것은 미국 정부와 유로존 회원국 정부,

그리고 그들의 은행 감독 기구였다는 점이다. 다시 말해 2008년 글로벌 금융위기와 유로존 재정 위기는 은행과 정부 및 은행 감독 기구, 3자의 합작품이라고 나심 탈레브 교수는 지적한다. 그는 또한 오늘날 유로존의 재정위기가 글로벌 경제 위기로 비화되고 있는 것은 주택 버블의 붕괴로 엄청난 부실 모기지 채권을 떠안게 된 월가와 유로존 은행이 스스로의 탐욕과 오만을 반성하기는커녕 이번에는 PIIGS 국채를 대상으로 똑같은 탐욕을 부렸기 때문이라고 지적하며 위기 재발을 막기 위해서는 "은행 보너스를 없애야 한다"고 외친다. 또한 월가의 투자금융가 출신이며 골드만 삭스를 비롯한 월가 은행의 탐욕과 비윤리적 행태를 고발하는《돈과 권력》의 저자인 윌리엄 코언(William D. Cohan)도 금융위기의 해법으로 월가의 보너스 제도를 뜯어고치고 보수를 최소한 절반 이하로 줄여야 한다고 주장한다.[21]

은행 보너스의
'비대칭성'

금융기관은 기업과 정부 및 가계에 대해 자금을 공급하는 것을 주된 기능으로 하는 기업이다. 그리고 어떤 사유로 인해 금융기관이 자금 공급을 끊거나 금융 시스템이 무너지게 되면 개별 경제주체는 물론 전체 경제활동이 마비되는 위기가 빚어진다. 금융기관이 전기나 수도 사업체와 같은 중요한 공익기관이라는 주장은 결코 지나친 과장이 아니다. 그런데 어쩐 일인지 전기나 수도가 끊겨 시민생활이 마비되는 일은 전쟁이나 천재지변의 경우가 아니면 거의 일어나지 않지만 금융위기는 수시로 일어날 뿐만 아니라 날이 갈수록 더욱 험악한 기세로 개별 국가와 글로벌 경제를 엄습한다. 이것은 어째서인가? 금융기관의 고액 보수와 보너스에 비판적인 인사는 금융권의 보수 체계, 특히 고액 보너스가 금융기관 경영진과 종사자의 위험한 금융 투자를 조장하기 때문이라고 지적한다. 이른바 '고위험, 고수익(high risk-high return)' 원칙에 입각해 거대 은행 경영진과 종사자가 고액 보너스를 챙기기 위해 계속 레버리지(차입 자본 비율)를 높이며 고위험 투자를 감행하는 것이다.

'월가를 점령하라(OWS)'와 같은 비판자는 월가의 고액 보너스 잔치를 다른 산업부문과의 형평성이나 소득 불균형에 미치는 영향 등을 이유로 비난한다. 그러나 월가의 거액 보너스에는 그보다 훨씬 큰 문제점이 개재되어 있다. 그것은 월가 보너스 체계의 비대칭적 속성이다. 즉 거대 은행은 고위험 투자에서 성공할 경우 엄청난 성공보수(보너스)를 챙길 수 있고 비록 실패해 파산의 위기에 처하게 될지라도 정부의 구제금융을 받아 살아날 수 있기 때문에 아무런 손실을 보지 않을 수 있다. 리스크 공학(risk engineering) 전문가인 나심 탈레브 교수는 월가의 고액 보너스 관행이 특히 위험스러운 것은 은행가가 "비록 드물게 일어나고 또 예측하기 힘들지만, 결과적으로 파멸적인 시스템 붕괴를 초래하는 위험 요인을 은폐함으로써 전체 금융 시스템의 안전이 걸린 지극히 위험한 도박을 벌인다는 점"이라고 지적한다. 정보경제학에서 말하는 '본인·대리인 문제(principal-agent problem)'의 극단적 유형이다.

　금융기관의 위험 도박은 결코 은행가 개개인의 문제가 아니라 시스템적 문제다. 이러한 사실은 2008년 금융위기의 원인으로 지목되는 미국의 서브프라임 모기지 부실사태가 유로존 재정 위기에선 유럽 은행의 무모한 불량 국채 사재기에서 '판박이 행태'로 반복되었다는 점에서 확인할 수 있다. 2008년 위기를 촉발시킨 주체인 월가 4위의 투자은행 리먼 브라더스의 파산은 유로존 위기에서 그리스 정부의 재정 위기로 재현된 것이다. 또한 리먼 브라더스가 위험 도박을 벌인 대상은 서브프라임 모기지 채권과 그 파생 상품이었고, 유로존 은행은 그리스를 비롯한 PIIGS의 국채를 절대적으로 안전한 자산으로 간주하고 무작정 사들이는 도박을 벌였다. 그리고 2008년 위기에서는 미국 민주당 행정부와 의회가 이른바 '서민주택 소유 지원(affordable housing)'이라는 정책 목적을 달성하기 위해 연방 주택대출 담보 공사인 프레디 맥(Freddie Mac)과 자회사 페니 메이(Fennie Mae)를 앞세워 금융기관의 서브프라임 모기지 채권과 그 파생 상품의 매입을 부추겼고, 유로존의 경우엔 EU와 ECB 및 개별 회원국이 재정 위기국에 대해 구제금 융을 제공하며 그 나라의 국채 판촉에 앞장섰다.

유로존 회원국의 국채가 유럽형 서브프라임 모기지로 둔갑하게 된 과정 은 정부와 금융 규제 기관 및 은행 3자의 공모(共謀)가 연출해낸 '폰지 게임 (사기극)'이다. 유로존의 재정 위기국은 자신의 능력을 넘어서는 국채를 발 행하며 돈을 끌어다 썼고, 금융 규제 기관은 그 국채를 절대적으로 안전한 자산으로 취급해 은행으로 하여금 지급 준비를 위한 자본을 전혀 갖추지 않도록 했고, 그 국채를 매입한 은행은 재정 위기국의 국채를 유로존의 최 우량 국채인 독일 분트(bund)와 똑같이 취급한 결과 어느 누구도 그 위험성 에 관해 따져보려고 하지 않았다. 여기에는 은행이 재정 위기국의 국채를 인수하면서 챙길 수 있는 짭짤한 수수료 수입이 중요한 인센티브로 작용 했다. 톰슨 로이터스와 프리먼 컨설팅 서비스에 따르면 2005년 이후 유럽 과 미국 은행은 유럽 국가의 국채 판매를 통해 11억 달러의 수수료 수입을 올렸다.

2008년 위기 직후 월가의 거대 은행은 언론과 여론의 성난 비판과 미국 의회의 '보너스 환수 입법' 위협에 밀려 잠시 몸을 낮추는 모습을 보였다. 그러나 금융권의 기본적인 방어 자세는 민간 기업의 보수 체계에 관해 정 부가 간섭한다는 것은 자본주의의 기본 원칙에 반한다는 것이다. 유로존 의 재정 위기로 인해 유럽 은행은 물론 대서양 건너 미국 은행의 안전성까 지 염려되는 상황이라고 해서 이런 식으로 금융권을 향해 보너스를 자제하라는 것도 아니고 아예 없애라고 요구하는 것은 요령부득의 주장으로 인식될 수 있다.

이 점에 관해 탈레브 교수는 유로존의 재정 위기가 그리스를 비롯한 PIIGS의 무모한 국채 발행으로 일어난 문제이기는 하지만 그 국채의 위험(risk)에 관해 은행이 심각한 오판을 하게 된 것은 보너스 체계와 직결되어 있다고 지적한다. 또한 월가의 '유배자(exile)'를 자처하는 마이크 마요(Mike Mayo)는 "금융기관은 전기나 수도 회사와 마찬가지로 공익사업체이기 때문에" 그 종사자가 과도한 위험 투자를 하지 않도록 고액 보너스 지급을 금지해야 한다고 강조한다.[22]

유감스럽게도 2008년 위기 이후 글로벌 금융 체제의 개혁 논의는 말 그대로 '용두사미(龍頭蛇尾)'이자 '태산명동(泰山鳴動) 서일필(鼠一匹)'로 끝나가고 있다. 금융산업에 대한 규제를 강화하면 금융 혁신을 질식시키고 금융업을 위축시켜 금융 종사자의 해고 선풍이 불어 닥칠 것이라는 반론에 밀려 위기 초기에 비등했던 금융 개혁의 열기가 슬그머니 식어버린 것이다.

질병은 그 원인을 밝혀내 뿌리를 뽑지 않으면 언제든 다시 도지게 되고, 결국 환자를 죽음에 이르게 한다. 금융위기도 마찬가지다. 2008년 글로벌 위기 이후 각구 정부는 '경제 안정'이라는 명분을 내세워 납세자의 혈세로 거대 은행을 파산의 위기에서 살려냈지만, 거대 은행은 언제 위기가 있었느냐는 듯이 거액의 보너스 잔치를 벌이는 몰염치를 서슴지 않았다. 다른 대다수 산업과 서민 가계가 극도의 어려움을 호소하고 있는 상황에서 국내 은행이 2011년 16조 원대의 순이익을 낸 것으로 추정되는 가운데 '풍성한 성과급 잔치'를 벌이고 있는 모습 역시 미국 월가의 몰염치와 크게 달라보이지 않는다.

자본주의경제에서 이익이 나면 종업원의 보수를 올려주고 보너스를 지급하는 것은 누구도 나무랄 일이 아니다. 그러나 2009년 중반에 그리스를 필두로 시작되어 2011년 11월에는 이탈리아까지 옮겨붙은 유로존의 재정위기는 금융업 내부의 위기 조장적 인센티브 구조를 근본적으로 뜯어고치지 않으면 한층 험악한 모습으로 금융위기가 계속 되풀이될 것이라는 사실을 일깨워준다. 나심 탈레브 교수와 코언 등이 "은행 보너스를 없애거나 보수를 절반 이하로 줄이라"고 요구하는 이유가 여기에 있다.

불확실성 시대와
'검은 백조'

국제정치 전문 잡지인 〈포린 어페어스(Foreign Affairs)〉 2011년 5 · 6월 호에 흥미 있는 제목의 글이 실렸다. '카이로의 검은 백조'가 그것이다. 뉴욕 공학대학의 나심 탈레브 교수는 이 글에서 "2008년 글로벌 금융위기와 2011년 중동 민주화 물결의 공통점은 무엇인가"라고 묻는다. 그리고 그 답은 미국의 정치 및 경제 엘리트가 위기를 알리는 숱한 분석을 내놓았지만 실제로 어느 누구도 그 발생을 정확히 예측하지 못한 '검은 백조' 현상이라는 점이라고 말한다. '검은 백조'란 불확실성의 시대에 전혀 일어나지 않을 것으로 생각되는 일이 실제로 일어나 우리의 삶에 상상할 수 없을 만큼 엄청난 영향을 미치는 현상을 가리키는 용어다.

'검은 백조' 현상의 다른 한 가지 특징은 사후적으로 전문가가 그 사태에 관해 이러쿵저러쿵 분석을 하고 다투어 해법을 내놓으며, 다시는 그런 일이 일어나지 않을 것처럼 자만심을 부린다는 점이라고 탈레브 교수는 지적한다. 1970년대와 1980년대에 오일쇼크와 그로 인해 촉발된 경기 침체와 인플레이션이 동시에 진행되는 '스태그플레이션'이라는 경제적 이변은 일종의 '검은 백조' 현상이었다. 그러나 이후 20여 년간 경제성장과 물가 양면에서 선진국 경제의 거시 경제적 변동성(volatility)이 크게 완화되자 경제학계는 자신의 통화정책이 성공함으로써 '경제적 대안정기'를 실현했다고 자부했다. 그러나 이로부터 불과 4년 후 세계는 대공황 이후 최악의 대침체(Great Recession)에 봉착했다. ●

● 벤 버냉키 FRB 의장은 2004년 2월 미국 동부 경제학회(The Eastern Economic Association) 연례 회의에서 행한 〈대안정기(The Great Moderation)〉라는 제목의 연설에서 "최근 20년간 거시 경제적 변동성의 실질적인 하락은 놀라운 경제적 변화(striking economic development)다. 대안정기의 중심적 요인이 구조적 변화인지, 통화정책의 진전인지, 아니면 그저 단순한 행운인지는 아직 합의가 이루어지지 않았지만 이는 중요한 문제다. (중략) 나는 오늘 통화정책의 진전이 인플레이션의 변동성 완화는 물론(이 점에 관해서는 논란이 적다) 산출량의 변동성 완화에도 중요한 기여를 했을 것이라고 주장했다. (중략) 나는 통화정책 당국자가 1970년대의 교훈을 잊지 않을 것으로 확신하기 때문에 이런 결론은 나에게 미래에 관해 낙관할 수 있도록 해준다"고 말했다.

한편 미국 정부는 카이로에 미국 외교관과 정보기관원 등 2000여 명을 상주시키며 중동 정세 안정의 킹핀(kingpin)으로 이집트의 무바라크 정권을 지원해왔다. 그러나 튀니지에서 불어온 민주화 열풍에 모든 것이 한꺼번에 무너져버렸다. 탈레브 교수는 마크 블리스(Mark Blyth) 브라운 대학 교수와 공동 기고한 '카이로의 검은 백조(The Black Swan of Cairo)'에서 "정치지도자와 경제정책가의 명시적 의도는 변동을 억제해 시스템을 안정시키려는 것이지만, 인위적으로 억눌려진 시스템은 검은 백조가 되는 경향이 있다"고 밝힌다. 그리고 "시스템을 건강하게 만들려면 모든 리스크를 눈에 보이게끔 밖으로 노출시켜야 한다. 라틴 속담인 '오르락내리락하는 것은 가라앉지 않는다(fluctuat nec mergitur)'는 말을 기억하라"고 조언한다.

나심과 블리스 교수는 2008년 글로벌 금융위기와 최근의 중동 사태가 발생하게 된 근본적인 배경으로 복잡성(complexity)과 상호 의존성(interdependency) 및 예측 불가능성(unpredictability)의 증대를 지적하고, "변동성을 막고

자 하면 역설적으로 가장 가능성이 낮다고 여기던 '꼬리 위험'의 발생 가능성을 높이게 된다"고 지적한다. 쉽게 말해서 인간은 결코 완전할 수 없는 존재이므로 모든 리스크를 막으려고 하기보다는 수시로 작은 리스크를 흡수하며 지속적으로 시스템을 안정시켜 나가야 한다는 말이다. 장기간 무균상태에 있던 사람은 오염된 현실 세계로 갑자기 나오면 쉽게 죽는 다. 그렇지 않으려면 자신을 단계적으로 병균에 노출시켜 면역력을 키워나가야 한다. 경제학의 영역에서도 우리는 같은 현상을 목격한다. 정부는 물가불안(변동성)을 억제하기 위해 가격통제를 시도한다. 이는 모든 병균을 제거해 무균 환경을 만들려는 것과 마찬가지로 물가와 임금을 통제해 물가안정을 기하려는 것이다. 그러나 경험적으로 이런 물가통제는 거의 실패로 끝나며, 장기적으로 물가 왜곡에 따른 경제적 혼란과 가격 폭등으로 엄청난 대가를 치르게 된다.●

이러한 '검은 백조' 이론에 따르면 글로벌 금융위기 이후 각국의 금융 개혁 노력은 완전히 잘못된 방향으로 추진되어왔다고 말할 수 있다. 2010년 7월 오바마 미국 대통령은 대공황 이후 "가장 광범한 금융 규제 개혁 조치"로 간주되는 '도드-프랭크 법'에 서명했지만 지금까지 미국 금융산업의 중심지인 뉴욕 월가는 과거의 모습과 전혀 달라진 게 없다는 것이 정설이다. 탈레브와 블리스 교수는 금융위기의 원인을 은행가의 불법행위와 부정직, 그리고 규제자의 무능에서 찾는 일반적 인식에 대

● 지난 1971년 닉슨 대통령이 달러화의 금태환 중지와 평가절하를 단행하면서 90일간의 임금, 물가 동결조치를 취한 것이 그 예다. 월남전 확전과 국내 지출 급증에 따른 국제수지 적자와 인플레이션 위험에 대응하여 취한 이 조치는 그때까지의 공화당 행정부의 시장 중심적 경제정책을 일거에 민주당에 못지않은 개입주의적 방향으로 바꾸어놓았다. 이러한 자신의 변신을 비판하는 인사에게 "이제 나는 케인스주의자이다"라고 닉슨 대통령은 응수했다. 이후 두 차례의 오일쇼크가 뒤따르면서 미국 경제는 경기 침체와 인플레이션이 함께 진행되는 스태그플레이션으로 빠져들었다.

해, 인간은 항상 부정직하고, 또 규제자는 항상 뒷북을 치기 때문에 그런 노력은 전혀 문제 해결에 도움이 되지 않는다고 강조한다.

탈레브와 블리스 교수의 견해에 따라 인간이 완전하지 못하고 또 항상 부정직하다는 점을 받아들인다면, 그런 인간이 움직이는 시스템을 완벽하게 만들려고 하는 것은 강가에서 모래성을 쌓는 것과 같은 일일 것이다. 모래성은 아무리 정교하게 쌓아 올려도 얼마 가지 않아 물에 휩쓸려 사라지고 만다. 모래성의 구조 그 자체가 애당초 무너지게 되어 있었기 때문이다. 그런데 우리는 빈번히 모래성의 붕괴를 마지막으로 그 위에 모래를 올려놓은 사람의 잘못으로 간주한다. 그리고 마지막 모래를 올려놓지 않았으면 모래성이 무너지지 않았을 것이라 생각한다. 이것은 착각이다. 그렇다면 우리는 이처럼 근본적으로 불완전하고 위태로운 사회 시스템의 폐해를 어떻게 막아야 하는가?

탈레브와 블리스 두 교수는 무엇보다 사회적 현상을 통제할 수 있다는 환상(illusion)을 버리고, 정보기관의 상황 분석과 전문가의 예측 능력에 대한 의존도를 최소화하는, "정보기관의 실패로부터 안전하고(intelligence-proof)", "규제자의 실패로부터 안전한(regulator-proof)" 시스템을 만들 것을 권고한다. 왜냐하면 정교한 규제를 통해 시장을 통제하려는 것은 시장의 복잡성으로 인해 단지 변호사에게 수임료를 챙길 수 있는 기회를 만들어주고, 또 그 규제에서 빠져나가는 복잡한 파생금융상품을 만들 수 있는 이른바 금융 공학자(financial engineer)와 자산 운용가(asset trader)에게 돈벌이 기회를 만들어줄 뿐이기 때문이다. "자유는 얼마간의 예측 불가능한 변동성을 수반한다. 이것은 삶의 조건 가운데 하나다. 소동(騷動)이 없으면 자유도 없다. 변동성(變動性)이 없으면 안정도 없다"고 두 교수는 강조한다.

한국의 정치 및 경제 풍토는 하루도 조용할 날이 없는 '갈등의 도가니'다. 그런데 우리는 1997년 외환위기와 2008년 글로벌 금융위기에서 다른 어느 나라보다 신속히 탈출하는 순발력을 보였다. DJ와 MB의 두 정부는 이를 스스로의 탁월한 치적으로 자부한다. 정말 위험한 착각이다. '검은 백조' 이론은 그것이 단지 '매를 자주 맞아' 얻어진 내성(耐性)과 요행의 결과일 수 있다는 점을 일깨워준다.

경제
예측

빗나가는

4장

엘리자베스 2세의 '힐책'

글로벌 경제 위기가 한창 고비로 치달을 때인 2008년 11월 엘리자베스 2세 영국 여왕이 옥스퍼드와 케임브리지 대학에 버금가는 경제학의 명문이며 한때 프리드리히 하이에크가 강단에 섰던 LSE(London School of Economics and Social Sciences, 런던 정경대학)에 행사차 방문했다. 여왕은 교수진에게 "어째서 경제학계가 글로벌 신용 붕괴(credit crunch)와 같은 엄청난 사태를 예측하지 못했는가?"라는 뜻밖의 질문을 던져 화제가 됐다. 평소에는 일체 남을 비판하거나 곤혹스런 말을 하지 않는 여왕이 경제학자로서는 낯을 들 수 없을 만큼 부끄러운 점을 꼬집었으니 말이다.

당시 여왕을 안내하던 LSE 경영학과 루이스 가리카노(Luis Garicano) 교수는 그 원인을 '집단적 환각 현상'●으로 설명했다. "글로벌 위기의 모든 단계에서 각자가 서로 상대방에 의존하면서, 모두가 일이 잘 돌아가고 있는 것으로 생각했기 때문입니다."

● IMF 전문가가 위기 원인으로 지적한 '집단적 사고(group think)'의 함정이며, 모두가 서로 상대방이 부인(否認)하는 것을 그대로 용인하여 눈앞에 닥친 위기에 눈을 감아버리는 '부인의 심리학(psychology of denial)'이다. "At every stage, someone was relying on somebody else and everyone thought they were doing the right thing." 〈The Telegraph〉 2008. 11. 5

후일 엘리자베스 2세의 질문은 LSE 방문 길에 경제학자를 만났으니 그냥 가볍게 던진 그런 질문이 아니었던 것으로 밝혀졌다. 버킹엄 궁 대변인에 따르면 여왕은 글로벌 금융위기의 원인에 관해 각별한 관심을 가지고 있었고, 2009년 초에는 잉글랜드은행 머빈 킹(Mervyn King) 총재를 비공식적으로 초빙해 글로벌 위기에 어떻게 대처하고 있는지를 물었다고 한다. 여왕의 편잔을 들은 영

● 여왕에게 보낸 답변서(missive)에는 LSE 교수이며 영국의 중앙은행인 잉글랜드은행(BoE)의 팀 베슬리(Tim Besley) 통화정책 위원과 LSE의 저명한 행정 사학자인 피터 헤네시(Peter Hennessy) 교수가 서명했다. 답변서의 내용을 논의한 영국 한림원 토론에는 영국 재무부의 닉 맥퍼슨(Nick MacPherson) 사무차관, 골드만 삭스의 짐 오닐(Jim O' Neill) 수석 이코노미스트, 〈옵저버〉지의 윌리엄 키건(William Keegan) 경제 칼럼니스트를 비롯한 중량급 경제계 인사가 참여했다.

국 경제학계는 2009년 7월 여왕에게 자신들이 어째서 글로벌 위기를 알아채지 못했는지를 설명하는 공식 답변서를 전달했다. 2009년 6월 영국 한림원 세미나에서 토론을 거쳐 작성된 이 세 페이지 답변서●의 요지는 다음과 같다.

이자율이 너무 낮아서 차입 비용이 아주 저렴했기 때문에 모두가 '행복감(호경기감, feelgood factor)'에 젖어, 미국과 일부 국가가 엄청난 현금 더미에 올라앉아 있는 중국과 중동 석유 부국을 포함한 다른 국가로부터 차입을 하면서 엄청난 부채를 누적하는 가운데, 수면 밑에서 세계경제가 얼마나 잘못 돌아가고 있는지를 알아채지 못했다. 글로벌 수지 균형에서 이처럼 엄청난 불균형이 빚어지고 있는데도 '금융 귀재'는 그들 자신과 정치인에게 금융시장 전반에 걸쳐 이런 위험을 분산시킬 수 있다고 안심시켰다. 그러나 '이것보다 더 중대한 오만에 찬 낙천적 사고(a greater example of wishful thinking combined with hubris)'의

예는 일찍이 없었다.

이 답변서는 이어 "모두는 각자 나름대로 정상적으로 제 몫을 하고 있는 것으로 보였다. 그리고 일반적인 성공의 잣대로 볼 때 그들은 아주 잘하고 있었다"고 밝히고, "그 위기는 많은 원인에 의해 발생했지만, 그 위기의 타이밍과 범위, 그리고 강도를 예측하지 못한 것은 근본적으로 이 나라(영국)와 세계에서 총명한 많은 사람이 전체 시스템의 위험을 이해하지 못한 '집단적 상상력의 실패(failure of the collective imagination of many bright people)'이다"고 결론지었다.

경제 예측의 한계

자연과학에서는 어느 정도 미래를 예측하는 것이 가능하다. 과학의 발전과 더불어 기상예보의 정확성이 크게 높아지고 있는 것을 보면 그렇다. 그러나 사회과학에서는 그런 정확성을 가지고 미래를 예측하는 것이 사실상 불가능하다. 경제학의 경우도 예외는 아니다. 경제가 잘 돌아갈 때는 장밋빛 전망을 내놓다가, 문제가 발생하면 뒤늦게 그 원인을 둘러싸고 말씨름을 벌이고, 그러다가 경제가 크게 잘못되면 잠시 의견을 모으는 듯하지만, 상황이 나아지기 시작하면 다시 백가쟁명(百家爭鳴)식 논쟁을 벌이는 것이 경제 전문가의 일반적 행태다. 물론 경제 연구소와 경제 분석가가 쏟아내는 전망이나 예측을 곧이곧대로 믿는 사람은 없다.

경제학자에게 내년도 성장률이 3퍼센트일까, 혹은 5퍼센트일까라는 식으로 물어서는 안 된다. 그보다는 내년도 성장률이 3퍼센트에 그칠 확률이 얼마인가, 혹은 5퍼센트로 높아질 확률이 얼마인가와 같은 식으로 물어야 한다. 경제 상황은 수시로 변한다. 아무리 뛰어난 경제학자라고 할지라도 1년 후의 성장률이 얼마일지 족집게처럼 찍어낼 수 있을 것으로 기대해서는 안 된다. 그보다는 지금의 경제 상황과 앞으로 1년간 그 상황에 큰 변화가 없을 것이라는 가정 아래, 성장률이 3퍼센트에 그칠 확률과 5퍼센트로 높아질 확률이 각기 얼마일지를 물어야 한다는 말이다. 그러나 현실적으로 이런 식의 경제 예측은 찾아볼 수 없다. 모두가 일정한 예측 수치를 제시할 것으로 기대하고, 또 그렇게 해야만 언론에 인용되고 경제학자로서 제 역할을 다하는 것으로 간주된다. 경제학자에게 점쟁이가 될 것을 요구하고, 경제학자는 당연히 그렇게 해야 하는 것으로 여겨지기 때문에 그렇게 하는 것이 일반적인 현실인데, 어떻게 경제 예측이 맞지 않는다고 타박할 수 있겠는가?

경제학은 사회과학이다. 복잡한 수식 모델과 통계 처리를 동원해 자연과학을 흉내 내어도 경제학은 사회현상인 경제문제를 다루는 학문이며, 평소에는 합리성과 규칙성을 보이는 것 같아도 전혀 엉뚱한 예상 밖의 행동을 하는 감정의 동물인 인간의 경제행위를 다루는 학문이다. 더욱이 지금 우리는 초고도 전문화 시대(Age of academic hyper-specialization)를 살고 있다. UC 버클리 대학의 심리학자 필립 테틀럭(Philip Tetlock) 교수는 "우리는 당황스러울 만큼 급속히 지식의 예측력 한계 체감점에 도달하고 있다"고 언급하면서 경제학에 비해 '과학화'의 수준이 떨어지는 다른 사회과학의 연구자는 물론이고 경제학자 자체도 예측 능력에 있어서는 일반인에 비해 결코 나을 게 없다고 말한다.

테틀럭 교수는 저명한 정치 및 경제 전문가가 내놓은 방대한 예측 자료를 20년 이상에 걸쳐 수집해 분석했다.[23] 그 결과 이 전문가의 예측은 일반적 예측에 비해 크게 나을 것이 없었다. 해당 주제에 관해 단편적인 지식을 가진 보통 사람의 예측보다 약간 나을 뿐이었다. 더욱이 전문성 등급이 높을 때도 그에 따른 예측의 정확성은 아주 조금밖에 높아지지 않는 것으로 나타났다. 테틀럭 교수의 예측력 분석에 따르면 오히려 어떤 일에 대해선, 그것에 대해 약간 알고 있는 사람이 한층 더 신뢰할 수 있는 예측을 할 수도 있다. 그는 명성이 높은 전문가일수록 과장된 예측을 하게 되고, 자신의 직감을 그만큼 더 과신하게 된다고 말하면서 잘 팔리는 전문가로 입지를 굳히기 위해(평범한 예측을 하는 전문가는 인기가 없으므로), 그리고 색다른 예측을 할 것이란 언론의 기대에 부응하려는 부담감 때문에 결과적으로 전문가의 예측은 일정 수준을 넘어서면 그들이 가진 본래의 명성과 자신감, 지식의 깊이와 역관계를 이루게 된다는 분석을 내놓았다. 즉 '새로이 대두하고 있는 상황'을 읽고 예측하는 데 있어서 최고 권위의 학술지에 기고하는 저명한 정치학자나 지역연구 전문가, 이코노미스트 등의 능력이 신문 기자나 〈뉴욕 타임스〉를 주의 깊게 읽는 일반 독자보다 크게 나을 것이 없다는 것이다.

IMF의 자아비판

지난 1997년 아시아 외환위기에서 국제통화기금(IMF)은 명예롭지 못한 별명을 얻었다. 우리나라를 '단군 이래 최악의 경제적 대재난'에 빠트린 당시의 위기는 'IMF 위기'로 불렸을 뿐만 아니라 영문 약자 IMF가 'I aM Failed(나는 낙제했다)'로 통하기도 했다. 그런 IMF가 2008년 글로벌 금융위기가 터진 지 17개월 만에 스스로의 정책적 능력 부족과 선진국의 압력에 따른 정책 왜곡을 자성하는 고해성사에 나섰다. 아시아 위기에서 IMF의 정책적 과오를 찾아내기 위해 설치한 내부 기구인 독립 평가국(Independent Evaluation Office)은 2011년 2월 4일 공개한 〈금융 및 경제 위기 과정에서의 IMF의 행적(IMF Performance in the Run-Up to the Financial and Economic Crisis)〉이라는 문건에서 IMF의 정책적 과오를 다음과 같이 적시했다.[24]

1 지난 2004년부터 2007년 중반 위기가 시작되기까지의 기간에 IMF는 위기의 중심에 있는 국가나 전체 회원국에 대해서 궁극적으로 위기를 촉발하게 된 (금융 체제의) 취약성과 위험에 관해 경고하지

못했다. (중략) 금융 난기류(亂氣流, financial turbulence)가 터진 이후에야 2007년 10월 WEO(세계경제 전망)와 GFSR(글로벌 금융 안정 보고서)에서 한층 경계하는 어조를 취했을 뿐이다.

2 평가 기간 중 여러 다른 시점에서 GFSR은 추후 실제로 나타난 많은 위험 요인을 파악했지만, 효과적인 방식으로 파악한 것은 아니었다. 이런 위험에 관한 경고는 IMF의 주요 문건에 거의 반영되지 않았다.

3 IMF는 진행 중인 위기의 근저에 있는 핵심 요인을 놓쳤다. 예를 들면 미국에서 위기가 이미 폭발하기까지 IMF는 부실화되고 있는 모기지 금융 대출 기준에 관해 논의하지 않거나 혹은 중대한 주택 가격 조정의 위험과 금융기관에 대해 미치는 영향을 제대로 평가하지 못했다.

4 IMF는 지속적이고 또 증가하고 있는 글로벌 경상수지 불균형에 대처해야 할 긴급성에 관해 적절히 강조했다. 그러나 그 불균형이 금융 시스템에서 누적되고 있던 시스템적 위험과 어떻게 연계되어 있는지에 관해서는 주목하지 않았다.

5 많은 신흥국과 다른 선진국에는 훌륭한 감시 기구가 있었다. 그러나 그들은 대체로 통상적인 거시 경제적 위험에 관심을 집중했으며, 위기에서 드러난 위험에 대해서는 꼭 그렇게 한 것은 아니었다. (중략) 동시에 IMF는 2006년 4월 GFSR에서 우려를 제기했음에도 불구하고 선진국으로부터의 잠재적 전이(spillover)나 전염(contagion)에 대해서는 참담할 정도로 관심을 기울이지 않았다.

그렇다면 IMF는 어째서 이처럼 위기의 징후를 제재에 포착하지 못했고, 또한 적절한 경고 조치를 취하지 못했는가?

그 이유에 대해 보고서●는 "고도의 집단적 사고(groupthink)와 지적 포획 현상(知的捕獲, intellectual capture), 주요 선진 경제국에서는 더 이상 중대한 금융위기가 일어날 가능성이 없다는 이른바 대안정기(Great Moderation)에 관한 보편적 관념(a general mindset), 그리고 불완전한 분석 방식 등이 점증하는 위기를 제대로 포착할 수 있는 IMF의 능력을 저해했다"고 밝혔다.

● 보고서 I-4 : '왜 IMF는 분명한 경고를 하는데 실패했는가?'

보고서는 또한 미국 경제에 대한 쌍무적 감시에서 "미국 당국에 관련된 위기와 정책적 취약성을 경고하는 데 실패했다"고 밝히고, 그 이유는 "IMF가 전형적으로 미국 연준(FRB)과 같은 방향의 견해를 취하는 가운데 빈번히 미국 금융계와 미국 당국의 정책을 대변하는 것처럼 보였기 때문"이라고 자책했다.

심지어 IMF는 2005년에 당시 IMF 수석 이코노미스트였던 라그후람 라잔(Raghuram Govind Rajan) 시카고 대학 경영대학 교수가 광범한 금융 불안정성에 관해 제기한 경고를 비롯해 내부 참모와 외부에서 제기된 경고를 거듭 외면했다. 아울러 보고서는 IMF의 "고루한 지적 접근과 적절한 전문성의 부족, 그리고 일부 회원국의 고집으로 인해 금융 시스템의 안정성을 분석 대상에 포함시키는 데 어려움이 있었다"고 밝혔다.

실제로 위기가 악화되고 있는 가운데, 금융 시스템의 안정성을 평가할 수 있도록 허용해달라는 IMF의 요구를 미국 정부는 한사코 거부했다. 그 대신에 미국은 IMF에 대해 글로벌 경상수지 불균형과 신흥 경제국의 환율 정책에 관해 조사를 벌이도록 압력을 가했고, 이에 따라 IMF는 통화 부정

합성(currency misalignment) 평가에 관해 한층 강경한 태도를 취하여 중국과 여타 신흥 경제국의 반발에 부딪혔다. 라잔 교수는 당시 IMF가 환율 문제에 관한 조사에 이처럼 강한 집착을 보인 것에 대해 신흥 경제국에게는 선진국 편향적인 정책을 취하고 있는 것으로 비치게 된 "완전한 정책적 파탄(unmitigated disaster)"이었다고 논평했다.

한국 외환위기의 교훈

2009년 9월 글로벌 금융위기가 한 고비를 지나 진정되고 있던 시점에 IMF는 1997년 아시아 위기 이후 단행한 IMF의 긴급 경제 안정 지원에서 자체적인 반성과 정책 변화를 보여주는 내부 문건을 공개했다. 이 문건에서 IMF는 2009년 당시 최근 1년 사이 총 15개국에 대해 1630억 달러의 긴급 안정자금을 제공했으며, 이번에는 "과거의 위기에서 전형적으로 나타났던 환율 폭등과 무역 파탄 및 시스템적 금융위기"와 같은 사태를 대체로 피할 수 있었다고 자평했다. 그리고 이러한 정책적 성공의 핵심 요인으로 신속하고 대대적인 선제적 지원 자금 공여와 수용적 거시 경제정책, 금융 부문의 유동성 압박 해소, 자금 지원 조건의 완화 등을 꼽고, 이번에는 "특히 크게 확충된 재원을 가지고 관련국에게 경기 역행적 정책(경기 부양책)을 시행하는 데에 필요한 외환을 제공할 수 있었다"고 밝혔다.

 이 반성문은 우리에게 뼈아픈 기억을 되살려준다. 1997년 11월 하순 우리나라의 지원 요청을 받고 IMF가 내린 처방은 자금 지원의 규모와 시기에 있어 전혀 시장의 신뢰를 얻지 못했을 뿐만 아니라 우리 정부에 대해 당시의 경제 상황과는 전혀 맞지 않는 30퍼센트에 이르는 살인적인 고금리와 초긴축정책을 강행케 하여 한국 경제를 파국에 몰아넣었다. 한국의 외환위기 대처에 있어서 IMF는 명백히 낙제점을 면할 수 없었다.

그동안 IMF는 경제 위기에 빠진 국가에 대해 너무나 가혹한 지원 조건을 부과하고 무리한 시장 개방과 민영화, 예산 적자 감축 등을 강요하여 경제 상황을 안정시킨 것이 아니라 악화시켰다는 비판을 받았다. 〈월 스트리트 저널〉의 밥 데이비스(Bob Davis) 기자는 IMF 지원 정책의 이런 모순 때문에 한국을 비롯한 아시아 국가가 '제2의 IMF 위기'를 당하지 않으려고 외환 보유액을 필요 이상으로 엄청나게 쌓고 있다고 지적한다.

비록 뒤늦은 각성이지만 IMF가 이런 점을 반성하여 2008년 헝가리 등의 지원 요청을 받았을 때 '과거의 교훈을 수용한 새로운 유형의 지원 프로그램'으로 위기 수습에 나섰다는 점은 긍정적으로 평가할 수 있다. 그렇지만 IMF는 글로벌 위기에 대처하는 과정에서 미국과 서유럽 국가 및 중국에 대해서는 재정 적자를 통한 경기 부양을 촉구해온 반면, 동유럽 국가에 대해서는 급격한 지출 감축을 요구하는 등 상반된 자세를 취하여 여전히 강대국 중심의 이중적 정책 행태를 노출시키고 있다고 데이비스 기자는 아쉬워한다.

브레튼 우즈 체제 아래에서 IMF의 임무는 각국의 경상수지 균형과 환율 안정을 지원하는 것이었다. 그리고 2009년 9월 피츠버그 G20 정상회의에서 IMF는 미국의 제안으로 채택된 '지속 가능한 균형성장을 위한 정책 조정'을 추진하는 과정에서 '기술적 지원'을 제공하는 새로운 역할을 담당하게 되었다. 이것은 자못 의미심장한 결정이었다. 지금까지 IMF는 국제 수지 위기에 처한 나라에 대해 긴급 지원을 제공하는 조건으로 당사국의 통화 및 재정정책에 관해 갖가지 엄격한 제약을 부과하면서 국내 정책에 깊숙이 개입해왔기 때문에 서방국가를 위한 '악의적 정책 대행자'라는 지탄을 받아왔다. 그러나 IMF는 이제 상시적으로 모든 나라에 대해 그러한 압력을 가할 수 있는 정책 감독자로서 한층 입지를 강화할 수 있게 되어 글로벌 위기를 통해 '망외(望外)의 승리자'로 떠올랐다.

1997년 외환위기의
재조명

경제의 두 기둥은 기업과 근로자다. 정부는 이 둘과 협력하여 경제를 최선의 형태로 이끌어가는 중간 조정자다. 그런데 지금 정부가 하는 역할은 경제 구조 개혁이라는 이름으로 기업을 닦달하고 정리 해고제와 근로자 파견제를 무기로 근로자의 기(氣)를 죽이고 있다.

무엇보다도 우려스러운 것은 경제개혁에 관한 장기 비전과 확고한 실천 계획도 없이 우리 사회가 개혁의 열정에 들떠서 IMF의 이름으로 모든 것을 정당화하며 기존의 성장 메커니즘을 무작정 해체하는 어리석음을 저지르고 있지 않나 하는 의구심이다.[25]

위의 두 구절은 나의 저서 《IMF의 덫》에서 옮겨온 것이다. 우리 경제가 IMF 관리 체제에 들어간 지 불과 4개월 후인 1998년 4월에 출간된 책이지만 그때 내가 우려했던 경제개혁의 국내적 갈등 구조와 국제적 암영(暗影)이 2005년에 쓴 책《누가 한국 경제를 죽이는가》의 출간 당시 한국 경제에서 사실상 그대로 확인되고 있었다. 그것은 참으로 슬픈 일이었다. IMF 사태를 맞아 1998년 황급히 책을 준비하면서 나는 다분히 기자적 직감에 의존하여 감히 그런 예측을 했다. 당연히 속마음으로는 '그렇게 되어서는 안 된다'는 생각으로 예측의 반대 방향으로 상황이 진전될 것을 기대했지만, 당시 한국 사회는 모든 측면에서 지극히 위험스러운 갈등의 늪 속으로 깊숙이, 그리고 빠르게 침몰하고 있었다.

도대체 어떻게 그런 일이 일어나게 되었는가? 그것은 여러 가지 다양한 요인이 복합적으로 작용한 결과였다. 그러나 그중에서 한 가지 가장 중요한 요인을 꼽는다면 우리나라가 IMF 외환 금융위기●의 원인을 처음부터 전혀 엉뚱하게 진단했고, 또 위기의 압박감 속에서 IMF가 요구하는 잘못된 경제개혁 프로그램을 무작정 수용했다는 점이다. 그러나 이로부터 10여 년이 훌쩍 지나고 글로벌 경제 위기까지 겪은 지금까지도 우리나라는 그러한 오류에 대한 명확한 상황 인식이 결여된 가운데 여전히 '갈등과 대립'이 혼재하는 경제정책 풍토에서 벗어나지 못하고 있다.

● 1997년 외환 금융위기는 흔히 '외환위기'나 'IMF 위기' 혹은 간단히 '환란'이라고 불린다. 그러나 이 사태는 근본적으로 외환위기에서 촉발되어 금융위기로 확대된 것이며 결코 기업 부문의 구조적 결함이나 정부 재정의 취약성에서 촉발된 것이 아니라는 점에서 외환위기에 '금융'이라는 단어를 추가했다. 그렇지만 이 책에서는 외환위기라는 용어도 함께 사용하기로 한다.

외환위기의 그늘

"역사가 우리에게 가르쳐주는 바는 인간이 역사에서 교훈을 얻지 못한다는 것이다." 2차 대전에서 영국을 승리로 이끈 위대한 정치가 윈스턴 처칠의 말이다. 인류 역사는 참담한 전쟁과 대량 학살로 점철되어 있다. 인간이 역사에서 교훈을 얻을 수 있다면 그러한 비극적인 역사는 되풀이되지 않았을 것이다. 그러나 인간이 역사에서 교훈을 얻지 못하기 때문에 과거의 잘못된 역사는 지금까지 되풀이되어왔고 또 미래에도 되풀이될 것이다. 이와 마찬가지로 우리나라 역시 1997년 외환 금융위기의 근본적인 원인과 IMF 프로그램의 오류에 대해 진지하게 반성하지 않으면 언젠가 다시 그와 유사한 새로운 경제 위기에 직면할 수 있다.

지난 1997년 한국 경제를 엄습한 동아시아 외환위기는 '단군 이래 최악의 경제 위기'였다. 지난 1962년 제1차 경제개발 5개년 계획을 시발로 본격적인 경제 근대화에 착수한 이래 한국 경제는 두 번의 마이너스 성장을 경험했다. 첫 번째는 1979년 2차 오일쇼크로 세계경제가 불황에 빠지고 국내에서는 정치 혼란과 극심한 한발에 따른 연이은 흉작으로 GDP 성장률이 2.7퍼센트나 하락한 것이다. 그다음 해, 전두환 군사정권은 시급한 경제 안정과 국민의 먹거리 확보를 위해 일본과 미국에 특사를 파견해 쌀을 긴급 도입하여 경제적 난국을 수습했다. 두 번째 마이너스 성장은 1997년 동아시아 외환 금융위기로 인해 그다음 해 GDP 성장률이 6.7퍼센트나 후퇴한 것이다. 당시 한국 경제는 IMF 구제금융을 받아 경제 안정화 정책을 시행하면서 IMF 측의 '고식적인 긴축정책 처방'과 당시 김영삼 정부와 김대중 대통령 당선자 측의 '맹목적인 IMF 추종'의 결과로 일단 '경제 안정화'라는 단기적 목표는 달성했다. 하지만 그 결과로 한국 경제의 장기적 성장 잠재력을 심각하게 약화시키는 중대한 오류를 범하게 되었다.

1997년 외환위기 이후 경제 안정화와 개혁 정책은 김대중 정부의 가장 확실한 정치적 치적으로 평가되고 있다. 그러나 이를 치적으로 볼 것이냐, 아니면 오류로 볼 것이냐는 그 판단 기준에 따라 전혀 달라질 수 있다. 외환위기 당시 재정경제부 경제정책국장과 국고국장 등을 역임한 현오석 무역연구소 소장은 2003년 12월 1일 한국경제연구원이 IMF 독립 평가국(IEO)과 공동으로 마련한 '외환위기 당시 IMF 정책 평가: 한국을 중심으로'라는 국제 세미나에서 "IMF 프로그램이 국내 경기를 위축시키는 과다 살상(overkill) 문제를 감안하지 않고 집행되었기 때문에 한국 경제에 대해 초기에 매우 낙관적인 자세로 접근했다"고 비판했다. 그는 또한 "고금리 정책은 환율 안정에 충분하지 못했으며 한국 기업의 재무구조가 취약하여 오히려 기업의 금융 비용 부담 증가, 신용 경색의 심화 등 역효과를 가져왔고, IMF 프로그램이 중장기 목표를 추구하는 미시적 구조조정 정책과 성장 잠재력 확충 등에 필요한 요소를 포괄하지 못하는 한계 속에서 각국의 위기에 대한 심층적인 원인 분석과는 상관없이 정형화된 정책 프로그램을 적용했기 때문에 거시적 안정화 정책과 미시적 구조조정 정책 간에 상충 관계가 나타났다"고 지적했다.

이 세미나에서 한국경제연구원 허찬국 박사는 "외환위기 당시 IMF의 개입이 없었더라면 환율이 더욱 급등하고 실물경제의 혼란이 더 심각했겠지만 환율의 큰폭 절하와 미국을 위시한 세계경제 활황 등의 양호한 외부 조건을 고려한다면 수출 주도의 한국 경제는 비교적 빨리 회복될 수 있었을 것이다. IMF는 위기 상황을 진정시키기 위해 개입해야지 구조조정 등 구조적 개혁 과제를 (구제금융 제공의) 조건으로 제기하는 것은 오히려 예상하지 못한 부정적인 문제의 씨앗을 남길 수 있기 때문에 피해야 한다"고 비판했다(www.keri.org.kr 2003. 12. 2).

IMF 외환위기는 이미 한참이나 세월이 흘러간 과거사가 되었다. 한국인은 과거사를 쉽게 잊어버리고 앞만 보고 달려가는, 말하자면 '전향적'인 장점을 가지고 있다. 그러나 이것은 또한 중대한 약점일 수 있다. 과거의 잘못을 진지하게 반성하지 못하면 후일 같은 잘못을 되풀이할 가능성이 그만큼 높기 때문이다. 더욱이 IMF 외환위기는 아직도 과거사가 아니다. 당시에 빚어진 상처와 정책 관념이 여전히 한국 경제의 정상적인 발전과 미래의 성장 잠재력을 강하게 압박하고 있기 때문이다.

IMF 외환위기가 우리에게 남겨준 가장 반(反)경제적인 한 가지 유산은 생산성 개념의 기계적 해석이다. 생산성은 단위시간당 산출량을 말한다. 이것은 산출량을 분자로, 노동시간을 분모로 하는 나눗셈으로 계산된다. 이를 기계적으로 해석하면 산출량을 그대로 유지하면서 노동 인원을 줄이면 생산성을 높일 수 있게 된다. 동아시아 외환위기를 맞아 IMF 측이 위기 수습을 위해 들고나온 처방은 바로 이러한 기계적 생산성 개념에 바탕을 둔 것이며 한국 정부는 그 처방을 120퍼센트 수용하여 한국 기업을 과다 살상(overkill)으로 몰아갔고, 이로 인해 이후 상당 기간 한국 경제의 장기적인 성장 잠재력 약화를 초래했다. 이러한 과다 살상의 한 가지 서글픈 결과는 외환위기 당시 45~54세 연령층이었던 정리해고 대상자의 추후 취업 동향에서 단적으로 나타났다. 당시 전체 45~54세 직장인 76만 4371명 가운데 1998년에 조기 퇴직한 사람은 25만 9071명, 34퍼센트에 달한 것으로 나타났다.

한국 보건사회연구원의 원종욱 연구원은 이들을 대상으로 국민연금 가입 실태를 통해 추적 조사한 결과 그로부터 5년이 지난 2003년 현재 재취업에 성공한 사람은 9만 6607명, 37.2퍼센트에 불과했고 무직자는 6만 7242명, 26퍼센트였고 자영업자로 변신한 사람은 9만 5222명, 36.8퍼센트라고 밝혔다. 특히 자영업에 종사하고 있는 퇴직자의 소득은 퇴직 이전에 비해 평균 월 109만 원 내지 119만 원 감소하여 여전히 무직자로 남아 있는 사람과 함께 IMF 조기 퇴직자가 한국 사회의 빈곤층으로 전락했을 가능성이 높은 것으로 우려된다고 지적했다.

1997년 외환위기의 또 한 가지 서글픈 결과는 당시 '외자 유치 지상주의'를 내세우며 해외에 헐값으로 팔아넘긴 국내 금융기관과 기업이 이제는 대부분 정상화되어 알짜 자산으로 바뀌었고 외국 투자금융자본이 이를 매각해 거액의 이익을 챙겼다는 사실이다. 이 때문에 국내에서는 뉴브리지 캐피털이 5000억 원에 인수한 제일은행●과 론스타 펀드가 1조 3800억 원에 인수한 외환은행●●을 두고 헐

● 2005년 1월에 영국계 스탠다드차타드은행에 3조 4000억 원에 다시 매각되어 그해 9월 SC제일은행으로 명칭이 바뀌었다가 2012년 1월, 스탠다드차타드은행으로 변경되었다.
●● 2011년 12월 현재 하나금융지주가 외환은행을 인수, 론스타는 외환은행 매각에서만 투자 금액의 세 배가 넘는 총 7조 원에 가까운 돈을 챙기게 되었다.

값 매각과 국부 유출이라는 비판이 지금까지도 계속되고 있다.

　현 시점에서 이러한 논란은 무의미하다. 그보다는 외환위기 이후 '토종 자본'이 미성숙한 취약 상태에서 성급하게 외국자본을 끌어들인 결과 국내 금융시장의 외국자본 점유율이 위험할 만치 급속히 높아졌다는 점이 더 심각한 문제점이다. 금융감독원 경영정보 공시 시스템에 따르면 2010년 12월 말 현재, 외국계 은행의 총자산은 238조 7638억 원으로 국내 시중은행 총자산(1077조 4515억 원)의 5분의 1을 넘어섰다. 외국계 은행의 국내 은행시장점유율은 지난 1997년 외환위기 이후 제일은행이 뉴브리지 캐피털에 인수된 1999년 6퍼센트를 차지한 뒤 한국씨티은행과 한국외환은행이 외국계로 분류되면서 2004년에는 23퍼센트까지 치솟았다. 외국계 은행은 최대 주주가 외국인이고 외국인 이사 수가 이사회 구성원의 과반수를 넘는 등 외국인이 실질적인 경영권을 행사하고 있는 은행을 지칭한다. 현재 국내 시중은행에서 외국계 은행 가운데 외환은행이 차지하고 있는 점유율이 9퍼센트로 가장 높고, 그다음은 스탠다드차타드은행이 7퍼센트, 씨티은행이 5퍼센트 순이다. 외국계 은행의 예치금 및 대출금 기준(원화+외화) 시장점유율은 현재 각각 37퍼센트, 16퍼센트를 기록했다.

　외국계 은행은 무역금융이나 외환 수출입 부문에서의 선도적 시장 지위를 바탕으로 자산을 꾸준히 늘리고 있고, 또 글로벌 기업의 강점을 살려 리테일 뱅킹, 카드 사업 등의 수요 기반을 확대하고 있다고 금융계 인사는 말한다. 이처럼 외국계 은행의 비중이 높아질 경우 자금 조달원의 다양화를 통해 자금 공급의 안정성을 제고할 수 있는 효과가 있지만 글로벌 금융위기가 발생할 경우 해외에서 발생한 위기에 전염될 가능성도 그만큼 높아질 것이라는 우려가 제기되고 있다. 박현수 삼성경제연구소 수석 연구원은 "외국계 은행은 대체적으로 자금 운용 수단을 국내 은행보다 폭넓게 보유하고 있기 때문에 세계경제 상황이 좋다면 국내외 자금 조달 시장에서 긍정적인 역할을 할 것으로 기대된다. 그러나 해외에서 발생한 위기에 전염될 가능성도 높아 잠재적 부작용도 수반한다"고 지적한다.

한국 경제학자의 침묵

"미국에서 외환위기가 일어났더라면 지금쯤 고쳐 쓴 경제학 교과서가 나오고 있을 것이다." 2000년 2월, 한국 경제학회 제30대 회장으로 취임하기 직전 김세원 서울대 경제학부 교수가 한 말이다(〈한국경제신문〉 2000. 2. 11). 그러나 외환위기 이후 15년가량 지난 지금까지도 한국에서는 당시의 외환위기에 관한 한국 경제학자의 새로운 분석과 평가는 찾아보기 힘들다. 한국 경제학자는 과거 미국 경제학의 논리에 따라 미국적 시각에서 한국의 외환위기를 분석하고 평가하고 있을 뿐이다. 김세원 교수는 한국의 경제학 교육에 대해 "개념이나 이론을 소개하는 데 그쳐서는 경제학 교육이라고 할 수 없다. 대학교는 물론이고 초중고등학교에서도 한국적 경제 현상에 대한 문제의식을 학생에게 심어줘야 한다"고 지적했다. 그러나 2008년 글로벌 경제 위기를 겪은 이후에도 한국의 경제학 교육은 과거와 크게 달라진 것 없이 미국 경제학에서 정립된 개념과 이론을 소개하고 암송하는 데 그치고 있을 뿐이며 '한국적 경제 현상에 대한 문제의식'은 여전히 실종 상태에 있다.

1997년 외환위기의 원인에 대해서 한국 정부와 경제학자는 여전히 재벌 그룹을 비롯한 한국 기업에게 그 책임이 있다고 믿고 있다. 그리고 외환위기를 극복함에 있어서 IMF의 위기 수습 프로그램과 긴급 구제금융 지원이 한국 경제를 살렸다고 생각한다. 그러나 재정경제부가 주최하고 한국개발연구원(KDI)이 주관한 '참여 정부 1주년 국제회의(2004년 2월 27~28일)'에 참석하기 위해 내한한 호르스트 쾰러 전 IMF 총재는 신라호텔에서 가진 기자 간담회에서 IMF가 당시 한국에 대한 위기 수습 처방을 하면서 "실수를 저질렀다"고 인정했다. 쾰러 총재는 "1997년 외환위기 때 IMF가 지나친 고금리정책으로 한국 기업의 부도를 양산했다는 스티글리츠(Joseph Stiglitz) 콜롬비아 대학 교수의 지적에 대해서 어떻게 생각하느냐?"는 질문에 대해 "실수를 저지른 것은 사실이다. IMF도 과거로부터 교훈을 얻어 많은 정책 개혁을 추진하고 있다. 하지만 한국은 IMF의 도움으로 위기를 극복한 좋은 사례로 평가되고 있다"고 대답했다.

쾰러 총재의 이러한 발언은 음미해볼 가치가 있다. 한국 기자가 IMF 총재에게 그런 질문을 한 것은 뒤늦게나마 국내에서도 1997년 외환위기에서 IMF의 처방이 '잘못됐다'는 인식이 어느 정도 이루어졌다는 것을 확인해 준다. 그러면 언제, 누가 이처럼 IMF의 잘못을 가려내고 또 IMF로 하여금 그 잘못을 시인하게 만들었는가? 그리고 이 과정에서 한국의 경제학자는 어떤 역할을 했는가? 기자의 질문에서 지적되었지만 스티글리츠 콜롬비아 대학 교수는 IMF에 대해 "동아시아 외환위기를 악화시켰을 뿐만 아니라 부분적으로 그 위기의 촉발에 책임이 있다"고 비판했다. 그리고 이런 사실 때문에 한국을 비롯해 당시 위기에 빠졌던 나라에서 1997년 외환위기를 마치 대공황이나 대지진을 부르듯이 그냥 'IMF 사태'라고 부르면서 'IMF

이전' 혹은 'IMF 이후'의 경제 상황이 어떠했고 또 어떻게 변했는가를 얘기하는데, 여기에는 상당한 근거가 있다고 스티글리츠 교수는 지적했다.[26]

국내에서도 뒤늦게 IMF 외환위기에 대해 일반적인 인식에서 벗어난 연구 결과가 나왔다. 그중 한 가지가 1998년 외채(外債) 협상 당시 재정경제부 차관보로 한국 측 수석대표를 맡았던 정덕구 전 열린우리당 의원이 외환위기의 원인과 영향을 종합 정리한 《1997년 위기 이후의 한국 경제(The Korean Economy Beyond the Crisis, 2003년)》라는 저서다. 베리 아이켄그린 미국 버클리대 교수, 정운찬 전 서울대 총장, 이정우 전 대통령 자문 정책기획 위원장 등이 공동 집필자로 참여한 이 책에서 정덕구 의원은 외환위기의 원인을 다음과 같이 분석했다.

　외환위기는 시장규제 장치 등 정책적 준비가 완벽하지 않은 가운데 외국의 금융 시스템을 받아들여 경제의 왜곡을 심화시킨 결과다. 또한 미국의 자본주의 문화와 한국의 공동체주의적 사고가 충돌한 문화적 불일치 현상도 환란의 원인이었고, 이는 최근 들어 더욱 극단적으로 표출되고 있다.

경제학을 위한 변명

2008년 글로벌 금융위기는 결코 아무런 예고 없이 어느 날 갑자기 터진 돌발 사태가 아니었다. 당연히 몇몇 경제학자는 진작부터 그 위기의 발생을 경고했다. 지난 2005년 8월 미국 경제학회 연차 총회에서 라그후람 라잔 시카고 경영대학원 교수는 미국의 '금융 마에스트로' 앨런 그린스펀이 지켜보는 가운데 "금융위기가 다가오고 있다"고 경고하여 참석자를 경악시켰다. 미국의 중앙은행 연준(FRB)의 의장 자리를 13년간이나 맡아 이른바 '대안정기(Great Moderation)'를 실현하고 곧 은퇴하는 그린스펀을 위한 파티 형식으로 마련된 그 자리에 라잔 교수는 처음부터 그린스펀을 면박주는 위기론을 들고 나오려 했던 것은 아니었다. 오히려 그 반대로 글로벌 금융 시장이 훨씬 안전해졌다고 말할 예정이었다. 그러나 그는 "금융 상황이 세계를 더 위험하게 만들었는가(Has Financial Development Made the World Riskier?)"라는 논문을 준비하면서 "한층 깊이 들여다보면 볼수록 그 점을 더욱 믿을 수 없었다"고 후일 털어놓았다.

회의 참석자는 라잔 교수를 "반시장적이며, 과거의 규제를 되살리려는 러다이트(파괴주의적 강경분자)"로 매도했고, 경제학자 사이에서 독설가로 정평이 나 있는 로런스 서머스 전 재무장관은 "그 논문은 약간 흐리터분하고 기본 전제가 비뚤어진 것(misguided)"이라고 꼬집었다. 이 사건이 있은 지 얼마 지나지 않아 라잔 교수는 선진국의 개발도상국 원조가 그 나라에서 효과를 거두지 못했다는 논문을 발표하여 또다시 경제학계의 이단아로 몰매를 맞았다. 그러나 주류 경제학계의 이런 비판은 그를 주저앉힐 수 없었다. 2003년에 금융 이론과 그 실행에서 가장 크게 공헌한 40세 이하의 경제학자에게 주는 피셔 블랙 상(Fischer Black Prize)의 첫 수상자였고 IMF 경제 고문 겸 조사국장(수석 이코노미스트)으로 선임되었던 그는 2006년 그 자리에서 물러날 때까지 IMF 연구원으로 하여금 금융 부문 이슈를 집중 분석케 하면서 앞으로 닥쳐올 금융위기에 관해 거듭 경종을 울렸다. 2007년 여름, 마침내 금융위기가 본격적으로 전개되기 시작하면서 미국의 일부 지역 연방 은행 총재(Janet Yellen, Gary Stern 등)는 자신들의 연설에 라잔 교수의 비판을 인용하기 시작했다.

"경제학은 스스로 자연과학이 되고자 하는 망상을 버리고 상식의 학문으로 되돌아가야 한다." 영국의 주간 경제지 〈이코노미스트(The Economist)〉의 '경제학, 무엇이 잘못됐나'라는 특집 기사(2009. 7. 20)에 대해 많은 독자가 제기한 주문이다. 일부 독자는 현재의 글로벌 경제 위기에서 아무 잘못도 없는 보통 사람은 고통을 당하고 금융권의 사기꾼과 거대 기업은 멀쩡한 상태라면서 경제학과 경제학자에 대해 강한 불신감을 드러냈다.

일반 독자만 그런 것이 아니다. 2006년 노벨 경제학상을 받고 〈뉴욕 타임스〉에서 필명을 떨치고 있는 프린스턴 대학의 폴 크루그먼(Paul Krugman) 교수는 지난 30년간 대부분의 거시경제학이 "기껏해야 놀랄 만치 쓸모가 없었고, 잘못된 경우에는 명백히 해악을 끼쳤을 뿐"이라고 혹평한다. 미국의 저명한 경제사학자인 배리 아이켄그린(Barry Eichengreen)은 글로벌 경제 위기로 인해 "경제학에 관해 우리가 알고 있다고 여기던 많은 것이 의문에 휩싸이게 되었다"고 비판한다.

경제학이 불신과 비난의 표적으로 바뀌었다. 그 이유는 명백하다. 대공황 이후 최악의 경제 위기를 거치면서 경제학의 버블(거품)이 함께 꺼져버린 것이다. 〈이코노미스트〉는 경제학, 특히 거시경제학과 금융 경제학이 위기를 키웠고, 그것을 제때에 포착하지 못했으며 또 아직도 그 해법을 내놓지 못한 채 입씨름에 열중한다고 지적한다. 불과 몇 년 전까지만 해도 모든 경제 현상을 설명할 수 있으며, 다시는 경제공황이 없을 것이라고 장담하던 경제학자로서는 도저히 고개조차 들 수 없는 상황이다. 그러나 경제학과 경제학자를 매도하는 것만이 능사가 아니다. 특히 경제학의 위상 추락을 틈타 자유시장의 패러다임(이론 체계) 그 자체까지 배척하는 것은 전혀 옳지 않다.

경제학이 어떻게 잘못되었는지에 관해서는 의견이 분분하다. 그러나 미국발 글로벌 금융위기와 관련해서는 두 가지 근본적인 오류가 지적되고 있다. 하나는 미국과 몇몇 주택 버블 국가에서 형성된 '집값은 오르기만 할지언정 결코 떨어지지 않는다'는 '토지 불패(土地 不敗)'의 이상심리였고, 다른 하나는 '시장이 모든 것을 알아서 조정해나갈 것'이라는 시장의 합리성과 자율조절 능력에 대한 과신이었다.

경제학과 자유시장론은 이러한 오류와 아무런 관계가 없다. 그것은 서민층의 주택 소유 확대(affordable housing)라는 미국 정치권의 인기 영합적 행태와 금융권의 로비에 휘둘려 시장 감시의 끈을 놓아버린 정책 당국자의 도덕적 해이로 인해 빚어진 정책적 오류일 뿐이다.

그렇지만 정치인과 정책 당국자는 스스로의 오류를 인정하기보다는 제도에 그 책임을 전가하기를 좋아한다. 더욱이 그들은 위기를 빙자하여 시장규제를 높이고 스스로의 권한을 강화하는 데에 열중한다. 그 명분은 시장을 그대로 내버려둘 경우 금융인과 기업인의 탐욕과 과잉 모험 행위(투기)로 인해 동일한 위기가 되풀이될 것이므로 그것을 막아야 한다는 것이다.

글로벌 경제 위기를 겪으면서 이런 주장은 당연한 것으로 받아들여지고 있다. 그러나 여기에는 함정이 있다. 그것은 시장의 실패를 빙자해 정책의 실패를 은폐하고 더 큰 위기를 키우는 결과로 귀결될 것이다. 자유시장의 지적 대부(代父)인 하이에크가 지적하듯이 '아무리 유능한 중앙 계획 당국도 장기적으로 자유시장보다 더 현명한 정책 결정을 할 수는 없다'는 깨우침을 새롭게 상기할 필요가 있다.

거시경제 모델 이론의 비판자는 상아탑 경제학이 자연과학의 확실성을 추구하면서 계량화할 수 없는 현실 경제의 갖가지 불확실성을 모델에서 배제시킨 것이 오늘날 경제학의 신뢰성 실추를 가져온 주요 원인이라고 지적한다. 그러나 이는 거시 모델이 전혀 쓸모없다는 의미는 결코 아니다. 경제적 사고의 도구로서 그것은 여전히 아주 유용하다. 다만 그 모델을 단순한 숫자 놀이가 아닌 복잡한 시장의 현실과 인간 심리를 십분 고려하는 '살아 있는 모델'로 만들어 현명하게 활용해야 한다. 이런 전제가 충족된다면 경제학자의 백가쟁명식 논쟁은 경제학의 발전을 위한 진통으로 평가받을 수 있다.

경제학과 정치, 그리고
국민 생활

"경제학은 어렵다. 경제학에 관해서는 별로 아는 것이 없다." 경제문제에 관해 얘기할 때 우리가 흔히 하고 또 듣는 말이다. 그러면서도 우리 모두는 늘 경제에 관해 얘기하고 토론하며, 또한 자신의 불만과 주장을 강하게 내세운다. 자신이 잘 모르고, 또 어렵다고 여기는 문제에 관해, 왜 우리는 그처럼 관심을 가지며, 열중하며, 또 논쟁을 벌이는 것인가. 그 이유는 경제학이 난해한 수식과 도표와 이론으로 중무장하면서 경제학자의 전유물인 것처럼 여겨지고 있지만, 우리 모두는 경제학의 기본 원칙과 관계 구조 속에서 매일매일 우리의 삶을 영위하고 있기 때문이다. 그렇기 때문에 경제학을 경제학자의 전유물이 아닌 우리 모두의 삶의 지혜로 새롭게 자리매김하고, 우리 모두가 스스로 '경제학자'가 되어야 한다.

대의 민주주의(representative democracy)는 선거를 통해 국민의 대표를 뽑고, 그 대표에게 국민 생활에 관한 주요 의사 결정을 위임하는 정치체제다. 오늘날 세계 모든 나라는 정치적으로 민주주의를 표방하며, 대의 민주주의 방식을 통해 주요 국가정책을 결정하고 집행한다. 이 점은 공산당 1당 독재국가인 중국과, 심지어 세습적 1인 독재국가인 북한의 경우에도 적어도 겉보기에는 예외가 아니다. 중국과 북한이 실제로는 1인 혹은 소수 권력자 집단의 독재 체제일지라도 그 형식에 있어서는 이른바 '전국인민대표대회'라는 엄연한 대의기구를 통해 독재자를 지도자로 선출하고 주요 국가 정책을 논의하고 재결하기 때문이다. 이러한 대의 민주주의 정치체제 아래에서 국가정책에 관한 논의와 결정 및 운용 과정이 국민 생활을 편안하고 윤택하게 하는 것이 될 수 있으려면 선거를 통해 뽑히는 국민의 대표가 '경제학에 관해 해박'하고, 그 자신이나 소수집단의 이익이 아닌 전체 국민을 위한 관점에서 정책을 논의하고 결정하는 '정치적 양식'을 지닌 인물이어야 한다.

현대사회는 공자나 아리스토텔레스가 꿈꾸던 '도덕'이나 '철인(哲人)' 정치와는 너무나 거리가 먼, 아니 완전히 단절되었다고 해야 할, 금권주의 (plutocracy) 정치에 의해 지배되고 있거나 아니면 그런 상태로 타락하고 있다. 금권주의는 고대 그리스어에서 부(富)를 가리키는 'ploutos'와 지배를 가리키는 'kratos'의 합성어다. 즉 부유층의 지배를 받는, 혹은 부에 의해 조종되는 권력자의 지배를 받는 사회가 금권주의 사회인 것이다. 버락 오바마 미국 대통령은 '부자 과세'를 통해 미국의 재정 적자 문제를 해결하겠다는 말을 입에 달고 다닌다. 현대 금권주의 사회의 대명사인 미국에서 이는 이례적인 일이다. 그런 만큼 오바마 대통령이 그 말을 실행에 옮길 수 있게 된다면 노예해방으로 유명한 링컨 대통령에 뒤지지 않는 '혁명적 대통령'으로 기억될 수 있을 것이다. 그러나 필경 그의 이 다짐은 경제 위기 속에서 생활고에 시달리는 다수 미국인의 표를 얻기 위한 정치적 수사로 끝날 공산이 크다. 왜냐하면 2012년 미국 대선에서 오바마 대통령이 재선에 성공하든 혹은 공화당 후보가 승리하든, 어떤 경우에도 그들은 미국 정치의 가장 큰 돈줄인 월가의 금융 로비로부터 결코 자유로울 수 없기 때문이다.

　미국의 금권주의 정치체제는 결코 오바마 한 사람의 힘으로 바뀔 수 있을 만큼 허술하지 않다. 인도 철학자 사르카르는 사회 정치체제의 순환적 변동론을 제안하면서 오늘날 글로벌 경제의 기본질서를 이루고 있는 미국의 자유시장 자본주의와 서유럽의 사회주의적 자본주의, 그리고 그 서구 자본주의 경제체제를 뒤쫓아가고 있는 신흥 공업극의 경제체제에서 자체의 내부 메커니즘에 의해 금권주의 핵심이 내파(內破, implosion)되기 전에는 금권주의 정치체제는 결코 암적(癌的) 팽창 과정을 멈추지 않을 것이라고 설파했다.

인플레이션의 신원(伸冤)

5장

'물가안정 지상주의'의
족쇄

한국 사회의 경제적 사고에서 가장 잘못된 점은 인플레이션에 관한 맹목적인 거부감과 두려움이다. 한국의 경제 전문가는 고질적인 인플레이션 공포증을 앓고 있다. 그리고 우리나라의 경제정책 풍토에서 어느 누구도 감히 도전할 수 없는 권위와 위세를 누리고 있는 성스러운 존재는 '반(反) 인플레이션'의 원칙이다. 그 누구일지라도 이를 어기면 동료 경제 전문가와 언론의 집중포화를 맞아 비명횡사하기 십상이다. 여기에는 예외가 없다. 지난 1993년 12월 문민정부 두 번째 경제 부총리였던 정재석 씨가 그 증인이다. 취임 초기에 그는 경제정책 분위기를 새롭게 바꾸려는 시도로 "앞으로는 인위적인 물가안정을 지양하고, 공공요금 현실화를 허용하겠다"는 소신을 밝혔다. 그러나 이 한마디가 화근이 되어 그는 정부 안팎에서 무책임한 장관으로 매도당했고, 결국 소신을 꺾고 반인플레이션 구호에 충성을 맹세했지만 이 사건으로 인해 자신의 정책 추진력에 깊은 상처를 입게 되었다.

　인플레이션은 물가가 계속 올라가면서 통화 가치를 떨어뜨리는 과정을 가리킨다. 통화 가치는 모든 경제적 의사 결정과 행동의 기초다. 이것이 흔들리게 되면 경제 상황이 혼란스러워지고 미래를 예측하기 어렵게 되어 경제활동이 전반적으로 위축될 수밖에 없다. 경제 관료와 경제학자가 인플레이션을 그처럼 미워하고 한사코 억제하려는 것은 이 때문이다. 그들이 어찌나 인플레이션 규탄에 극성이었던지 이제는 일반 국민까지 반(反)인플레이션 투사(鬪士)가 되고 말았다. 예컨대 지난 1997년 말 대통령선거 직후에 시행된 한 여론조사에서 응답자의 43.6퍼센트는 물가안정을 김대중 당선자(당시)의 최우선 당면 과제로 꼽았다. 당시 초미의 관심사이던 IMF로부터의 차질 없는 외환 차입은 물가안정에 밀려 22.2퍼센트의 응답률을 기록했을 뿐이다. 이 조사에서 고용 안정과 실업 대책은 조사 기관이 아예 질문 항목에서 제외시킬 만큼 무시되었다(〈한국 일보〉 1997. 12. 22, p1,3). 또한 1998년 1월 10일 대통령직 인수위원회가 실시한 전화 여론조사에서 응답자는 외환 금융위기와 외채 상환(43.6퍼센트)에 이어 물가 상승 억제(25.8퍼센트)를 그다음의 우선 과제로 꼽았으며 고용 불안 해소와 실업률 증가 억제는 우선순위 3위(19.4퍼센트)에 머물렀다.

이러한 여론조사 결과는 당시의 경제 상황에 비추어 볼 때 심히 의아스러운 것이었다. IMF 한파로 인해 대량 실업사태가 현실화되고 있는 상황에서 일반 국민이 고용 안정을 제쳐두고 물가안정을 신임 대통령에게 주문한 것은 결코 정상적인 반응이었다고 보기 어렵기 때문이다. 엄밀히 말해 일반 국민의 관점에서 고용 안정과 실업 대책은 생활 기반 그 자체에 관한 문제이고 인플레이션은 그 위에서 생활 조건을 안정시키는 부차적인 문제인 것이다. 물론 정상적인 경제 상황에서는 고용이 일반 현상이고 실업이 특수 현상일 터이므로 국민이 실업 대책보다는 물가안정을 더욱 중요하게 여길 수도 있다. 그러나 1997년 9월 이후 공식 통계에 따른 실업자만도 하루 2400여 명씩 양산되고 1997년에 2.6퍼센트이던 실업률(실업자 56만 명)이 반년 만에 7퍼센트대(실업자 150만 명)로 급등하는 상황에서 국민이 물가안정을 여전히 절대적으로 중요시하고 있었다는 것은 경제 관료와 경제학자에 의한 집중적인 '세뇌 작업의 결과'라고밖에 해석할 수 없다.

2008년 9월, 월가의 4위 투자금융 은행이던 리먼 브라더스의 파산으로 글로벌 금융위기가 터지기까지 30여 년간 서방 선진국 역시 물가안정 지상주의를 성우(聖牛)로 섬기고 있었다. 한국의 인플레이션 공포증의 뿌리다. 인플레이션은 물가수준의 전반적인 상승으로 정의된다. 그리고 인플레이션을 통화량의 함수라고 믿으며 물가 불안이 제기되면 즉각 금리를 올려 통화 수요를 줄이거나 은행의 지급준비율을 높여 신용 공급을 억제하려고 시도한다. 어빙 피셔(Irving Fisher, 1867~1947)가 고안한 'MV=PT(M은 통화량, V는 통화 유통 속도, P는 물가, T는 거래량)'라는 화폐수량설(quantity theory of money)에 입각한 개념이다. 그리고는 물가 불안이 제기되면(P의 상승) 즉각 통화량을 줄여(M의 감축) 인플레이션을 잡겠다고 나선다. 그러나 인플레이션은 통화량의 함수가 아니라 법과 제도에 의해 만들어지는 사회적 산물이라고 미국의 저명한 법학자인 데이비드 슬로슨(W. David Slawson)은 강조한다.[27] 즉 어떤 상품의 가격이 오르고 내리는 것은 통화량에 의해 결정되는 것이 아니라 사람에 의해서다. 사람이 법과 제도를 통해 그렇게 한다. 따라서 인플레이션은 법과 제도의 소행이라는 것이다.

《자본주의 4.0(Capitalism 4.0)》의 저자인 아나톨 칼레츠키(Anatole Kaletsky)는 피셔 방정식이 안고 있는 근본적인 논리적 모순을 지적한다. 그는 '통화량이 늘면 물가가 오른다'는 말은 진실일지라도 그 역관계, 즉 '물가가 오르는 것은 통화량이 늘어나기 때문이다'는 명제는 진실이 아닐 수도 있다고 강조한다. 그런데도 중앙은행가가 물가 불안이 제기되면 무작정 통화 긴축에 나서려고 하는 것은 "검은 고양이를 보고는 무작정 '검은 것은 고양이'라고 생각하는 것과 마찬가지다"라고 칼레츠키는 비판한다. 다시 말해 통화량과 인플레이션의 관계는 피셔 방정식이 말하고 있는 것처럼 간명하고 단선적인 것이 아니며 지극히 미묘한 것인데도 불구하고 세계의 주요 중앙은행가는 거의 예외 없이 그것을 철칙으로 받들어온 것이다.● 이런 인플레이션 강박관념으로 인해 서방 선진국 정책 당국자는 1930년대 대공황 이후 1970년대까지 물가안정과 함께 똑같이 중요한 정책 목표로 다루어오던 완전 고용과 산출량 증가의 극대화, 적절한 무역 및 재정 균형 유지와 같은 문제를 물가안정의 하위 정책 목표로 격하시켜 무역이나 산업 정책 혹은 예산관리를 다루는 실무부처의 소관으로 일임하게 되었다.

● 고전 경제학은 '장기적으로 물가수준은 통화량에 의해 결정된다'고 말한다. 그러나 '단기적으로 총수요와 총공급에 영향을 미치는 많은 요인이 물가수준에 영향을 미친다'는 것이 케인스 경제학의 요점이다. 그런 의미에서 중앙은행가가 '통화량의 변화만이 인플레이션을 결정한다'고 인식하고 있는 것은 통화정책에 관한 중대한 '소통 실패'가 아닐 수 없다. ─성균관대 정현식 명예 교수

인플레이션에 관한 우리의 사고에서 또 하나의 심각한 문제점은 그것을 경제적 악덕(economic vice) 가운데 가장 위험한 '절대적 악덕(absolute vice)'으로 간주한다는 사실이다. 물가수준이 급등하면 경제가 불안정해지고 정상적인 경제활동이 위축되고 투기적 거래가 횡행하면서 경제가 파탄에 직면하게 된다는 것이 인플레이션에 관한 한국의 정책 당국자와 경제 전문가의 기본 관념이다. 그러나 인플레이션은 단지 '물가수준의 상승'을 가리킬 뿐 그 자체가 결코 악덕이 될 수는 없다는 인플레이션 무해론(無害論)을 주장하는 학자가 있으며, 심지어 일부 경제학자는 인플레

이션이 '서민의 친구'라고 지적하기도 한다. 살림살이가 넉넉하지 못해 빚을 지고 살아야 하는 서민의 무거운 어깨를 인플레이션이 얼마쯤 가볍게 해주기 때문이다. 또한 '적당한 인플레이션(moderate inflation)', 예컨대 물가가 연간 7, 8퍼센트 수준으로 오르는 상태가 경제활동이 가장 왕성할 수 있는 환경이라고 말하기도 한다.

인플레이션을 어떻게 해석하든 그것은 크게 중요하지 않다. 인플레이션의 가장 위험스러운 측면은 이것의 억제를 성우(聖牛)처럼 섬기면서 다른 경제적 가치, 예컨대 고용과 소득수준, 복지 등을 하찮게 여기는 정통파 경제학자의 외곬 사고다. 그리고 인플레이션과 바뀌는 경제적 가치가 항상 경제적 약자와 가난한 계층의 이익이라는 사실을 망각한다는 것이다. 그런데도 어쩐 일인지 한국의 경제학자와 정책 관료는 거꾸로 인플레이션을 잡기 위한 금리 인상과 대출 규제 등이 서민을 보호하기 위한 것이라고 주장한다. 이는 인플레이션의 게임 논리에 숨겨둔 무서운 독소다. 물론 인플레이션은 화폐소득의 실질 가치를 하락시켜서 눈에 보이지 않는 조세로 기능한다. 또한 실물자산은 인플레이션에 대한 방어 수단이 되기 때문에 인플레이션의 폐해는 실물자산 보유자에게는 상대적으로 적고 임금 소득에 의존하는 서민 계층에 대해서는 상대적으로 더 크게 나타난다. 그렇지만 인플레이션을 다스리기 위한 재정 및 통화 긴축은 기업의 투자와 고용을 위축시켜 일자리를 줄어들게 하고 인플레이션에 따른 임금 조정을 어렵게 만들어 서민 계층의 고통을 배가할 수 있다는 사실을 잊어서는 안 된다.

인플레이션의 정체

> 사회의 기존 토대를 뒤엎는 수단으로 통화를 타락시키는 것보다 더욱 확실한 방법은 없다. 이 과정은 경제법칙의 모든 숨겨진 힘을 파괴 쪽으로 동원하여, 100만 명 중에 단 한사람도 알아차릴 수 없을 만큼 은밀하게 그 일을 해낸다.
>
> —케인스, 《Monetary Reform, Hartcourt Brace》

'통화를 타락시키는 것', 경제학자는 그것을 인플레이션이라고 부른다. 그러나 한국인은 케인스의 이러한 충고를 필요로 하지 않는다. 왜냐하면 1997년 12월, 한국인은 1만 달러를 상회하던 자신들의 1인당 국민소득이 마치 한참 부풀어 오르던 고무풍선이 터지는 것처럼 불과 몇 주 사이에 6400달러로 형편없이 줄어드는 사태를 직접 경험했기 때문이다. 그 이유는 한국의 원화 환율이 그해 10월까지도 1달러당 900원대를 오르내리다가 돌연 2000원 선까지 급등하여 원화 가치가 곤두박질쳤기 때문이다.• 물론 이것은 미국 달러화에 대한 원화 가치의 상대적 하락이지 우리의 생활수

● 영국의 시사 주간지 〈이코노미스트〉는 원화 환율의 폭등에 따라 한국의 국내총생산(GDP)이 1996년의 4850억 달러에서 1998년 2월 4일 현재 환율(달러당 1600원)로 2729억 달러로 줄어든 것으로 추정했다. 그러나 구매력 평가(PPP) 기준으로 따질 경우 한국의 GDP는 6600억 달러로 환율 변동 이전보다 훨씬 큰 규모로 늘어난다고 밝혔다(〈The Economist〉 1998. 2. 7 p74)

준 그 자체가 당장 같은 비율로 하락한 것은 결코 아니다. 그러나 시간이 감에 따라 환율 상승분은 수입 물품의 가격상승으로 나타나고, 그때문에 국내 물가가 오르고, 우리의 실질소득이 감소하고, 생활수준이 후퇴하는 '궁핍화' 과정이 일어나게 된다. 환율 상승에 따른 통화 가치의 하락, 즉 '수입 인플레이션'은 일반적인 인플레이션과 똑같이 해로울 수 있다는 말이다.

그러나 여기서 우리는 언제부터인가 우리의 경제관념이 성장보다 물가 안정을 훨씬 더 중요하게 여기는 쪽으로 바뀌었음을 확인한다. 심지어 일부 인사는 성장을 포기할지라도 물가안정을 지켜야 한다는 극단적인 주장을 하기도 한다. 그래서 경제 관료와 경제학자는 인플레이션을 만인의 공적(公敵)으로 규정하고 입만 열면 인플레이션 타도를 외친다. 그들은 인플레이션 상승률을 2퍼센트 이하로 억제하는 것을 최고의 정책 목표로 설정하고 이를 실현하는 데에 모든 것을 걸고자 한다. 특히 IMF 관리 체제에서 강도 높은 재정 긴축과 초(超)고금리 처방으로 인해 경기가 급속히 위축되고 실업자가 대량으로 쏟아지는 가운데서도 그들의 인플레이션 잡기 열정은 변함없이 발휘되었다. 언제부터인가 한국의 경제 관료와 경제학자가 일종의 인플레이션 잡기 편집광(偏執狂)이 되어버린 것이다. 그리고 이 증세가 심해지면서 인플레이션 공포증이 생겨났고, 경기 침체나 불황의 징후가 보일 때는 그보다 한층 더 고약스러운 '스태그플레이션'의 망령에 괴롭힘을 당하고 있다.

2011년 10월 3일 국내 언론은 금융 연구원 김동환 선임 연구 위원의 보고서를 인용해 '한국 경제, 스태그플레이션 우려 높아진다'는 제목으로 종이 신문과 온라인 뉴스 매체를 도배했다. '성장, 물가의 딜레마와 정책 대응'이라는 이 보고서의 요지는 "국내 경제성장률은 글로벌 경제 상황이 악화하면서 2010년 1분기 이후 지속적 하락세를 보이며 2011년 2분기 말 현재 3.4퍼센트를 기록한 반면 8월 소비자 물가 상승률과 근원 물가 상승률은 각각 5.3퍼센트와 4.0퍼센트로 2008년 글로벌 금융위기 이후 최고 수준을 기록했다. (중략) 이런 스태그플레이션 상황이 일정 기간 지속되면 총수요가 급격히 감소하고 이에 따라 생산, 고용, 물가가 동시에 하락하는 디플레이션 국면으로 빠르게 전환될 가능성이 있다"는 것이다.

같은 시기에 선진국 경제에서도 스태그플레이션 우려가 제기되었다. 2008년 글로벌 위기 이후 한때 활기를 보이던 미국과 유럽의 경기회복세가 꺾이고 저성장 고실업 상황이 장기화될 가능성이 높아진 것이다. 이것은 2008년 위기 수습 과정에서 각국 중앙은행이 엄청난 통화 확대를 지속해왔고, 그로 인해 인플레이션 압력이 커지게 되면 저성장 속에 물가 불안이 고조될 것이라는 논리에 근거하고 있다. 그러나 칼레츠키는 이 논리에 근본적인 모순이 있다고 지적한다. 그는 "통화 확대가 있으면 언제나 인플레이션이 야기된다"고 말하는 것은 "지구 중력이 비행기의 추락 원인이다"고 말하는 것처럼 무의미하다고 비판한다. 다시 말해 통화팽창은 인플레이션의 '필요조건(지구 중력이 비행기 추락의 필요조건이듯이)'이긴 하지만 언제나 인플레이션을 야기하는 '충분조건(지구 중력 때문에 비행기가 언제나 추락하는 것이 아니듯이)'은 아니다.

그렇다면 통화팽창은 언제 인플레이션의 '필요조건'에서 '충분조건'으로 바뀌는가? 현재 세계경제는 거의 모든 산업부문에서 과잉설비와 무수한 실직 노동자로 넘치고 있다. 이런 상황에서는 중앙은행이 금리를 내리고 신용 공급을 확대할지라도 인플레이션은 일어나지 않는다. 수요 부족으로 쉬고 있던 공장이 실직 노동자를 다시 불러들여 생산을 시작하고 공급이 늘어나면서 통화팽창은 물가를 올리는 것이 아니라 수요와 공급을 한층 높은 수준에서 균형(경제성장)을 이룰 수 있게 하는 시의적절한 성장 정책이 되는 것이다. 그러나 과잉설비와 대량 실업자가 존재하는 경우에도 경제가 어떤 '병적 상태(pathological conditions)'에 있을 때에는 통화팽창이 인플레이션으로 연결될 수 있으며, 바로 1970년대의 스태그플레이션이 그 예라고 칼레츠키는 말한다.

그에 따르면 1960년대 말과 1970년대에 미국을 비롯한 많은 나라에서 실업률이 10퍼센트를 웃도는 가운데 인플레이션율이 20퍼센트까지 치솟는 사태가 빚어진 것은 통화팽창과는 무관하게 네 가지 경제 구조적인 요인의 작용으로 과잉설비와 유휴노동력이 생산력으로 동원되어 물가 상승을 억제하는 기능이 차단되었기 때문이었다. 그러한 구조적 요인은 첫째, 높은 실업률에도 불구하고 임금 경쟁을 가로막은 노조, 둘째, 값싼 수입품과의 경쟁을 차단시킨 무역장벽, 셋째, 국제 유가를 폭등시킨 OPEC와 같은 원자재 카르텔, 넷째, 정부 부문의 급팽창이었다. 즉 1970년대의 스태그플레이션은 '통화적 재난'이 아니라 국내 및 국제정치적 요인으로 인해 빚어진 '경제 외적 병리 현상'이었던 것이다. 과연 오늘날의 글로벌 경제 상황은 다시 그런 일이 빚어질 수 있는 조건을 갖추고 있는가? 칼레츠키는 현재로서, 향후 몇 년간은 그런 우려가 높아질 가능성이 전혀 보이지 않는다고 강조한다.

인플레이션,
누구 책임인가?

"만약 실적 기준으로 보너스를 지급한다면 잉글랜드은행(BoE)의 통화정책 위원회(MPC) 위원은 한 푼도 받지 못할 것이다." 〈파이낸셜 타임스〉의 마틴 울프(Martin Wolf) 경제 담당 수석 논평위원이 '영국의 인플레이션 악몽 깊어지다'라는 칼럼에서 한 말이다.[28] 그도 그럴 것이 2011년 5월 현재 영국의 소비자물가지수(CPI, consumer price index)가 1년 전에 비해 4.5퍼센트나 뛰었고, 또 최근 2년 동안에는 연 4.1퍼센트, 6개월 동안에는 3퍼센트나 올라 모두 MPC의 인플레이션 타깃(물가안정 목표, 2퍼센트 이하)을 크게 벗어났으니 무슨 염치로 보너스를 받겠는가? 한국은행 금융 통화위원회 위원에게도 똑같이 해당되는 말이다.

그렇다면 물가안정을 위해 영국의 통화정책을 책임지고 있는 MPC는 당장 이자율을 올려야 할까? 경제적 통념에 따르면 당연히 그렇게 해야 한다. 인플레이션 타깃이 거듭 깨지면 중앙은행의 신뢰성이 손상되고, 인플레이션 기대 심리가 높아져 물가가 치솟게 된다. 그리고 한번 뛰기 시작한 물가는 진정시키기가 몹시 어렵고, 또 진정되기까지 큰 대가를 치러야 한

● 흔히 '볼커 불황(Volcker Recession)'이라고
불리는 당시의 경기 침체는 'W형' 혹은
'곱사등' 불황이라는 새로운 용어를
만들어냈다. 또한 그것은 장기적으로
라틴아메리카의 부채 위기와 미국의 저축
대부 조합(S&L) 위기의 원인을 제공하고,
이른바 '대처, 레이건 혁명'으로 불리는
1980년대와 1990년대 신자유주의
경제정책의 배경을 이룬 것으로 평가되고
있다.

다. 지난 1970년대 말에 두 차례의 오일쇼크를 거치면서 주요 선진국에서 경기 침체 속에 높은 인플레이션이 진행되는 이른바 '스태그플레이션' 사태가 발생하게 되자 당시 폴 볼커(Paul Volcker) 미국 연준(FRB) 의장은 정책 금리인 연방기금 이자율(federal fund rate)을 20퍼센트까지 올리는 고강도 통화 긴축을 통해 단기간에 인플레이션을 잡을 수 있었다. 그러나 그 후유증으로 미국은 1980년 초에 경미한 경기 침체를 겪자 다시 1981년 7월~1982년 12월 사이에 연이어 한층 심한 경기 침체에 빠져들게 되었다.●

그러나 울프는 BoE에 대해 절대 이자율을 올려서는 안 된다고 강조한다. 현실적으로 MPC의 물가안정 실적은 실망스럽기 짝이 없다. 그렇지만 현실적인 인플레이션 수치보다 훨씬 더 위험스러운 '인플레이션 기대 심리(inflation expectations)'는 다행히 매우 안정적이므로 데이비드 캐머런 영국 총리가 이끄는 보수, 자유 연립정부는 고강도의 재정 긴축에 더해 금리 인상을 강행하여 제2의 '볼커 불황'을 도박할 필요는 없다는 것이다. 동시에 최근의 인플레이션 상황이 MPC의 억제 목표를 크게 웃돌게 된 것은 주로 외부적 가격동향(원유와 국제 식품 가격 급등)에 기인한 것이며, 또 달러 표시 국제 원자재 가격의 지속적인 상승은 영국 파운드화의 강세나 국내 인플레이션, 특히 임금수준의 하락을 통해 흡수해야 하지만 아직은 그 추세가 분명치 않기 때문에, 당장 이자율 인상을 서두를 필요가 없다고 울프는 지적한다.

대서양 건너편 미국에서도 인플레이션의 선제적 차단을 위해 당장 이자율을 올려야 한다는 경제적 통념파와 반대론자 사이에 줄다리기가 되풀이

되고 있다. 미국은 FRB가 2008년 말 이후 제로금리 정책과 함께 이른바 '양적 완화(Quantitative Easing)'라는 극단적인 통화팽창을 지속해왔기 때문에 서둘러 과잉유동성을 회수해 인플레이션 위험을 차단해야 한다는 주장이 지배적이다. 그러나 벤 버냉키 FRB 의장은 "유류와 식품 가격을 제외한 이른바 '근원 인플레이션(core inflation)'이 매우 안정적이기 때문에 지금은 인플레이션 억제보다는 여전히 취약한 경기회복을 뒷받침하는 것이 더 중요하다"고 주장하면서 이자율 인상 불가론을 고수해왔다.

영미 두 나라의 누리꾼은 '인플레이션 기대 심리'나 '근원 인플레이션'을 내세우며 금리 인상에 소극적인 그들 중앙은행의 행태에 대해 '서민의 물가고를 외면한 채 은행만 배불리는 멍청한 정책'이라고 분노를 터뜨린다. 심지어 한 누리꾼은 "이론이 현실과 부합하지 않으면, 현실이 잘못되었다고 말하는 것이 중앙은행 이코노미스트"라고 꼬집는다. 다른 한 누리꾼은 영미 언론 매체가 그리스를 비롯한 유럽 국가의 부채 위기를 클로즈업시켜 국내의 물가 상황에 대한 관심을 그쪽으로 돌리려 한다고 불만을 터뜨린다. 비단 영미 두 나라만이 아니라 세계 대다수 국가의 국민이 글로벌 경기 침체 이후 고실업과 소득 침체 속에서 고물가에 시달리고 있다. 그런데도 중앙은행가는 인플레이션 기대 심리나 근원 인플레이션과 같은 비현실적인 개념으로 유희를 즐기고 있으니 누리꾼의 분노는 충분히 이해할 만하다.

그러나 물가안정을 위한 통화정책에서 중요한 것은 '기왕에 오른 물가'가 아니라 '앞으로 예상되는 물가 상승', 즉 인플레이션 기대 심리라는 점을 잊어서는 안 된다. 최근 몇 달간의 물가 상승률이 중앙은행의 억제 목표치를 벗어났다고 해서 이자율을 올리려는 것은 이미 멀리 떠나간 버스를 향해 '제발 좀 멈춰달라고 손을 흔드는 것'과 크게 다를 바가 없다. 물론 그 버스는 서지 않는다. 대신에 손을 흔드는 사람(인플레이션 강경파)은 마치 할 일을 다 한 것으로 자위할 것이고, 추후에 같은 상황이 오면 똑같은 오류를 되풀이할 가능성이 높다. 이런 오류를 피하기 위해 미국 중앙은행은 한 가지 유용한 정책 지침을 세우고 있다. 그것은 '에너지 가격 상승이 소비자 물가에 미치는 단기적 영향은 무시하고, 근원 인플레이션에 관심을 집중한다'는 것이다. FRB 이코노미스트인 마틴 보덴스타인(Martin Bodenstein) 등 연구진은 2008년 오일쇼크에 대한 FRB의 대응 방향에 관한 모델 시뮬레이션을 통해 "인플레이션의 잠정적 악화는 수용하면서 산출량과 실업 사태를 안정시키는 것이 올바른 정책 방향"이라는 결론을 제시했다.

벤 버냉키 FRB 의장이 지나치게 근원 인플레이션에 매달리고 있다고 비판하는 인사는 일시적으로 원유 가격이 얼마간 떨어질지라도 중기적으로는 하락하기보다는 재상승할 가능성이 크다면서 선제적 근리 인상을 주장한다. 이에 대해 FRB의 정책 결정 기구인 연방공개시장위원회(FOMC)는 유가 상승으로 인해 인플레이션 기대 심리가 높아지게 되면 즉각 금리 인상에 나선다는 방침을 가지고 있다. 여기서 문제는 소비자의 인플레이션 기대 심리가 유류와 식품 가격 상승에 너무나 민감하게 반응한다는 점이다. 예컨대 2011년 5월 초 톰슨–로이터스(Thomson-Reuthers)와 미시건 대학 조사에서 미국 소비자는 지금부터 1년 후 CPI 상승률을 지난 4월의 3.2퍼센트보다 훨씬 높은 4.4퍼센트에 이를 것으로 전망했다. 이 때문에 버냉키 의장은 인플레이션 기대 심리에도 단기적인 상승은 무시하고 중기적인 변화를 중시할 것을 강조한다.

한국 소비자의 물가 민감도는 세계 최고 수준이라고 말해도 결코 지나치지 않다. 한국 이코노미스트와 언론이 물가안정 지상론자이고, 국내의 인플레이션 담론이 물가안정론 일변도이기 때문이다. 물가안정을 강조하고, 물가안정을 지키기 위해 선제적으로 이자율이나 지급준비율을 올려 인플레이션 기대 심리가 높아지는 것을 막는 것은 아주 현명한 일이다. 그러나 물가안정은 경제정책의 목적이 될 수는 없다. 그것은 지속 가능한 경제성장을 통해 노동자가 인간다운 생활을 영위할 수 있도록 적절한 일자리를 마련해내는 과정에서 중요한 한 가지 조건일 뿐이다. 즉 물가안정이 담보되지 않으면 지속적인 성장을 기대하기 어렵고, 따라서 노동자의 소득을 높이고 생활 여건을 개선하는 것도 불가능해지므로 물가안정은 더할 수 없이 중요한 경제정책의 목표처럼 보인다. 그러나 우리는 때로 물가안정에 매달려 경제성장을 위태롭게 하고 실업자를 양산하는 오류를 범하기도 한다. '볼커 불황'이 그랬고, IMF 외환위기에서 한국의 경제 관료와 이코노미스트가 같은 오류를 범했다. 경제정책은 선택이다. 물가안정과 경제성장은 결코 양자택일의 문제가 아니다. 그것은 두 가지를 어느 수준에서 절충하느냐의 문제다. '물가안정 100퍼센트' 정책은 결코 좋은 선택일 수 없다. 단기간에 물가를 잡고 장기적으로 경제성장을 이끌어가기 위해서는 그렇게 할 수도 있다고 말하지만(볼커 불황에 대한 변명), 좀 더 시간적 여유를 두고 점진적으로 물가안정을 추구하면서 노동자의 대량 실직과 그에 따른 생활고를 최소화하는 것이 한층 바람직한 정책 조합이 될 수 있다. 한국의 인플레이션 담론은 하루 속히 물가안정 일변도에서 벗어나 정통적인 통화정책에 따른 대량 실직과 노동자의 생활고에 좀 더 동정적인 눈길을 보내는 벤 버냉키 의장과 같은 '인플레이션 온건론'으로 상당히 좌회전해야 하지 않을까?

물가안정과
성장의 갈등

한국은행법 제1조는 "이 법은 한국은행을 수립하고, 효율적인 통화 신용 정책의 수립과 집행을 통하여 '물가안정을 도모함으로써' 국민경제의 건전한 발전에 이바지함을 목적으로 한다"고 규정하고 있다. 여기서 '물가안정을 도모'하는 것이 한국은행의 유일한 목적이고, '효율적인 통화 신용 정책'과 '국민경제의 건전한 발전'은 그 수단과 결과에 해당할 뿐이다. 유럽 중앙은행(ECB) 홈페이지는 이 기구의 목적에 대해 'ECB 통화정책의 주된 목적은 물가안정을 유지하는 것이다. ECB는 중기적으로 2퍼센트 이하의, 그러나 동시에 그에 가까운, 인플레이션율을 목표로 한다'라고 아주 간명하게 밝히고 있다.[29]

그런데 선진국 중앙은행 가운데서 유독 미국 FRB만은 물가안정과 함께 고용 확대와 경제성장을 도모해야 할 이중적 책임을 지고 있다. 미국 연방준비법(Federal Reserve Act) 제2조 A항은 "연방준비제도이사회(FRB)와 연방공개시장위원회(FOMC)는 '최대한의 고용과 안정적인 물가 및 온건한 장기 이자율의 목표'를 효과적으로 추진하기 위해 경제의 장기적인 생산 증대 잠재력과 합치되는 통화 및 신용 총량의 장기적 증가를 유지해야 한다"라고 규정하고 있다.● 즉 FRB는 '최대한의 고용과 안정적인 물가 및 온건한 장기 이자율'을 실현해야 할 복합적 책임을 부여받고 있는 것이다. 혹자는 벤 버냉키 FRB 의장이 인플레이션 온건론을 견지하고 있는 것도 바로 이 차이점의 반영이라고 말한다. 미국 의회의 인플레이션 강경파 의원은 FRB가 고용과 경제성장 쪽에 너무 치중해 인플레이션 위험을 놓고 도박을 하고 있다면서 FRB 설립법을 고쳐 물가안정에만 전념하도록 만들어야 한다고 주장한다.

그러나 하버드대학의 케네스 로고프 (Kenneth Rogoff) 교수는 경제정책의 목표로 경제성장과 인플레이션이 꼭 갈등관계를 이루

● Federal Reserve Act Section 2A: Monetary Policy Objectives. The Board of Governors of the Federal Reserve System and the Federal Open Market Committee shall maintain long run growth of the monetary and credit aggregates commensurate with the economy's long run potential to increase production, so as to promote effectively the goals of maximum employment, stable prices, and moderate long-term interest rates.

는 것만은 아니며, 또 비록 그 두 가지 가운데 어느 한쪽에 역점을 두고 다른 한쪽을 포기해야 할 경우에도, 지금처럼 인플레이션을 우선적 목표로 택해야 하는 것은 아니라고 말한다. 그는 심각한 금융위기가 있은 다음에는 한동안 저성장 기간이 이어지는 것이 정상적인 경제 현상(par)이라고 지적하고, 이런 경우에는 인플레이션율을 중앙은행의 인플레이션 타깃(억제목표)보다 높게 가져가는 것이 도움이 될 수 있다고 말한다. "약간의 인플레이션은 한층 낮은 성장에 비해 훨씬 덜 나쁜 죄악(by far the lesser evil compared to even lower growth)이다. 인플레이션율이 2년 혹은 3년 동안 5퍼센트가 될지라도 세상이 끝나는 것은 아니다. 거기에는 심지어 장점도 있다"고 로고프 교수는 말한다.

로고프 교수가 말하는 인플레이션의 장점은 그가 '정말로 심각한(utterly profound)' 문제라고 지적하는 서방 선진국의 부채 굴제와 연관되어 있다. 인플레이션은 그 부채 문제를 해소(deleveraging)하거나 줄이는 데(cutting) 도움이 될 수 있기 때문이다. 인플레이션이 진행되면 장차 갚아야 할 부채의 실질 부담이 그만큼 줄어들게 된다. 로고프 교수는 오늘날의 부채 위기를 1970년대의 스태그플레이션 상황과 비교하면서 "1970년대에는 인플레이션이 경제성장 문제를 악화시키고 있었다. 지금은 인플레이션이 부채 감소 문제를 완화시키는 데 도움이 될 수 있다"고 말한다. 다시 말해 지난 1970년대에는 두 차례의 오일쇼크로 인해 물가와 임금이 연쇄적으로 상승하면서 경제성장을 악화시키는 상황이었기 때문에 인플레이션을 잡는 것이 급선무였지만, 현재의 상황은 국가 부채의 누적과 만성적인 재정 적자 구조가 경제성장을 가로막고 있는 근본적인 요인으로 작용하고 있기 때문에 중앙은행의 억제 목표보다 약간 더 높은 인플러이션율을 용인하는 것이 도움이 될 수 있다는 말이다.[30]

통화정책의 한계

민주적 조직 원리는 일정한 책임을 지울 때 그에 합당한 권한을 부여할 것 (책임과 권한의 일치)을 요구한다. 각국이 중앙은행에 대해 물가안정의 책임을 맡길 때에도 마땅히 그 책임을 수행할 수 있는 권한을 부여해야 한다. 각국 중앙은행은 다른 국가기관의 간섭이나 개입 없이 독자적으로 통화정책을 수행할 수 있는 독립적 권한을 부여 받고 있다. 그렇다면 어째서 각국 중앙은행은 물가 상승률을 인플레이션 타깃에 가깝도록 유지해나가기보다는 빈번히 그 위쪽으로 크게 벗어나게 하거나(인플레이션 상황, 대다수 국가), 때로는 그 밑으로 너무 낮게 떨어뜨리면서(디플레이션 상황, 일본) 국민으로부터 무책임하고 무능하다는 비판에 몰리고 있는가?

이 의문에 대한 해답은 인플레이션의 정의, 즉 '물가수준의 전반적 상승'이라는 표현만 읽어보아도 금방 드러난다. 물가수준이란 국민경제 전체의 움직임을 알려주는 대표적인 경제지표의 하나다. 그리고 물가수준의 상승은 그 경제지표의 변동을 알려주는 온도계의 눈금이 위로 올라가는 것을 말한다. 그렇다면 국민경제 온도계의 눈금은 왜 올라가는가? 경제학은 그 원인이 매우 다양하고 복잡해서 단순히 한국은행의 이자율 인상이나 통화량 조절로 막을 수 있는 문제가 아니라고 분명히 밝힌다.● 그런데도 한국의 경제 전문가와 언론, 그리고 국민의 인식은 전혀 그렇지 않은 것 같다. 2011년 초에 국제 원유 가격과 식품 및 원자재 가격의 급등으로 국내에서 유류와 생필품 가격이 크게 뛰면서 언론에는 연일 '물가 대란'을 성토하는 글이 줄을 이었다. 대다수가 한국은행에 대해 서둘러 금리 인상을 하고 환율을 끌어내려 물가를 잡으라는 내용이었다. 이런 가운데 한 물가 공포증 인사는 "한국은행이 홈페이지 한가운데에 대문짝만하게 '물가안정, 국민과의 약속입니다'라고 당당히 선언해놓고는 그 약속을 제대로 지키지 못했기 때문에 국민이 극심한 물가 고통을 겪고 있다"고 주장했다.

한국은행의 홈페이지 상단에는 한때 분명히 그런 문구가 눈에 확 띄게 걸려 있었다. 지금은 '물가안정, 한국은행이 추구하는 최고의 가치입니다'라는 훨씬 온건한 표현으로 바뀌었다. 그러나 물가안정을 국민과의 약속으로 내세웠던 과거의 표현이나 새로 바뀐 표현은 똑같이 한국은행의 과욕과 잘못된 현실 인식을 드러낸다. 물가 상승의 원인이 오직 통화적 측면에만 국한되지 않는 이상 한국은행은 어떤 경우에도 혼자 힘으로 물가안정을 지켜내겠다고 어느 누구에게도 약속할 수

● 네이버 사전의 '물가정책'에 관한 항목은 물가 상승의 원인이 초과수요에 있는가, 비용 상승에 있는가, 혹은 저생산성 부문에서 공급 부족이나 초과수요가 발생해서인가에 따라 정책이 달라진다고 밝힌다. 그리고 수요 면에서 초과수요에 기인하는 경우에도 과도한 통화발행이 원인이면 통화량의 적정 공급이 필요하고, 총수요의 과다에 의한 경우에는 재정금융정책에 의한 총수요 관리가 필요하고, 외화의 대량 유입이나 수출 증대 등 해외 수요에 기인하는 경우에는 환율 조정(換率調整)이나 경우에 따라서는 수출규제가 불가피하다고 지적한다. 마찬가지로 물가 상승이 공급 측면의 비용 상승에 기인한 경우에는 임금과 물가를 동결(凍結)하거나 일정한 가이드라인 이내로 제한하는 소득정책이 필요하다. 그러나 임금과 물가를 동결하는 물가통제는 정치적인 목적에 부응하여 인플레이션에 대처하는 단기적인 정책은 될 수 있으나 장기적으로 경제 구조를 왜곡하고 시장 기능을 악화시키는 부작용을 초래할 수 있다는 점을 잊어서는 안 된다.

없다. 만약 한국은행이 그렇게 할 수 있다고 생각하고 또 그렇게 하려고 한다면 그것은 정말 과거의 폐쇄적 경제 상황에서나 꿈꿀 수 있었던 위험한 환상일 뿐이다.

　물가 문제에 관해 이렇게 말하는 것은 결코 물가안정이 중요하지 않다거나, 한국은행이 물가 문제에 관해 완전히 손을 놓고 있어야 한다는 말은 결코 아니다. 한국은행은 물가를 안정시키는 데 있어서 가장 유력한 무기(통화정책)를 가지고 있고, 따라서 가장 중요한 역할을 할 수 있고, 또한 그렇게 해야만 한다. 그러나 물가 상승이 통화 증발이나 저금리가 아닌 다른 요인으로 인해 빚어질 경우, 특히 해외 요인에 기인한 경우에는, 그 영향이 경제의 전 부문에 무차별적으로 미치는 통화정책에 기대어 물가를 안정시키려 하는 것은 전반적인 경제활동을 과잉 위축(overkill)시키고 경제적 약자인 저소득층과 연금 생활자 등에게 불필요한 고통을 안겨줄 수 있는 위험한 정책이라는 점을 잊어서는 안 된다.

원화 고평가의 '치명적 오류'

한국 국민의 인플레이션 경계심이 투철한 것은 좋은 일인가, 아니면 나쁜 일인가? '정도를 지나침은 미치지 못함과 같다(過猶不及)'는 공자의 말씀처럼 우리나라의 반(反)인플레이션 열정은 너무나 지나치고 또 경직적이어서 합리적인 정책 수립과 운용에 크나큰 걸림돌이 되고 있다. 심하게 말해서 1997년 외환위기는 우리나라 경제 관료와 관변 경제 연구원의 인플레이션 공포증으로 인해 야기된 정책적 재앙이었다고 말할 수 있다. 그들은 환율을 올리거나 금리를 내릴 경우 인플레이션이 유발될 수 있고, 또 국내에 들어와 있는 외국 투자 자금이 대거 국외로 탈출할 것이라는 명분을 내세워 한사코 원화의 고평가(저환율)와 고금리를 고집했고, 그 때문에 1995년 이후 수출이 무너져 무역 적자가 급증하는 등 국제수지 위기에 직면해 외환위기를 맞게 된 것이다.•

우리나라의 이러한 정책적 오류는 대만의 경우와 좋은 대조를 이룬다. 지난 1992년 우리나라는 당시 달러당 평균 780원 수준이던 원화 환율을 1996년 상반기까지 거의 그대로 가져간 반면 대만 당국자는 달러당 25.16

대만달러(대만 新幣) 수준이던 환율을 1993년 26.38대만달러, 1994년 26.46대만달러, 1995년 26.49대만달러, 1996년 27.46대만달러로 완만하게 평가절하해왔던 것이다. 우리나라가 원화 가치를 소폭 절하시킨 후 다시 강세 기조로 가져가고 있을 때 대만 당국자는 그들의 통화 가치를 9퍼센트나 떨어뜨렸다.

우리나라와 대만의 경제 여건이 동일하다면 이 정도의 환율 격차는 큰 차이가 아닐 수 있다. 그러나 무역 및 경상수지에 관한 한 당시 한국은 만성적인 적자국이었던 데 반해, 대만은 항구적인 흑자국이었다. 그렇다면 정작 통화 가치를 떨어뜨려야 할 쪽은 우리나라인데 어째서 정책이 뒤바뀌었을까? 그 이유는 간단하다. 우리가 과잉 평가된 원화를 해외에 뿌리며 저금리의 외국 돈을 끌어다 쓰는 재미에 눈이 멀어버렸기 때문이었다. 정부 당국과 관변 연구소가 무역 및 경상수지 적자폭이 급증하고 있는 가운데에서도 인플레이션 억제와 외화 유출 방지를 내세우며 원화 환율을 고평가(평가절상)로 가져가야 한다는 고집을 버리지 않았기 때문이다.

그러나 당시 정부 당국자와 관변 연구소 전문가는 원화 환율의 안정 내지 강세와 국내외 금리차 5, 6퍼센트가 결합될 경우 어떤 일이 벌어질지에 관해 너무나 무관심했다. 그 결과는 국내 금융기관과 기업의 무차별적인 외화 차입이었다. 외국에서 저금리의 돈을 차입해 국내로 들여오게 되면 그 자체로서 5퍼센트 내외의 금리 마진을 얻을 수 있으므로 어렵게 공장을

● 1999년 10월 이후 원화의 대미 달러 환율이 1200원대에서 1100원대로 떨어지면서 2000년 1월 무역수지가 2년 2개월 만에 적자로 반전된 것은 우리나라 수출의 환율 민감성을 여실히 보여주었다. 당시 국내 전문가는 원화 가치가 올라 1050원까지 환율이 내려갈 것으로 전망하며 인플레이션을 가장 중요한 경제문제로 꼽은 반면, 국내 진출 외국기업 및 금융기관 관계자는 우리 경제의 가장 큰 위험 요인으로 원화 가치 상승을 꼽았다. 세계경제성장 둔화와 공공 부채 증가에 이어 인플레이션은 네 번째 위험 요인으로 지적됐다. 외국인의 경제문제에 관한 인식이 국내 전문가와는 완전히 거꾸로였던 것이다.

돌리고 수출에 힘쓰기보다는 그냥 '외화 돈놀이'를 하는 것이 훨씬 매력적이었던 것이다. 우리나라의 총외채가 1993년 439억 달러에서 1994년 569억 달러, 1995년 784억 달러, 그리고 1996년 1047억 달러로 급증하게 된 배경은 여기에 있다.

이 과정에서 가장 위험스런 돈놀이 솜씨를 발휘한 것이 총 30여 개 업체로 식구가 늘어난 종합금융업계였다. 그들은 정부의 무더기 설립인가로 인해 내부 경쟁이 치열해지자 단기 차입 외화 자금을 가지고 국내외에서 중장기 기업 대출과 무모한 투자를 하는 도박판을 벌였고, 급기야 동남아시아 외환위기가 터지면서 그 파동을 국내로 끌어들이는 전염 통로 구실을 했다. 여기서 우리는 외환위기가 원화의 고평가 정책과 종합금융회사의 외화 불장난에서 빚어진 인재(人災)라는 사실을 발견할 수 있다. 그리고 이 과정에서 정부의 그릇된 정책 관념(인플레이션 공포증)과 무책임한 정책 운용(종금사의 무더기 인가 및 부실 감독)이 1997년 말, 외환위기를 촉발시킨 결정적 요인이었음을 확인하게 된다.

2011년 초, 국제 원유 가격과 식품 및 원자재 가격이 급등하면서 국내에서 물가 불안이 고조되자 경제 전문가와 언론은 이구동성으로 원화의 대달러 환율을 끌어내려(원화 가치 인상) 수입 물가의 급등을 막고 물가를 안정시키라는 주문을 연일 쏟아냈다. 동시에 2008년 9월, 리먼 브라더스의 파산을 계기로 글로벌 금융위기가 터지고 세계경제가 대침체에 빠져들게 되었을 때 이명박 정부가 취한 '고환율을 통한 수출 증대 정책'이 2010년 말 이후 국내 물가 불안의 중요한 원인이라는 비난이 빗발쳤다. 당시 이런 정책 주문과 비난에 어느 누구 하나 이의를 달 수 없었다. 국내의 경제정책 담론에서는 물가안정을 위해 필요하다면 환율 정책은 무조건 동원되어야 한다는 것이 확고한 경제적 통념(conventional wisdom)이기 때문이다.● 그러나 갤브레이스(John Kenneth Galbraith)가 지적하듯이 경제적 통념은 빈번히 우리의 통찰력을 가로막고 엄청난 경제적 재난을 불러온다.

개방경제에서 환율은 국가 간의 무역 및 자본거래를 결정짓는 가장 중요한 독립변수다. 반면에 물가는 금리와 함께 국내의 경제활동에서 가장 중요한 지표이며, 그 결과로서 환율의 등락에 영향을 미치는 종속변수다. 다시 말해 환율을 낮게 유지하기 위해서는 국내 물가를 안정시켜야 하지만, 거꾸로 국내 물가를 안정시키기 위해 환율을 끌어내리려는 것은 글로벌 경제 시대에 전혀 어울리지 않는 자가당착(自家撞着)이라는 말이

● 물가에 관한 국내 언론의 민감도는 '물가 고공 행진. 기대 인플레율 3.9퍼센트'라는 국내 한 언론의 보도(2011. 5. 26)에서 여실히 읽을 수 있다. 한국은행의 물가 억제 목표가 2~4퍼센트로 설정되어 있는 만큼 기대 인플레이션율이 3.9퍼센트라면 '물가 고공 행진'이란 표현은 과장이 아닐 수 없다. 이 신문은 또한 소비자물가 상승률이 2011년 3월에 4.7퍼센트를 기록한 후 4월에는 4.2퍼센트로 떨어지고 있고, 5월의 기대 인플레이션율은 3.9퍼센트라는 것을 보여주는 그래프를 제시하고 있었다. 같은 날 국내 언론은 OECD가 우리나라의 2011년 물가 상승률을 4.2퍼센트로 예측하면서 금리 인상과 환율 절상을 우리 정부에 주문했다고 밝혔다. 그러나 동시에 OECD는 "가계 부채 수준이 높고, 부채의 대부분이 변동금리 주택 담보대출이어서 금리가 상승하게 되면 민간 소비가 예상보다 크게 제약될 가능성이 있다"고 지적했다고 이 언론은 덧붙였다. 도대체 국민은 어느 장단에 춤을 춰야 하는가?

다. 지난 1997년 우리나라는 수입 물가의 파급을 차단하기 위해 무리하게 과대평가된 원화 가치(저환율)를 지키려고 발버둥을 치다가 넉넉지 못했던 외환 보유액을 모두 소진하고 IMF의 구제금융을 받아 그 관리 체제에 예속되는 굴욕을 감수해야만 했다.

'NGDP 타기팅'의 부상

한국은행은 현행 3년 단위의 물가안정 목표제(IT, Inflation Targeting)를 손질해 통화정책의 유연성을 높이려던 시도를 접었다. 물가가 한은의 안정 목표 선(3±1퍼센트)을 거듭 넘어서는 상황에서 그 책임을 피하려고 '꼼수'를 부린다는 국내 언론의 비판에 황급히 꼬리를 내린 것이다. 그러나 미국 경제학계와 언론에서는 그냥 'IT의 완화'가 아니라 아예 통화정책의 목표 지표를 '인플레이션'에서 '명목국내총생산(NGDP)'으로 갈아치우자는 주장이 급속히 공감대를 넓히고 있다. 2011년 10월 말 한국과 미국에서 있었던 통화정책을 둘러싼 논란의 한 단면이다.

미국 매사추세츠 월섬(Waltham) 소재 벤틀리 대학의 스캇 슈머(Scott Sumer) 교수를 비롯한 'NGDP 타기팅(NT)' 옹호자는 현행 IT 방식의 통화정책이 물가 변동을 완화할 수는 있어도 물가안정에 매달려 성장과 고용을 소홀히 함으로써 경기변동을 격화시켜 경제적으로는 더 큰 문제를 일으키고 있다고 비판한다. 특히 월가 최대의 투자은행 골드만 삭스와 모건 스탠리 분석가는 미국 중앙은행인 연준(FRB) 벤 버냉키 의장에게 현행 IT 방식의 통화정책을 NT 방식으로 전환할 것을 촉구하는 등 지금까지 학계 중심으로 전개되던 논의가 금융권으로 비화되었다.

2011년 10월 중순 월가 블로거는 "골드만, 연준(FRB)에 '핵 사용, NT 전환'을 권고"라는 뉴스에 흥분했다.[31] 골드만 삭스의 잰 해치어스(Jan Hatizius) 수석 이코노미스트가 고객에게 보낸 뉴스레터에서 "단기금리가 제로에 가깝고, 경제가 여전히 취약하므로 FRB는 NGDP를 정책 목표로 설정하고 추가적인 자산 매입(양적 완화, QE)에 나서 경제성장률을 장기 추세선으로 끌어올려야 한다"고 주장하고 나선 것이다. 해치어스는 미국 경제가 완전 고용 상태에 있던 2007년 NGDP 수준을 기준으로 할 때 현재의 잠재성장률과 실제 성장률 간의 갭이 10퍼센트포인트에 이른다고 밝히고 그동안 물가안정에 치중해온 FRB의 정책 기조를 성장 중심으로 전환해야 한다고 지적했다. 그리고 NT로의 정책 전환은 현재 9.1퍼센트인 실업률을 2015년 말까지 6퍼센트 이하로 끌어내려 현행 IT 방식에 비해 실업률을 1.5퍼센트포인트 더 낮출 수 있을 것이라는 분석을 제시했다.

UC 버클리 대학의 크리스티나 로머(Christina D. Romer) 교수는 지난 1970년대에는 스태그플레이션의 해법으로 당시 FRB 폴 볼커 의장이 IT 정책을 도입하여 "볼커 모멘트(볼커 전환기)"를 맞았지만 지금은 저성장 고실업 상황을 극복하기 위해 'NT'로 정책을 전환해야 할 "버냉키 모멘트"를 열어야 한다고 주장했다. 스태그플레이션 상황은 통화정책을 딜레마에 빠뜨린다. 금리를 올려 인플레이션을 잡으면 경제활동이 냉각되어 불황이 한층 더 깊어지고, 반대로 불황을 잡기 위해 금리를 내리면 인플레이션이 더욱 격화될 수 있기 때문이다. 이런 상황에서 당시 볼커는 인플레이션 기대 심리를 꺾기 위해 정책 금리를 20퍼센트까지 올리는 극약 처방을 사용했다. 당연히 FRB 내부에서는 그에 대한 반발이 있었지만 볼커는 IT 방식의 정책 틀을 확립하여 그러한 반발을 사전에 차단할 수 있었다. 마찬가지로 이번에는 버냉키 의장이 볼커의 지혜를 빌려 인플레이션 대신에 성장률을 높이는 데에 초점을 둔 'NT'를 정책 틀로 채택함으로써 현재 FRB 내부에서 인플레이션 우려를 내세워 추가적인 양적 완화(QE)에 반대하는 목소리를 억누르고 적극적인 통화 확대를 지속해야 한다고 로머 교수는 강조한다.

'NT'는 일정 시점의 명목국내총생산을 통화정책 목표로 설정하고 어느 정도의 인플레이션율 상승을 감수하면서 적극적인 통화 완화를 통해 경제 성장을 촉진하는 통화정책을 말한다. NGDP는 현재 가치에 입각한 한 나라의 총산출량을 가리키며, 거기에서 인플레이션율을 뺀 것이 언론의 경제 관련 보도에서 일반적으로 사용되는 실질 GDP가 된다. 즉 NGDP는 '실질 GDP와 인플레이션' 두 가지 요소로 구성되며, NT는 이 두 가지 요소를 합친 NGDP 성장률을 통화정책의 목표 지표로 설정하고, 그것이 떨어질 경우에는 통화 완화를 통해 끌어올리고, 반대로 높아질 때에는 통화 긴축을 통해 끌어내리는 정책 틀을 말한다. 로머 교수는 미국 경제의 정상적인 성장률이 2.5퍼센트고 FRB의 물가안정 목표가 2퍼센트 내외이므로, NGDP 타기팅의 정책 목표는 4.5퍼센트로 설정할 수 있다고 지적한다. 그런데 2008년 위기 이후 미국 경제가 이 수준의 NGDP 성장을 지속해왔다면 현재의 성장률과 약 10퍼센트의 갭을 가지기 때문에 FRB는 적극적인 통화 완화를 통해 이 갭을 해소시키는 것을 정책 목표로 삼아야 한다고 설명한다.

도대체 FRB의 이런 정책 전환은 어떻게 경제활동을 촉진하게 되는가? 그 비밀은 시장의 기대이다. FRB가 IT 방식을 통화정책의 기조로 할 때에는 시장이 인플레이션 동향에 따라 통화정책의 방향을 예상하게 된다. 즉 인플레이션 우려가 높아지게 되면 시장은 FRB가 금리 인상에 나설 것으로 기대하고, 그에 따라 경기가 냉각될 것으로 예상한다. 반면에 NT 방식하에서는 경기가 둔화되면 시장은 FRB가 금리를 내려 경기 활성화에 나설 것으로 기대하고 거기에 대비해 설비투자와 고용을 늘린다. 동시에 FRB의 통화 완화로 인해 장차 인플레이션율이 높아질 경우 기업과 소비자의 실질 차입 비용이 줄어들게 되어 역시 기업 투자와 대형 소비재 구매를 자극하게 된다고 로머 교수는 설명한다. 즉 오늘날의 경제 상황에서 BL–MP 방정식(기업 대출-통화정책)은 장차 MP가 완화될 것이라는 예상이 금융기관의 기업 대출을 촉진하는 효과를 나타낸다는 것이다.

　NT의 통화정책이 이처럼 신비한 것이라면 왜 FRB는 지금까지 그것을 외면해 왔는가. 지난 20여 년간 자신의 블로그 'The Money Illusion'을 통해 NT를 설파해온 스캇 슈머 교수는 그 이유를, 분기별 GDP 통계가 발표되면 언론이 NGDP는 거의 언급하지 않고 그 구성 요소인 인플레이션과 실질 GDP 수치만 보도하고, 경제학자도 강의실이나 연구논문에서 NGDP는 제쳐놓고 실질 GDP 자료만 다루기 때문일 것이라고 지적한다. 그러나 한층 더 근본적인 이유는 지난 1990년 이후 2007년 말 글로벌 위기 직전까지 세계가 물가안정 속에 성장을 지속해온 결과 FRB를 비롯해 각국 중앙은행이 물가안정에 지나치게 집착하게 되었기 때문일 것이라고 모건 스탠리의 글로벌 이코노믹스팀은 보고 있다. 그리고 이러한 물가안정에 관한 집념 때문에 중앙은행가는 인플레이션의 하방(下方) 리스크(불황)보다는 상방(上方) 리스크(물가 불안)를 피하려는 데에 더 신경을 곤두세우지만 "만약 그 두 가지 리스크 가운데 어느 하나를 대가로 다른 것을 피할 수 있다면 당연히 후자(상방 리스크)를 감수하고 전자(하방 리스크)를 피하는 것이 현명한 선택"이라고 강조한다.

정책적 신중성의 측면에서 실책을 범한다는 것은 출구 작전(exiting)에 너무 늦게 착수하는 것을 의미하며, 이는 중기적 인플레이션 리스크의 상승을 초래할 수 있다. 그렇지만 위험 회피적인 중앙은행으로서는 두 가지 악(惡) 가운데 더 가벼운 악을 선호하는 것이 합리적이다. 만약 인플레이션이 디플레이션을 피하기 위해 감수해야 할 대가라면 그렇게 해야 한다. 왜냐하면 중앙은행가는 인플레이션을 어떻게 다루어야 하는지 그 방법을 알고 있기 때문이다.•32

● 20여 년간 일본의 사례에서 보듯이 중앙은행가는 아직 디플레이션을 다루는 방법이 아주 서투르다.

스캇 슈머 교수는 2008년 글로벌 경제 위기의 원인으로 대개 미국의 주택 버블 붕괴를 지목하지만 실제로는 FRB가 위기 발생을 미리 포착하지 못하고 늑장 대응을 했기 때문이었다고 설명한다. 지금까지 2008년 위기에 관한 일반적인 해석은 2000년 이후 유례없는 엄청난 규모의 주택 버블이 발생했고, 2006년 그 버블이 터지면서 2008년 심각한 금융위기가 촉발되었고, 그로 인해 2007년 말에 시작된 경기 침체가 대공황 이후 최악의 불황(대침체)으로 악화되었으며, 이에 대해 FRB는 위기 대응에 있어 "할 만큼 했다"는 것이다.

그러나 슈머 교수는 주택 버블의 붕괴가 경기 침체나 고실업을 직접 유발한 것은 아니라고 강조한다. 그의 설명에 의하면 미국의 주택 건설 감소의 3분의 2는 이미 2006년 1월에서 2008년 4월 사이에 일어났지만 이 기간 중 실업률은 4.7퍼센트에서 4.9퍼센트로 단지 0.2퍼센트포인트만 높아지는 데 그쳤다. 주택 건설 분야에서 일자리를 잃은 대다수 노동자는 상업 건축 부문과 수출 및 여타 서비스 부문에서 다시 일자리를 얻을 수 있었다. 미국의 실업률이 10.1퍼센트로 치솟은 것은 해고 사태가 경제 전반으로 확산된 후인 2009년 10월이었다. 물론 그 해고 사태의 뿌리는 주택 버블과 다른 관련된 충격의 결과이지만 FRB는 이처럼 위기가 닥쳐오는 것을 전혀 알아채지 못했고 신속히 대응하지 못했으며, 심지어 지금까지도 여전히 늑장 대응을 하고 있다고 슈머 교수는 지적한다.

> 다시 말해 경제 위기는 FRB의 인플레이션 타기팅 방식을 완전히 무력화시켰을 뿐만 아니라 그것이 자못 심각할 정도로 부적절한 것이라는 점을 보여주었다. 이러한 정책 실패를 고려할 때 이제 미국의 정책 당국자는 '왜 더 잘할 수는 없었을까'라는 질문을 해야 한다. 물론 더 잘할 수 있었다. 인플레이션에 시야를 고정하는 대신 명목 GDP에 초점을 맞추었다면 말이다. [33]

만약 FRB가 IT 방식 대신에 NT 방식으로 통화정책을 운영했다면 '대침체'의 타격을 훨씬 완화할 수 있었을 것이라고 슈머 교수는 주장한다. 그는 또한 IT 방식 그 자체는 효율적인 통화정책 수단이 될 수 있지만, 그것은 "필요할 경우 의도적으로 인플레이션율을 높일 수 있다"는 전제가 용인될 때에만 성립한다고 지적한다. 그러나 이 조건은 '경제학적'으로는 가능할지라도 인플레이션을 경제정책의 '공적(公敵) 1호'로 간주하면서 모든 정책적 목표의 최상위에 반(反)인플레이션 정책을 두고 있는 오늘날의 '인

● 한국은행 금융통화위원회는 한은이 물가 목표 관리제의 개편을 추진하고 있다는 보도에 대해 "구체적인 개편 방안을 검토한 적이 없다"고 밝혔다. 또 외부 충격 때마다 크게 출렁거리는 소비자물가지수보다 근원 인플레이션을 물가 지표로 삼는 방안도 논의된 바 없다고 설명했다(〈매일경제신문〉 2011. 10. 26). 동시에 김중수 한은 총재는 물가 목표관리제의 개편에 관해 한은이 기획재정부와 협의할 것이라는 보도에 대해 "그런 일은 절대 없을 것"이라고 말한 것으로 보도되었다.

통화정책은 재정정책과 손잡고 정책을 펼 때 가장 효과적이라는 것이 정설이다. 따라서 김중수 총재가 물가 목표 관리제의 개편에 있어 기획재정부와의 협의를 정색을 하고 부정한 것은 한은 독립성에 관한 시비를 의식한 발언이라는 점은 이해되지만 통화정책의 최고 책임자로서 스스로 통화정책의 효율성을 떨어뜨릴 수 있는 발언이라는 비판을 피하기 어렵다. 한은 독립성은 국민경제의 안정적 발전을 담보하는 조건으로서 의미를 갖는 것이지 결코 독립성 그 자체를 위한 것이 아니라는 점을 김중수 총재와 한은 관계자는 분명히 인식해야 한다.

플레이션 정치학'에서는 전혀 용납되지 않기 때문에 NT 방식으로 통화정책의 틀을 전환하는 것이 필수적이라고 슈머 교수는 강조한다. 이러한 인플레이션 정치학으로 인해 국내에서는 NT 방식으로의 전환은 고사하고 IT 방식의 완화에 관한 논의마저 불가능한 정책 분위기 때문에 숨이 막힐 지경이다. ●

경기 침체와
인플레이션의 딜레마

" '헬리콥터 벤'은 언제까지 꾸물대기만 할 것인가. 지금 미국은 정부 지출을 줄일 것이 아니라 더 늘려야 하며, 연준(FRB)은 '공격적인 통화 완화'를 통해 이를 뒷받침해야 한다." 노벨 경제학상 수상자인 폴 크루그먼 교수의 다그침이다. 그러나 1980년대 초에 고강도의 통화 긴축을 통해 경기 침체와 인플레이션이 동시에 진행되는 경제적 이변인 '스태그플레이션' 상황을 해결함으로써 반(反)인플레이션 투사의 호칭을 얻게 된 폴 볼커 전 FRB 의장은 정반대의 주문을 한다. "FRB 벤 버냉키 의장은 결코 인플레이션으로 실제적인 경제문제를 해결하려는 유혹에 빠져서는 안 되며, 물가안정의 테두리 안에서 통화적 경기 부양을 추구해야 한다"는 것이다.

2011년 9월 20일과 21일, 이틀간에 걸친 FRB의 통화정책회의(연방공개시장위원회 FOMC 회의)를 앞두고 〈뉴욕 타임스〉 온라인판 기고를 통해 두 사람이 벌인 논전이다. 크루그먼 교수는 '흡혈 거머리 치료법(The Bleeding Cure, 2011. 9. 18)'이라는 제목의 글에서 미국 정치권의 화두가 재정 적자 감축을 통한 부채 줄이기에 모아져 있는 점을 과거 중세기에 거머리를 이용해 환자의 나쁜 피를 빨아내도록 해 병을 치료하려던 원시적 의술에 비유하면서 "이러한 예산 긴축 처방은 앞으로 저성장으로 인한 세수의 감소를 초래할 것이라는 점에서 재정적 측면에서도 반(反)생산적이다"고 주장했다. 그는 또한 최근 1년 반 사이 미국과 유럽의 경제정책 담론이 재정적 긴축에 관한 요구에 의해 주도되어왔고, 지금 더블딥이 우려되는 상황에서 긴축론자는 여전히 "단기적 고통보다는 장기적 측면에 집중해야 한다"는 변명을 늘어놓는다고 비판하며 버냉키 의장에게 한층 과감한 통화 확대에 나설 것을 촉구했다.

반면에 볼커 전 의장은 같은 날, '약간의 인플레이선도 위험한 일이 될 수 있다(A Little Inflation Can Be a Dangerous Thing)'라는 제목의 〈뉴욕 타임스〉에 기고한 글에서 경기 부양을 위해 현재 2퍼센트로 잡혀 있는 인플레이션 억제 목표를 3, 4퍼센트로 약간 느슨하게 가져가면 곧 5, 6퍼센트로 밀리게 되고 결국 인플레이션의 고삐를 놓치게 될 것이라고 경고했다. 그리고 "바로 이러한 인플레이션의 동학(動學) 때문에 각국 중앙은행은 물가안정에 1차적 중요성을 부여하고 있다. 그들은 강력한 생산적 경제의 희생 위에 그렇게 하는 것이 아니다. 그들이 중요시하는 물가안정과, 바로 그런 안정에 대한 기대가, 금리를 낮게 유지해주고 강력하고 확장적인 완전 고용 경제를 지속 가능하게 해준다"고 강조했다.

과연 벤 버냉키 의장은 두 사람 가운데 어느 쪽 주장을 따라야 하는가? 버냉키 의장의 선택은 그가 경기 침체와 인플레이션 위험 가운데 어느 쪽을 더 경계해야 한다고 생각하는가에 따라 좌우될 것이다. 그런데 9월 19일, 미국 정치권에서 또 하나의 참견자가 등장했다. 공화당 상·하원 지도부 4인이 버냉키 의장에게 공개서한을 보내 "FRB는 더 이상의 극단적인 경제 개입을 자제해야 하며, 특히 그러한 정책의 목표와 성공 방향, 경제적 행동의 근거를 밝히는 충분한 데이터 및 미국 국민이 얻게 될 계량 가능한 혜택에 관한 명확한 규명(糾明) 없이 그렇게 해서는 안 된다"고 못 박았다.

만약 우리나라에서 이와 유사한 일이 있었다면 한국은행 전체 직원은 물론 전국 대학의 경제학 교수와 민간 경제 전문가가 벌 떼처럼 들고 일어나 '한국은행 독립 사수'를 외칠 장면이다. 그러나 그런 일은 일어나지 않았다. 다만 〈뉴욕 타임스〉의 경제 전문 기자인 캐서린 램펠은 만약 공화당 지도부의 공개서한이 버냉키 의장에게 어떤 영향을 미치게 되었다면 그 효과는 거꾸로 통화 완화를 좀 더 확대하는 결과로 나타났을 것이라고 논평했다. 세계 대다수 국가의 중앙은행과 마찬가지로 FRB는 통화정책에 관해 확고한 독립성을 보장받고 있다. 그렇지만 광의의 경제 정책적 관점에서 FRB가 효과적으로 통화정책을 운용하려면 미국 재무부와 긴밀한 정책 협력과 공조를 이루어야만 한다. 램펠 기자는 조지 W. H. 부시 대통령의 행정부에서 재무관료를 지낸 경제 평론가인 브루스 바틀릿(Bruce Bartlett)의 말을 인용해 FRB 의장과 재무장관이 매주 보좌관을 배석시키지 않은 채 단독으로 만나 정책 협의를 하는 것이 관행이라고 밝힌다.

경제 상황이 아무리 다급할지라도 중앙은행가는 인플레이션 위험을 내세우며 경기 부양 쪽으로 통화정책을 전환하는 데 늑장을 부리기 일쑤다. 버냉키 의장에 대한 볼커의 당부는 그런 중앙은행의 전통과 전적으로 일치하는 조언이다. 그런데 영국 중앙은행인 잉글랜드은행(BoE)의 애덤 포슨(Adam S. Posen) 통화정책 위원은 이례적으로 FRB와 유럽 중앙은행(ECB)에 대해 그런 소극적인 자세를 버리고 전면적인 양적 완화(QE)에 나설 것을 주장하고 나섰다. 2011년 9월 초부터 일본은행과 FRB 인사를 잇달아 만나며

이 같은 견해를 밝혀온 포슨 위원은 "일본과 유럽 및 미국 정부가 1930년대의 정책적 오류를 반복하고 있다. 통상적인 긴축 통화정책과 예산 삭감은 불황을 악화시킬 뿐이다. 상황이 심각하다. 지금은 더욱 통화적인 경기부양을 확대해야 할 시점이다"라고 강조한다. 정말 뜻밖에도 크루그먼 교수가 FRB, ECB, 일본은행과 함께 세계 4대 중앙은행을 형성하는 BoE의 통화정책 위원으로부터 정책적 응원을 받게 된 것이다.

'비틀기 작전'과 시장의
'아우성'

2011년 9월 22일 이틀간의 연방공개시장위원회(FOMC) 회의를 마친 후 벤 버냉키 의장은 미국 국채인 재무부 증권과 장기 주택 채권(모기지)을 대상으로 '이중의 비틀기 작전(Operation Twist)'을 전개할 것이라고 밝혔다. '비틀기 작전'이란 FRB의 보유 채권 가운데 3년 이내의 단기물을 매각하고 그 자금으로 만기 6년 이상 30년의 장기 채권을 매입함으로써 장기 채권의 수익률을 끌어내려 단기채권의 수익률과 맞춰 한층 서로 '평평하게' 만드는 통화정책을 가리킨다. FRB 성명은 지난 1960년대 초에 처음 시도한 후 사용되지 않았던 "이 계획이 장기금리에 하향 압력을 가하고, 한층 광범한 금융 여건을 수용적(accommodative)으로 만들 것이다"라고 말했다. 이 성명은 또한 FRB가 모기지 증권의 조기 상환금을 전액 패니 메이와 같은 모기지 금융기관이 발행하는 채권에 재투자하고, 만기 30년 TB(미 재무부 장기 채권)의 매입에 중점을 둘 것이라고 밝혔다.

시장분석가는 FRB의 조치를 '이중의 비틀기'라고 지적하며, FRB 당국자가 그만큼 현재의 경제 상황을 심각하게 받아들이고 있다는 것을 보여준다고 논평했다. FRB의 성명에서도 이 점은 그대로 나타났다. 이 성명은 "글로벌 금융시장의 긴장을 포함해 경제 전망에 심각한 하방 위험(downside risk)이 있다"고 밝혔다. FRB의 성명에서 나오는 어휘와 문맥을 면밀히 주시해온 분석가는 지난 8월 FOMC 회의를 마친 후 발표된 성명에는 없었던 '심각한'과 '글로벌'이라는 두 어휘가 이번 성명에서 추가된 점에 주목하였다. 이것은 FRB가 유로존 재정 위기 악화로 인해 유럽뿐만 아니라 미국까지도 포함해 전체 선진국 경제가 더블딥에 빠져들 위험성이 상당히 높은 것으로 간주한다는 점을 시사한다.

글로벌 경제 상황이 크게 나쁘지 않았다면 이번 FRB의 '이중 비틀기 작전'은 세계 증시에 대단한 호재가 되었을 것이다. 그러나 영국의 중앙은행인 잉글랜드은행(BoE)의 애덤 포슨 통화정책 위원의 지적과 FRB 성명이 시사하듯이 지금은 '비상 상황'이며, FRB가 들고 나온 대응책은 시장의 기대에 훨씬 미치지 못하는 것이었다. FRB의 성명이 나온 다음 날인 22일 아시아와 유럽 주가가 크게 떨어지고, 월가의 주가까지 3퍼센트 이상(다우지수 391.01포인트 3.51퍼센트, S&P 500지수 370.20포인트 3.19퍼센트) 폭락하면서 글로벌 시장은 버냉키에게 "정신 차려!"라는 고함(shouting)으로 응수했다.[34]

'정공법'으로 나서라

경제 분석가는 버냉키의 '비틀기 작전'을 '사실상의 양적 완화(QE)'라고 지적한다. 그리고 그 효과는 2010년 6월, 단행했던 6000억 달러의 2단계 양적 완화(QE2)와 비슷한 수준이 될 것으로 추정했다. 그렇다면 FRB의 이 조치에 대해 글로벌 증시는 어째서 그토록 심한 실망감을 드러냈는가? 그 이유는 장기금리를 떨어뜨린다는 점에 있어서 '비틀기 작전'이 같은 효과를 거둘 수 있을지라도 그 방법이 FRB의 포트폴리오 구성에서 장기채권 비중을 무리하게 높이는 것이기 때문에 부작용이 만만치 않을 것이라는 점이다.● 그러기 때문에 FRB가 글로벌 경제 상황을 그렇게까지 심각하게 받아들

● FRB가 보유 채권 가운데 단기물을 매각하고 장기물을 매입하는 것은 당분간 장기금리를 끌어내릴 수는 있지만 그 폭이 0.5퍼센트포인트(재무부 증권 10년물의 경우 2.25퍼센트에서 1.75퍼센트로) 정도로 그 자체로 경기 부양의 효과를 기대하기는 어렵고, 앞으로 경기가 호전되면서 금리가 상승할 때에는 잠재적으로 금리 손실이 발생할 수 있으며 그 부담은 납세자에게 돌아가게 된다. 또한 연금 기금을 비롯한 고정 수익 펀드는 재무부 증권의 수익률 하락 때문에 다른 투자 대상을 탐색해야 하는데, 그것은 결국 최우량 회사채나 정부 보증 모기지 채권이 될 것이므로 FRB의 '비틀기 작전'은 자금이 풍부한 대기업과 모기지 금융기관으로 자금을 몰아주고 중소기업의 자금난을 가중시킬 수 있다. 한층 더 심각한 문제는 채권수익률 구조를 '평평하게' 만들게 되면 저금리의 단기자금을 조달해 고금리의 장기 대출을 하는 금융기관의 기본적 기능인 '자금 중개 기능'이 마비되어 신용 창출이 중지될 수 있다는 점이라고 '밀레니엄 웨이브 투자'의 분석가인 존 몰딘(John Mauldin)은 지적한다.

인다면 정면으로 3단계 양적 완화(QE3)에 착수하는 정공법으로 나왔어야 한다는 것이다. 버냉키 의장이 경제 상황의 심각성을 인정하고, 또 유로존 재정 위기의 미국 전염 가능성에 관해 우려하면서도 정공법을 외면하고 비틀기 작전에 나선 것은 "이제는 더 이상 어떻게 허야 할지 모르겠다"고 말하는 것과 마찬가지라고 파생상품 운용자이며 경제 평론가인 로스 카민스키(Ross Kaminsky)는 논평했다.

그렇다면 버냉키 의장과 FRB 정책 당국자는 왜 급박한 경제 상황에 눈을 감고 정면으로 대응하려. 하지 않았는가? 그 이유에 관해 잉글랜드은행의 통화정책 위원인 애덤 포슨은 중앙은행가의 고질적인 인플레이션 강박관념이 유죄라고 지적한다. 〈월 스트리트 저널〉의 데이비드 웨설(David Wessel) 논설 주간과의 전화 인터뷰에서 포슨은 FOMC 9월 회의의 결정 배경을 다음과 같이 설명했다.

첫째, 중앙은행가는 국민과 시장이 가지고 있는 인플레이션 기대 심리에 관해 지나치게 우려한다. 그러나 이런 우려는 과장된 것이다. 현재의 경제 상황에서는 그런 일이 일어날 가능성이 극히 낮다.
둘째, 중앙은행가는 정책적 오류를 범하게 되면 통화정책에 대해 '과잉 완화'했다는 지적을 받기보다는 '과잉 긴축'을 했다는 비판을 받는 쪽을 택하려는 기질(mindset)을 가지고 있다. 중앙은행가는 냉철하고 보수적이고 신중하게 행동하도록 하는 갖가지 유인(誘因)을 지니고 있으며, 다른 중앙은행가에게도 이 점을 인정하도록 설득하고, 그렇지 않은 '편향된 경향'에 저항하도록 부추긴다.
셋째, 중앙은행가는 2008년 글로벌 금융위기의 심각성을 과소평가했다. 무수한 중앙은행 인사는 완전히 오판했다. 그들은 위기의 범주나 문제점의 심각성이나 지속성을 과소평가했다.

그리고 넷째, 중앙은행가는 위기 직후 급팽창하던 재정정책이 어느 순간 급속히 반전(反轉)되면서 경제에 미친 강한 수축 압력을 과소평가하거나 아예 파악하지도 못했다.[35]

포슨 위원은 또한 2011년 9월 영국의 소비자물가지수(CPI)가 연율 4.5퍼센트로 매우 높은 수준을 달리고 있는 점에 관해 그것은 '일시적 요인'에 기인한 것이며, 결코 BoE의 통화 완화를 가로막는 구실이 되어서는 안 된다고 강조했다. 그의 분석에 따르면 4.5퍼센트의 물가 상승률 가운데 1.1퍼센트포인트 내지 1.2퍼센트포인트는 부가가치세 인상에 따른 것으로 2012년 1월이나 2월에는 CPI 통계에서 빠져나갈 것이며, 또 10분의 몇 퍼센트포인트는 에너지 쇼크에 따른 것이기 때문에 '매우 가변적'이라고 풀이, "임금 상승이 없고 또 파운드화가 안정적이므로 인플레이션 악화를 우려해 통화정책을 소극적으로 가져갈 이유는 없다"고 주장한다. 그는 중앙은행의 독립성에 관해 "이 개념은 외부의 정책 압력에 대해 'No'라고 말해야 할 때 그렇게 하는 것"이라면서 "그러나 이것은 재정 당국과의 공조나 채권 매입에 대해 무조건 'No'라고 말해야 한다는 것과는 다르다. 그런 의식은 아직 성숙지 못한 치기(稚氣)일 따름이다"고 꼬집는다.

'유동성 함정'과
'경기 팽창적 긴축'

2011년 6월 말로 FRB의 2단계 양적 완화(QE2)가 종료된 후 버냉키 의장은 추가적인 통화 완화의 가능성에 관한 질문에 답변하면서 "최근의 경제적 취약성이 예상보다 한층 더 끈끈하게 이어지고, 또 디플레이션 위험이 다시 대두하게 될 가능성이 남아 있으며, 그럴 경우에는 추가적인 정책적 지원이 필요하게 될 것이다"고 말했다. 일부 미국 언론은 그의 발언을 3단계 양적 완화(QE3)의 가능성을 열어둔다는 의미로 해석했다. 그러나 경제 전문가는 버냉키 의장이 추가적인 통화 완화의 조건으로 '경기 취약성'과 함께 '디플레이션 위험의 대두'를 새로이 추가했다는 점에서 지금까지의 경기 수용적이던 통화정책을 중립적으로 바꿀 것이라는 시사로 받아들였다.

경제정책에서 중요한 것은 명분이 아니라 경제 현실이다. 미국 경제는 2012년 현재, 여전히 매우 취약한 상태이며 고실업 상태가 지속되고 있다. 하지만 앞으로 통화 완화를 지속할지라도 그런 경제 상황이 나아질 것이라는 보장이 전혀 없다. 일부 경제 전문가는 미국 경제가 지난 1930년대 대공황 때와 마찬가지로 '유동성 함정'에 빠져 있기 때문에 통화정책이 전

허 먹혀들지 않고 있다고 지적한다. 만약 이런 판단이 맞는다면 버냉키 의장이 QE2 종료 이후에도 통화 완화를 지속하는 것은 인플레이션의 위험만을 자극할 뿐 경제적으로 아무런 실익이 없는 일이 될 것이다.

'유동성 함정'이란 중앙은행이 이자율을 내리거나 통화량을 늘려 경기를 활성화시키려고 해도 가계와 기업이 소비지출과 투자를 늘리지 않고 현금을 쌓아놓으려고만 하기 때문에 통화정책이 전혀 먹혀들지 않는 상태를 의미한다. 지난 1930년대의 대공황이 그런 상황이었고, 1990년에 일본경제가 동일한 상황에 빠져들어 20년이 지난 현재까지 제로금리 속에서 심각한 경기 침체에 시달리고 있는 것도 같은 상황이다. 미국 경제가 다시 이런 유동성 함정에 빠져 있다는 징후는 미국이 재정 적자를 메우기 위해 2002~2007년 사이에 매 분기마다 700억 달러 상당의 재무부 증권(TB)을 발행해왔고, 또 2008년 글로벌 위기 이후 그 발행 잔액이 5.3조 달러에서 2011년 2분기에 9.4조 달러로 무려 4.1조 달러나 늘어났지만 TB 시세는 2002년 당시와 마찬가지로 여전히 높다는 점에서 읽을 수 있다. TB 시세가 높다는 것은 그 수요가 많다는 의미이며, 이것은 TB의 수익률이 그만큼 낮아진다는 것, 따라서 금리 부담이 낮다는 것을 의미한다.

이런 현상은 경제학의 제1원칙인 '수요공급의 법칙'에 어긋난다. 왜 이런 일이 벌어지고 있는가? 그 이유는 미국 TB에 어떤 '특출한' 매력이 있기 때문이 아니라 유로존의 위기에 따른 반사효과로서 엉뚱하게 미국 TB의 수요가 늘어났기 때문이다. 글로벌 투자자는 미국의 심각한 재정 적자 문제와 취약한 경기회복세 그리고 유럽의 재정 위기 확산 조짐으로 인해 마땅히 돈을 굴릴 대상을 찾을 수가 없기 때문에, 비록 그 수익률이 기록적으로 낮은 수준이긴 하지만, 최소한 부도를 맞을 위험은 없는 안전 자산인 미국 TB에 돈을 쏟아 붓고 있는 것이다. 중국이 무역 흑자로 들어오는 달러 더미의 상당 부분을 계속 미국 TB에 묻어두는 것도 마찬가지 이유에서 비롯된 현상이다.

　버냉키 의장의 정책 수정 여부와는 별개로 ECB의 장 클로드 트리셰 총재(2011년 10월 31일. 퇴임. 차기로 마리오 드라기 총재 취임)는 '경기 팽창적 긴축정책(expansionary austerity)'이라는 명분을 내세워 기존의 통화 긴축정책을 지속하고 있다. 말뜻으로 본다면 '경기 팽창적'이라는 말과 '긴축정책'은 한 묶음으로 사용할 수 없는 정반대의 개념이다. 그런데 트리셰 총재와 ECB 이코노미스트는 어떻게 그 둘을 함께 연결해서 사용할 수 있는가? 그 이유는 경제정책에 관한 기대 효과와 연관되어 있다. ECB의 야코포 시마도모(Jacopo Cimadomo) 등 3인 이코노미스트는 보고서에서 "경기 부양책이 일시적일 경우에는 공공 부채가 1년쯤 늘어나다가 이후에는 줄어들고, 인플레이션 기대가 꺾이면서 산출량과 소비 및 투자에 긍정적 효과를 미치지만(선순환 시나리오), 반면에 경기 부양책이 끝없이 지속되면 인플레이션 기대 심리가 높아져 경기 위축적 효과를 나타낸다(악순환 시나리오)"고 밝혔다. 2011년 〈월 스트리트 저널〉과의 인터뷰에서 트리셰 총재는 "우리의 경우에는 재정적 건전성이 시장의 신뢰성을 높이며, 따라서 성장 촉진적 전략의 일부라고 강력히 믿는다"고 했다.

6장

글로벌 경제와
정치의 괴리

미국에 흔히 따라붙던 '유일 초강대국'이라는 말이 슬그머니 사라져버렸다. 베를린장벽 붕괴 이후 등장했던 미국의 절대적 글로벌 위상이 대공황이후 최악의 경제 위기 속에서 중국의 도전을 받아 속절없이 꺾여버린 것이다. 이제 글로벌 경제 무대는 미중 양국 주도의 구조로 움직이고 있다. 그러나 경제적 무게 이동은 금방 글로벌 경제 질서의 변화로 수렴되지 않는다. 글로벌 경제 상황과 정치의식의 괴리는 경지 안정에 가장 바람직하지 않은 상태인 심각한 글로벌 불확실성, 즉 혼돈(混沌)을 촉발하게 된다. 그렇지만 정치는 끝까지 현실을 외면하다가 더 이상 어쩔 수 없게 되어야만 마지못해 변화를 받아들일 뿐이라는 것이 역사의 증언이다.

2010년 중국은 일본을 제치고 미국 다음으로 세계 2위 경제 대국으로 올라섰다. 2013년에는 BRICs(브라질·러시아·인도·중국)의 GDP가 미국 GDP를 추월하게 될 것으로 골드만 삭스 분석가는 예측한다. 또한 오는 2015년에는 중국이 무역량 기준으로 미국을 제치고 세계 1위 무역 대국으로 올라설 것으로 시티그룹 분석 팀은 전망한다. 동시에 중국을 비롯한 아시아 신흥 경제국은 서유럽을 추월하여 세계 최대의 교역 지역으로 떠오르고, 신흥국 사이의 무역량 역시 선진국 간의 무역량을 앞지를 것으로 전망되었다. 그런데도 이런 글로벌 경제력 지도(地圖)의 변화는 미국 주도의 글로벌 경제 지배 체제에 전혀 반영되지 않고 있다. 2011년 여름 IMF의 스트로스 칸 총재가 성 추문으로 물러난 후 그의 후임으로 프랑스 재무장관이던 크리스틴 라가르드를 선임하는 과정이 마치 선진국만의 잔치처럼 치러진 것이 그 증거다.

글로벌 경제 상황과 그 지배 구조의 괴리는 미국의 해묵은 달러 발권력(seigniorage) 횡포에서 가장 극적으로 드러난다. 1971년 미국은 달러화의 금 태환 중지와 평가절하(닉슨 쇼크)를 단행한 이후 지속적인 재정 적자와 부채 누적을 통해 글로벌 통화 불안과 인플레이션을 일으키는 진원지 역할을 해왔지만, 달러화의 발권력 덕분에 글로벌 채권시장에서 여전히 '트리플 에이(AAA)'의 최고 신용 등급과 국제적 안전 통화(safe haven)의 지위를 지킬 수 있었다. 2011년 6월, IMF가 미국 정치권에 대해 재정 적자의 감축을 정면으로 요구하고, 이에 앞서 4월에는 세계 3대 신용 평가 기관의 하나인 스탠더드 앤드 푸어스(S&P)가 미국 국채의 신용 등급 강등 가능성을 제기했고, 또 8월 4일 실제로 일부 미국 국채의 신용 등급을 한 단계 강등(AAA에서 AA+로)하면서 월가는 다우 존스 산업 평균 지수(다우지수)가 무려 634.76포인트, 5.55퍼센트나 폭락하는 '검은 월요일'의 충격에 휩싸였다. 그러나 이 파동은 곧 가라앉았고 미국 달러화와 국채는 글로벌 안전 자산으로서 그 위상이 전혀 흔들리지 않았다.

미국의 달러화 발권력 횡포에 대한 한층 의미 있는 반발은 브라질에서 나왔다. 2010년 10월, G20 서울 정상회담에 앞서 브라질의 귀도 만테가 재무장관은 "국제통화 전쟁이 벌어지고 있다. 서울 회의에서 이 문제를 핵심 의제로 제기할 것이며, IMF를 통해 어떤 나라가 인위적으로 자국 통화의 가치를 저평가하고 있는지 가려낼 수 있는 기준으로 환율 조작 지수의 창설을 제안할 것이다"고 밝혔다. 그의 발언은 당시 다수 국가가 경기 부양의 수단으로 수출을 늘리기 위해 경쟁적으로 환율을 올리는 상황에서 나왔으며, 영국 〈BBC〉는 일본·한국·타이완이 특히 두드러졌다고 지적했다. 그러나 만테가 장관은 주로 "선진국이 환율을 올리려고 한다"고 불만을 토로하면서, 미국 연준(FRB)이 이른바 양적 통화 완화(QE)라는 비상조치를 통해 두 차례나 달러화를 대량 방출하여 브라질을 비롯한 개발도상국 통화의 평가절상을 유발하고 있다고 비난했다.

유로 통화권(유로존)의 부채 위기는 글로벌 경제와 정치의 모순을 보여주는 또 하나의 사례다. 2010년 5월 EU와 IMF의 1차 구제금융 지원이 결정된 이후 수그러들기는커녕 계속 악화 일로에 있는 그리스 사태는 단순히 한 나라의 재정 파탄에 관한 문제가 아니라 글로벌 경제 시대에 있어서 경제 및 통화 공동체와 개별 주권국가 간의 근본적인 갈등 관계에 관한 문제다.

그리스 사태의 발단은 미국의 연방 체제를 본떠 '유럽 합중국'을 지향하는 EU의 공동통화로서 유로화를 미국 달러에 버금가는 글로벌 준비 통화로 격상시키려는 유로존의 정치적 과욕에서 비롯되었다. 1999년 1월 1일 그리스는 유로존의 창립 멤버로 가입하고자 했지만 재정 건전성 조건을 맞추지 못해 실패했다. 그러나 불과 1년 후인 2000년 1월 1일 기존의 그리스 통화인 드라크마 대신에 유로화를 공식 통화로 사용할 수 있게 됨으로써 그리스는 채권시장에서 무려 18퍼센트에 달하던 이자율을 단번에 5퍼센트 수준으로 떨어뜨릴 수 있는 횡재를 얻게 되었다. 이에 관해 경제 분석가는 당시 그리스의 재정 상황이 불과 1년 만에 유로존 가입 조건을 충족시키는 것은 전혀 불가능한 일이었다고 지적한다.

그러면 그리스의 유로존 가입은 어떻게 실현되었는가? 그것은 '민주주의의 요람'으로 간주되는 그리스를 끌어들임으로써 유로존의 성가(聲價)를 한 단계 높이려는 EU 지도자의 정치적 계산과 글로벌 채권시장에서 그리스가 누릴 수 있는 수익률 급락(채권 시세 급등)이라는 경제적 계산이 맞아떨어진 결과다. 다시 말해 그리스의 재정 위기와 사실상의 디폴트 사태는 어울리지 않는 두 남녀 간의 정략적 결혼이 현실적 한계를 극복하지 못한 채 파탄에 이른 것에 비유할 수 있다. 모든 경제 전문가는 그리스 재정 위기의 해법으로 디폴트를 선언하고 채무 조정을 통해 부채를 줄이고 경제를 살려낸 후 장기적으로 나머지 빚을 갚아나가는 것이 유일한 길이라고 말한다. 그렇지만 그리스는 유로존의 두 기둥인 독일과 프랑스의 정치적 계산에 떠밀려 경제 회생의 희망이 전혀 없는 가운데 긴축 조치로 국민의 고통을 배가하면서 부채를 한층 늘려가는 억지 춘향 노릇을 하고 있다.

이런 점에서 미국과 유럽의 부채 위기는 그 성격이 전혀 다른 것처럼 보이지만 실제로는 '산더미 부채, 취약한 경제, 날로 늘어나 개혁하기 어려운 복지 지출, 미래에 대한 불안감, 정치적 양극화와 정치력 실종'이라는 공통점을 지니고 있다고 〈파이낸셜 타임스〉의 대외 문제 수석 논평 위원인 기드온 래크먼(Gideon Rachman)은 지적한다. 그는 '미국과 유럽의 동반 침몰(America and Europe sinking together, 2011. 7. 4)'이라는 보기 드물게 자극적인 제목의 글에서 대서양을 사이에 두고 양측 논객은 서로의 정치·경제적 체제가 다르다고 여기면서 미국 측은 유럽의 복지 모델을, 유럽 측은 미국의 연방 제도와 신축적 노동시장을 부러워하지만 재정 위기와 부채 감축 문제를 다루는 양측의 빼닮은 자세는 그런 차이점을 완전히 무색케 한다고 개탄한다.

미국과 유럽 측의 이런 모습에 대해 중국 지도층과 학계 인사는 자주 '다른 나라의 문제에 관해 왈가왈부하기에 앞서 집안 문제부터 바로 잡으라'고 일침을 놓는다. 중국 전문가는 2012년에 중국의 최고 권력이 현재의 후진타오(胡錦濤) 국가주석에서 문화대혁명 시기의 혼란과 시련 속에 단련된 시진핑(習近平) 국가 부주석을 비롯한 다음 세대로 넘어가게 되면 중국의 그런 자존감은 한층 더 두드러지게 나타날 수 있다그 말한다. 2012년 미국 대선과 더불어 글로벌 경제의 불확실성을 한층 고조시키고 있는 불안 요인이다. 중국 문제에 관해 낙관적인 인사는 중국 최고지도층이 그 자리에 올라오기까지의 과정은 세계 어느 나라의 정치체제보다 엄격하기 때문에 후계자가 당장 전임자의 정책에서 크게 벗어나는 일은 없을 것이라고 말한다.

2011년 6월 23일 원자바오(溫家寶) 중국 총리는 〈월 스트리트 저널〉 기고에서 글로벌 위기 3년이 지났음에도 "세계경제가 숱한 불확실성에 휩싸여 있고, 경기회복세가 취약하고, 글로벌 성장이 불균등하고, 선진국의 실업률이 높고, 여러 국가에서 정부 부채 위기가 고조되고 있고, 인플레이션 압력이 높아지고 있다"고 지적하면서, 중국은 다른 나라와 "공동 책임감을 가지고" 계속 협력할 것이라고 다짐했다. 원 총리가 지적한 문제가 원만히 풀리고 글로벌 경제를 안정시키려면 그가 다짐한 중국의 책임 있는 행동이 필수적이다. 1978년의 개혁 개방 이후 중국은 덩샤오핑(鄧小平)의 도광양해(韜光養晦), 장쩌민(姜澤民)의 화평굴기(和平崛起) 지침에 따라 미국의 주도로 설정된 글로벌 경제 질서 속에서 경제성장에 몰두해왔다. 중국은 미국의 달러화 발권력에 기반을 둔 글로벌 경제 지배 체제하에서 수출 주도의 고속 성장을 통해 경제 대국으로 올라설 수 있게 되었다. 따라서 중국이 미국 달러화를 기축통화로 하는 글로벌 지배 체제를 너무 서둘러 바꾸려 하는 것은 또 하나의 정치적 과욕이 될 수 있다고 래크먼은 경계한다.

중국 체제 vs 미국 체제

21세기 첫 10년간 글로벌 정치 경제적 위상(位相)에서 극적인 반전(反轉)이 일어났다. 10년 전 닷컴 버블의 붕괴를 계기로 이른바 영미(英美) 자본주의가 기울어지고, 반면에 중국의 국가자본주의가 떠오르고 있다.

지난 1989년 베를린장벽 붕괴와 구소련 해체를 목격하면서 '역사의 종말(The End of History and the Last Man)'을 선언했던 프랜시스 후쿠야마(Francis Hukuyama)가 후진타오(胡錦濤) 중국 국가주석의 미국 방문(2011. 1. 18~22)을 계기로 미국 체제의 쇠퇴와 중국 체제의 부상을 선언하고 나섰다. 인류 역사의 진행을 이데올로기 간의 투쟁으로 파악하는 후쿠야마는 냉전의 종식으로 이 투쟁이 사실상 자유민주주의의 승리로 종결되었다고 주장했다. 그러나 후 주석의 방미를 보면서 그는 냉전 이후 아주 짧은 기간에 미국은 이라크와 아프가니스탄 전쟁 등으로 그 자체의 '도덕적 자본'을 탕진해버린 반면, 중국은 글로벌 위기를 이겨내면서 중국 체제의 타당성을 인정받는 것으로 미국적 자유주의가 결코 만능이 아니라는 것을 보여주었다고 언급했다.

〈파이낸셜 타임스〉의 기드온 래크먼(국제 문제 수석 논평 위원)은 2008년 글로벌 경제 위기를 계기로 미중 양국 관계가 근본적으로 뒤바뀌었다고 말한다. 위기 이전에는 대다수 미국인이 중국의 부상을 느긋하게 바라보았고, 중국이 결코 미국의 세계 유일 초강대국 지위에 도전하리라고 생각하지 않았다. 그러나 위기 이후 많은 미국인이 중국을 전략적 라이벌로 간주하기 시작했고, 중국 역시 대외 정책에서 두드러지게 공세적인 자세를 취하면서 양국 관계의 긴장은 계속 높아져왔다.

미중 양국 간에는 위안화 환율과 지적재산권 보호, 북한 핵, 인권 등 숱한 난제가 깔려 있다. 그러나 양국 관계를 긴장으로 몰고 가는 가장 중요한 문제는 미국의 '아시아 회귀(回歸)'라고 〈파이낸셜 타임스〉의 필립 스티븐스(Phillip Stephens) 정치 문제 수석 논평 위원은 지적한다. 2011년 11월 오바마 미국 대통령은 호놀룰루에서 열린 APEC(아시아-태평양 경제협력 포럼) 정상회의에서 "미국은 태평양 국가이며, 우리는 여기에 머무를 것이다"라면서 중국의 항공모함 진수 등 세력 확장에 대한 미국의 견제 의도를 분명히 했다. 이에 앞서 2010년 힐러리 클린턴 국무장관은 중국이 스스로의 앞마당으로 간주하고 있는 남중국해(South China Sea)를 "미국의 이익에 필수적"이라고 선언했다. 그리고 곧이어 국제정치 외교 전문지인 〈포린 팔러시(Foreign Policy)〉 기고에서 '미국의 태평양 세기(America's Pacific Century)'를 선언하면서 "우리는 개방적이고 자유롭고 투명하며 공정한 규칙에 기반을 둔 질서를 창출해야만 한다"고 주장했다.

프린스턴 대학의 아론 프리드버그(Aaron Friedberg) 교수는 한층 더 비관적이다. 지난 2003~05년간 미국 부통령실 안보 담당 부보좌관 겸 정책 기획실장으로 일한 그는 2008년 글로벌 위기를 계기로 중국 내에서 경제적 자신감과 '호전적 민족주의'가 한껏 고조되어 있고, 이 때문에 대미 협력이나 타협은 쉽사리 굴욕으로 간주될 수 있는 분위기라고 지적함과 동시에 후 주석의 방미가 양국 관계의 '새로운 협력과 안정의 막간(幕間)'이 되기보다는 '상대적으로 원만했던 양국 관계의 종언'으로 기록될 것이라고 전망했다.

미중 관계가 정말 이런 방향으로 흘러간다면 서계는 미소 냉전과 유사한 대결 상황에 다시 직면할 수 있다. 미국의 정치 상황이 중국과의 협력보다는 스티븐스가 우려하는 '중국 때리기' 쪽으로 기울어질 것이라는 점도 이러한 우려를 높이고 있다. 이는 특히 2010년 중간 선거에서 날개가 꺾인 오바마 대통령과 민주당이 하원을 장악한 공화당 측과 미국 경제의 최대 난제인 장기적인 재정 적자 감축 계획을 둘러싸고 공방을 벌이면서 2012년 대선 전략으로 미국의 고실업과 부채 누적을 중국의 탓으로 돌리며 중국 성토에 한층 열을 올릴 것이 분명하기 때문이다.

미중 관계를 낙관하는 인사는 후 주석의 방미를 "소원(疏遠)해진 부부의 혼약(婚約) 재확인" 행사(오빌 쉘Oville Schell 미중관계센터 소장의 표현)로 파악한다. 비록 양국 관계가 긴장되어 있고 자주 삐걱대는 소리를 내지만, 그것은 지난 1972년 닉슨 방중 이후 40년간 이어져온 양국 관계의 새로운 발전을 위한 진통이라는 것이다.

미중 양국은 세계 1, 2위 경제 대국으로서 서로 간에 각기 상대방의 최대 소비 시장과 공급 기지의 관계에 있고, 또 세계 최대의 채무국과 채권국의 관계에 있다. 미국은 이제 경제적으로 대등한 의치로 올라서려는 중국에 대해 글로벌 안보와 번영에서 한층 '책임 있는 행태'를 보여줄 것을 요구한다. 반면에 중국은 자기의 덩치에 걸맞은 대접을 해달라고 미국에게 요구한다. 미중 관계의 진통이 과거의 미소 냉전처럼 갈등적 게임이 아닌 협력적 게임으로 귀결되기를 바랄 뿐이다.

중국, 경제 발전 지속될까

2011년 7월 초 베이징 주재 외국 특파원은 괴이한 일을 전해 듣고 그 원인을 밝히려고 잠시 부산을 떨었다. 그 괴이한 일이란 중국에서 가장 긴 강인 양쯔강(揚子江)이 어쩐 영문인지 컴퓨터에서 사라진 것이다. 양쯔강의 중국 명칭인 장지앙(長江)을 치면 컴퓨터 화면에 그냥 공란만 나왔기 때문이다. 중국의 다른 강을 검색해도 결과는 마찬가지였고, 호면에는 단지 "관련법과 규제 및 정책에 따라 이 검색 결과는 표시될 수 없습니다"라는 상투적인 문구만 뜰 뿐이었다.

왜 이런 일이 벌어졌는가? 왜 강 이름이 중국의 검색엔진에서 갑자기 사라졌는가. 당시 베이징에서는 중국 개혁 개방의 '아버지'로 추앙받는 덩샤오핑(鄧小平) 이후 가장 오랜 기간인 16년간이나 중국의 최고 지도자로 있었던 장쩌민(江澤民) 전 국가주석의 사망설이 나돌았다. 그러나 중국 당국은 그 일에 관해 부인도 긍정도 하지 않은 채 일체 함구하고 있었기 때문에 궁금증이 이만저만이 아니었다. 중국 관영 〈신화통신〉은 7월 7일, 장 전 주석의 사망설에 대해 "사실이 아니다"라고 공식 부인했다. 7월 1일, 중국 공산당 창당 90회 기념식장에 그의 모습이 보이지 않으면서 소문이 퍼지기 시작했으니 꼭 1주일 만에 나온 부인 보도이다.● 그러면 중국 당국은 왜 장 전 주석의 사망설에 관해 그동안 입을 다물고 있었는가? 그리고 장 전 주석의 사망설과 중국의 강 이름이 컴퓨터에서 한때 검색되지 않았던 사실 사이에는 어떤 연관성이 있는가?

● 장쩌민(江澤民) 전 중국 국가주석은 2011년 10월 9일 베이징 인민대회당 후난(湖南) 홀에서 열린 신해혁명 100주년 기념식에서 후진타오 현 주석의 뒤를 이어 중국 최고 지도부 중 두 번째로 입장하면서 다시 모습을 드러냈다. 2010년 4월, 상하이 엑스포 개막을 앞두고 리펑(李鵬) 주룽지(朱鎔基) 전 총리 등과 행사장을 둘러본 지 무려 1년 반 만에 공식 석상에 다시 모습을 보인 것이다.

강(江) 이름에 장쩌민 전 주석의 성(姓)에 해당하는 것과 동일한 문자(江)가 쓰였기 때문이다. 중국 검색엔진에서 강(江) 이름이 괴이하게 사라지고, 또 중국 고위층이 이용하는 베이징의 인민 해방군 '301 군병원' 이름마저 검색되지 않는 상황은 장 전 주석의 사망설의 진위와 상관없이 그런 의혹이 확산됨으로써 촉발될 수 있는 사회적 불안을 일체 허용하지 않겠다는 중국 당국의 '정보 결벽증'을 시사한다.●●

중국은 경제적으로 '사회주의 시장경제 체제'를 지향하고 있다. 경제 발전을 위해 서구식 시장경제를 받아들이되 그 바탕은 확실하게 사회주의에 둔다는 의미이다. 중

●● 301이라는 숫자가 들어있는 다른 검색어의 경우에도 마찬가지로 검색할 수 없었다. 그러나 아라비아숫자가 아닌 중국어로 301을 치면 검색이 가능했다고 한다.

국은 정치적으로 공산당 1당 지배 체제를 확고히 유지하면서 점진적으로 당내 민주주의를 확대하여 국민의 민주화 요구를 수용하는 '거북이 민주화'의 길을 따르고 있다. 결과적으로 경제는 토끼 걸음으로 앞서 달리지만 정치는 그 뒤에 한참 처져 거북이걸음으로 따라오고 있다.

그러나 모든 정보의 흐름을 국가가 통제하려는 중국 당국의 시도는 정

치적 과욕이자 언젠가 깨어질 수밖에 없는 허망한 일이다. 정보는 누르면 누를수록 더욱 기를 쓰고 틈새를 찾아 밖으로 튀어나오기 마련이며, 통제가 심하면 심할수록 그 폭발력도 더 커지기 때문이다. 중국은 개혁 개방 이후 불과 30여 년 만에 세계 2위의 경제 대국으로 발돋움했고, 13억 인구를 가난의 굴레에서 벗어나게 하는 데 성공했고, 이제 1인당 GDP 5000달러를 목전에 두고 있다. 이런 중국 사회가 언제까지 공산당 1당의 국가 강제력 지배 체제로 '경제와 정치의 괴리'를 억지로 지탱하면서 중국 인민에게 글로벌 사회의 보편적 정치 질서인 민주주의를 그냥 바라보고만 있게 할 수 있을까 하는 의문이 든다.

2012년 10월 중국 공산당은 제18차 당대회에서 후진타오 주석의 뒤를 이을 것이라는 시진핑(習近平)과 원자바오 총리의 후임으로 유력시되는 리커창(李克强) 등 제5세대 지도층으로 최고 권력을 이양할 계획이다.●●● 중국의 최고 권력층 변화는 표면적으로는 아주 평화적으로 이루어지고 있다. 그러나 내면적으로는 결코 그렇지 않다. 1921년, 상하이 프랑스 조계지의 한 허름한 건물에서 불과 50명의

●●● 중국 공산당 최고 지도부는 마오쩌둥 시대를 1세대, 덩샤오핑 시대를 2세대, 장쩌민 시대를 3세대, 그리고 현재 후진타오의 시대를 4세대로 구분하며 2012년 시진핑을 중심으로 한 5세대 지도부를 출범시킬 예정이다.

당원으로 시작해 오늘날 8000만 명의 당원을 거느린 세계 최대의 집권 정당으로 부상하기까지 중국 공산당은 내부적으로 치열하기 그지없는 사상 논쟁과 수천만 명의 목숨을 희생시키는 극한적 권력투쟁을 거치며 오늘에 이르렀다. 이 과정에서 중국 공산당은 살아남기 위해 '국공합작(國共合作)'을 단행했고, 대약진운동과 문화대혁명으로 인해 철저하게 파괴된 국가 경제를 되살리기 위해 덩샤오핑이 '흑묘백묘(黑猫白猫)'의 지혜를 발휘해 자본

주의 시장경제를 받아들였다.● 그리고 1992
년 14차 당대회에서는 '사회주의 시장경제
체제의 건립'을 공식적인 개혁의 목표로 천
명하고, 2002년 16차 당대회에서는 2000여
명의 각계 대표와 함께 기업가 대표 아홉 명
을 처음으로 참석시킴으로써 노동자 · 농민
의 당에서 탈피해 국민정당을 지향하는 새
로운 변화의 장정(長征)에 발을 내디뎠다.

● '흑묘백묘'라는 말은 '검은 고양이든 흰
고양이든 쥐만 잘 잡으면 된다'는 뜻으로
공산주의 이론에 집착하지 말고 어찌됐든
인민을 잘살게 해야 한다는 경제정책의 방향을
제시하기 위해 비유한 말이다. 〈BBC〉에서
제작한 다큐멘터리에 따르면 정작 덩샤오핑이
실제로 했던 말은 "검은 고양이든 얼룩
고양이든"이었다고 그의 최측근이었던
총참비서(비서실장)는 증언했다.

　중국인은 사상의 경직성이 얼마나 무서운 것인지 너무나 뼈저리게 경험
했다. 지난 1958년 마오쩌둥(毛澤東)에 의하여 제기된 '사회주의 건설의 총
노선'에 의거, 경제의 대약진과 인민공사(人民公社)를 설립하는 전국적인 대
중운동으로 인해 농업 생산량을 대풍작이었던 1958년의 2억 2500만 톤에
서 1960년의 1억 8000만 톤으로 격감시키는 결과를 낳았다. 밥 짓는 솥까
지 몰수해서 토법(土法, 재래식 방법)으로 수만 개의 제철소를 만들어 생산한
철은 산성 성분이 많아 전혀 쓸모없게 되면서 식량 부족으로 수천만 명이
굶어 죽는 엄청난 희생을 치른 채 완전한 실패로 끝나자 마침내 마오쩌둥
도 일시적으로 뒤로 물러났다. 그러나 류사오치(劉少奇)와 덩샤오핑이 권력
의 실세로 떠오르면서 민생 경제를 회복하기 위해 일부 자본주의적 요소
를 채택한 정책이 실효를 거두면서 권력의 위기를 느낀 마오쩌둥은 부르
주아 세력의 타파와 자본주의 타도를 외치면서 청소년으로 구성된 홍위병
을 동원해 반대 세력을 숙청하고 중국을 극좌적 사회로 되돌리는 '문화대
혁명'을 일으켜 중국 경제를 다시 20년 이상 후퇴시켰다.

　마오쩌둥 시대에 일어난 중국의 이런 정치적 맹목성과 경제적 참화는

1976년 그가 사망한 후, 덩샤오핑이 복권되고 이어 1978년 최고 권력자가 되어 본격적인 개혁 개방에 착수함으로써 세계 2위 경제 대국으로서 중국의 부상을 실현할 수 있게 되었다. 그러나 이 과정은 결코 순탄하지 않았다. 중국 내부에서는 덩샤오핑의 개혁 개방 정책에 대해 '자본주의를 용인하고 부르주아지 경제로 나아가려는 시도'라고 비판하며 반발하는 세력이 만만치 않았다. 이런 가운데 1992년 봄 덩샤오핑은 남순강화(南巡講話)를 통해 공산당 내부의 사상 논쟁을 매듭짓고 사회주의 시장경제로 경제 발전 방향을 확고히 정립했다.●●

1989년 톈안먼 사건과 그 후폭풍으로 덩샤오핑이 은퇴한 후 중국 공산당 내에서는 경제개혁과 개방을 반대하는 세력이 강해지기 시작했다. 더 이상의 개방은 중국을 산산조각이 난 구소련 꼴로 만들고 결과적으로 공산당이 무너지게 될 것이기 때문에 한층 강력하게 통제하던 과거의 공산당 시절로 돌아가야 한다는 것이었다. 이에 덩샤오핑은 88세의 노구를 이끌고 선전(深圳)과 상하이 등 경제특구를 순회하는 남순강화를 통해 중국은 더욱 개방하고 경제 발전을 서둘러야 한다고 역설했고, 이런 개방정책을 열렬히 환영하

●● 1991년 2월 15일 상하이 〈해방일보〉는 중국의 개혁 개방에 관한 논쟁에 불을 붙이는 다음과 같은 글을 실었다. "관건은 사상해방이다. 일부 동지는 계획경제를 사회주의와 동일시하고, 시장경제를 자본주의와 동일시하면서 시장 조절의 배후에는 자본주의의 유령이 있다고 여기고 있다. 개혁의 심화, 개방의 확대라는 새로운 정세하에서 우리는 '새로운 사상의 경직화'를 방지해야 한다." 이 글에서 '새로운 사상의 경직화'는 대약진운동과 문화대혁명의 과오를 함축하고 있는 표현이다. 이 사상 논쟁에 대한 덩샤오핑의 대답이 바로 남순강화였다. "계획이 좀 더 많거나 시장이 좀 더 많다고 하는 것이 사회주의와 자본주의에 대한 본질적인 구분은 아니다. '자(資)'씨 성인지(자본주의인지) 혹은 '사(社)'씨 성인지(사회주의인지)에 대한 판단의 기준은 사회주의국가의 종합 국력 증진과 인민 생활수준의 제고에 유리한지에 있는 것이다〈내일신문〉 2011. 7. 4)." 1992년 당시 덩샤오핑은 모든 공직에서 물러난 공산당 일반 당원이었고, 이를 핑계로 중앙당의 보수파는 그의 남방 시찰에 대해 중앙 언론이 보도하지 못하도록 했다. 하지만 덩은 개혁 개방의 성과를 맛보고 있던 연안 지역 언론과 관료를 활용하면서 자신의 영향력을 과시하였고, 3월 그의 전용 열차가 마지막 시찰지 상하이 역에 도착했을 때는 장쩌민을 위시한 중앙당 정치국원 전원과 군사령관이 도열해서 그를 영접했다.

던 중국인의 여론을 타고서 베이징의 개혁 반대 세력을 압박해 공산당 내의 '개방 반대' 대 '개방 찬성'의 대결에 마침표를 찍었다. 1997년 2월 19일, 덩샤오핑이 사망하자 그의 유언에 따라 중국 공산당 지도층은 그를 화장해 홍콩 앞바다에 비행기로 뿌렸고(죽기 전에 홍콩 땅을 밟는 게 소원이었기 때문이다), 또 섣불리 나서지 말고 인내하며 힘을 키우라는 유언(韜光養晦)을 지켜 미국과의 충돌을 삼가며 경제 발전에 몰두했다.

중국 체제와
민주화 요구

중국은 정치적인 측면에서 1당 지배 체제와 경제적인 측면에서 시장경제라는 두 가지 이질적인 체제의 불안정한 결합을 언제까지 온전하게 유지해나갈 수 있을까? 과연 중국 지도층은 이런 모순된 체제를 가지고 한족과 55개 소수민족의 결합인 다민족국가 중국을 언제까지 안전하게 통치할 수 있을까? 이 질문에는 두 가지 대답을 할 수 있다. 덩샤오핑 이후 지금까지 중국 지도층의 행적은 그들이 경제적 발전과 정치적 안정을 동시에 유지해가는 지극히 현실적인 지도력을 갖추고 있다는 것을 확인해준다. 덩샤오핑은 1979년 개혁 개방을 공표한 이후 첫 10년간은 개방을 뒤로 미룬 채 비효율적인 집체 토지제도나 인민공사를 정리해 농민의 개인 경작과 생산물의 사유를 점진적으로 인정하고 도시 기업과 공장도 정리하는 개혁 작업에 치중했다. 이 시기에 외국자본의 중국에 대한 투자나 접근은 상당히 제한적으로 허용되었다. 이것은 개혁 개방 초기부터 '정치적 안정 없이는 경제적 발전이 불가능하다'는 것을 중국 지도층이 확실히 인식하고 있었다는 점을 말해준다. 그들은 구소련과 동구권의 사례에서 자신의 정책이 옳았음을 다시 확인했다.

그렇다면 중국 지도층은 언제까지 경제적 발전과 정치적 자유를 별개로 취급하는 이원적 전략을 통해 중국 사회를 외부의 자유화 물결로부터 안전하게 지켜낼 수 있을까? 지금 중국 사회는 티베트를 비롯한 소수민족의 독립과 자치 요구와 함께 경제 발전에 따른 물가 상승과 빈부격차 확대, 내륙과 해안의 발전 격차, 농민의 집단 반발, 사회 인프라 확충 등 숱한 문제에 부닥쳐 있다. 즉 이제부터 중국의 미래에 대한 최대의 위협은 외부 세계가 아니라 바로 중국 내부에서 터져나오는 진통과 갈등이며, 이에 대해 중국 지도층이 얼마나 효율적으로 대응하느냐에 중국의 미래가 달려 있다는 말이다. "중국의 최대의 적은 바로 중국 자신이다"라고 많은 중국 전문가는 말한다.

중국 경제 모델의
우수성

중국 경제의 장기적 전망은 중국의 정치 및 사회적 안정과 불가분의 관계를 맺고 있다. 중국의 경제성장이 둔화되면 중국의 정치 및 사회적 안정이 위태로워지고, 또 정치 및 사회적 안정이 흔들리면 중국의 장기적 경제성장이 위태롭게 될 것이다. 그러나 이런 문제를 떠나 지금까지 중국 경제의 급성장을 이끌어온 중국의 경제 시스템(중국 모델)은 서방의 시장경제 시스템에 비해 월등히 우수하며, 서방국가는 그 장점을 배워야 한다고 미국 '서비스업종사자국제연맹(Service Employees International Union, SEIU)' 회장이며 콜롬비아 대학 '리치먼센터(Richman Center)' 선임연구위원인 앤디 스턴(Andy Stern)은 말한다. 그는 '중국의 우수한 경제모델'이라는 〈월 스트리트 저널〉 기고(2011. 12. 1)에서 다음과 같은 주장을 폈다.

인텔(Intel)의 창업자이자 이사회 회장 앤디 그로브(Andy Grove)는 2010년 주간 경제지 〈비즈니스 위크〉에서 "모든 경제체제 가운데서 자유시장 체제가 가장 우수하며, 따라서 자유로우면 자유로울수록 더 낫다는 우리의 기본적인 경제적 신념은 우리가 관찰을 통해 가지게 된 한 가지 특정한 확신을 전혀 의심할 여지가 없는 진리로 격상시킨 것일 뿐이다. 우리 세대는 계획경제에 대한 자유시장 원칙의 결정적 승리를 목격했다. 그래서 우리는 자유시장이 계획경제를 패배시켰지만 그것을 좀 더 개선해야 할 여지가 있다는 증거를 거의 의식하지 못한 채 여전히 그 신념을 고수하고 있다"는 도발적인 주장을 제기했다.

최근 몇 주간의 사태는 그로브의 주장을 뒷받침해주었다. (중략) 미중교류재단(China-United States Exchange Founda tion)과 미국발전센터(Center for American Progress) 주최로 열린 미중 대화(U.S.-China Dialogue)에서 공개된 중국의 12차 5개년 계획에서 받은 감동에 비할 바가 되지 못했다. 중국 정부는 사회적 평등과 농촌개발을 지속하는 동시에 연간 7퍼센트의 경제성장과 재생 가능 에너지 분야에 대한 6400억 달러의 투자, 600만 동의 주택 건설, 차세대 IT 산업과 청정 에너지 자동차, 바이오 기술, 첨단 제조업 및 환경보호 산업의 확장을 추진할 것임을 밝혔다.

일부 미국인은 이로부터 교훈을 얻고 있다. 2011년 10월 〈런민일보〉는 미중 관계 센터(Center on U.S.-China Relations)의 오빌 셸(Orville Schell) 소장이 아시아 소사이어티(Asia Society) 모임에서 "나는 미국이 결여하고 있는 점이 바로 계획 능력(ability to plan)이라는 점을 깨닫게 되었다"고 말했다고 보도했다. 〈런민일보〉는 또한 2003년 노벨 경제학상 수상자인 로버트 엥글(Robert Engle)이 "중국은 다음 세대를 위해 5개년 계획을 세우고 있지만 미국인은 단지 다음 선거를 위해 계획하고 있을 뿐이다'라고 언급했다고 전했다.

세계는 앤디 그로브와 스티브 잡스, 빌 게이츠에 의한 기술적 기적을 통해 '평평해'졌다. 이것은 모든 나라를 지금 명백히 제3의 경제 혁명이라고 할 수 있는 대변혁에 직면하게 만들었다. 첫 번째 농업혁명은 3000년간에 걸친 변화였고, 두 번째 산업혁명은 300년간 지속되었다. 그리고 기술 주도의 3차 글로벌 경제 혁명은 30년밖에 걸리지 않을 것이다. 지금까지 어느 세대도 불과 한 세대에 이처럼 큰 변혁을 목격한 적이 없다. 덩샤오핑(鄧小平)의 정부 주도 성장 지향적 개혁과 함께 중국 위안화와 무역 불균형, 미국의 부차와 중국의 과도한 미국 지적재산권 침해에 관한 논란은 지구상에서 두 번째로 큰 경제 대국을 탄생시켰다. 지금 그 중국은 오는 2025년에는 미국을 제치고 세계 제1의 경제 대국으로 올라설 수 있는 분명한 궤도를 달리고 있다.[36]

중국 경제의 고도성장과 관련하여 경제 전문가 사이에서는 그것이 중앙 집권적 계획경제에서 비록 완전하지는 않지만 분권적 시장경제로의 전환 때문인가, 중앙집권적 계획경제의 특장(特長) 때문인가에 관해 논란이 있다. 그리고 중국 경제가 앞으로도 과거와 같은 고드성장을 계속할 것인지 아니면 모든 선진국이 그러했던 것처럼 경제개발 초기인 지금은 높은 성장률을 지속하고 있지만 경제가 성숙 단계가 되면 성장률이 둔화될 것인지에 관해서도 논란이 있다. 이 질문에 대한 해답은 서양 경제사 혹은 한국 경제사가 일부 제공하고 있다. 그러나 미국 패권 시대(Pax Americana)에 이어 중국 패권 시대(Pax Sinica)가 된다면 중국 경제는 그런 역사적 사례와 '다를 수 있다'는 주장도 만만치 않다. 물론 중국 패권 시대가 오기 전에 중국 공산당 독재가 먼저 무너지면 중국 경제의 발전은 그 단계에서 끝날 것이다.

신흥 경제국, 글로벌 구원투수가 될 수 있을까?

'글로벌 대침체(Great Recession)' 이후 만 4년이 지난 2012년 현재 세계경제에는 별로 밝은 구석이 없다. 다만 중국을 비롯한 신흥 경제국이 대침체로부터 신속히 벗어난 후 지금까지 높은 성장을 이어가고 있고, 그래서 서방 선진국의 장기 저속 성장 상황을 신흥국의 고속 성장으로 어느 정도 상쇄할 수 있을 것이라는 기대가 높아지고 있다. 〈파이낸셜 타임스〉의 마틴 울프 경제 담당 수석 논평 위원은 중국의 1인당 실질 산출량이 미국의 5분의 1, 인도는 10분의 1에 불과하다고 지적하며 이들 두 나라를 포함한 비(非)선진권의 무한한 성장 잠재력이 미국과 유럽의 경제적 쇠퇴를 보완해줄 수 있다는 점이 세계경제의 밝은 측면이라고 지적한다.

　미국 시티그룹 분석 팀의 예측은 충분히 그런 기대를 갖게 한다. 오는 2050년까지 세계적으로 가장 빠른 성장을 하는 지역은 아시아와 아프리카가 될 것이며, 이 지역의 국가가 고속 성장을 함에 따라 세계경제는 2030년까지 연평균 4.6퍼센트, 2030~50년까지의 기간에는 3.8퍼센트 성장할 것으로 전망했다. 특히 이 보고서는 방글라데시·중국·이집트·인도·

인도네시아 · 이라크 · 몽고 · 나이지리아 · 필리핀 · 스리랑카 · 베트남을 세계경제의 성장을 이끌 '3G'국가, 즉 '글로벌 성장 창출국(Global Growth Generators)'으로 명명했다. ●

만약 이러한 전망이 적중하게 되면 신흥국과 개도국은 지금 수요 부족으로 인해 저성장과 디플레이션의 늪에 빠져들고 있는 선진국 경제에 대해 충분히 구원투수의 역할을 할 수 있을 것이다. 그리고 이 결과는 세계화로 인해 국가 간 및 개별 국가 내부적으로 악화 일르를 치달아온 빈부격차가 최소한 서방 선진국과 이른바 '3G' 국가 사이에서는 극적으로 개선될 수 있을 것이라는 밝은 전망을 기대할 수 있게 해준다. 그러나 불행하게도 이러한 전망은 "최근 수년간의 성장 실적을 단순히 확대 추정(extrapolation)한 데 불과하고, 이들 국가가 지니고 있는 심각한 구조적 장애를 간과하고 있다"고 하버드 대학 행정대학원(Kennedy School of Government)의 대니 로드릭(Dani Rodrik) 교수는 지적한다.

중국을 비롯한 신흥 경제국과 나이지리아를 비롯한 '3G' 국가의 고속 성장과 미래의 성장 잠재력은 감명적이다. 이들은 후발 추격국(catching-up economy)의 일반적 조건과 함께 거시 경제적 안정성과 글로벌 경제에 대한 개방성, 그리고 아프리카에서 내전의 종식과 민주주의의 확산 등에 따른 정치 지배 체제의 개선에서 상당한 진전을 보이고 있다는 점에서 과거와는 달리 이번에는 어

● 시티그룹 보고서(Global Economics View, Citigroup Global Markets 2011. 2. 21)는 구매력 평가 기준(PPP)으로 2010년에 72조 달러인 세계 GDP가 2030년에는 180조 달러, 2050년에는 380조 달러로 증가할 것으로 전망했다. 그리고 2012년부터 2030년까지의 기간에 3G 국가 가운데 나이지리아와 인도는 연간 9퍼센트 이상 성장하고, 방글라데시와 인도네시아 및 이집트는 연간 7퍼센트 이상 성장하고, 2020년에 중국이 미국을 추월하면서 세계 최대의 경제국이 될 것이며, 2050년에는 인도가 중국을 추월하게 될 것으로 전망했다. 또한 워싱턴 소재 '피터슨국제경제연구소'의 아빈드 수브라마니안(ArvindSubramanian) 선임 연구위원은 보고서에서 같은 기간에 신흥국과 개발도상국의 총산출량이 연간 5.6퍼센트 증대될 것으로 전망했다.

느 정도 지속적인 성장을 기대할 수 있다고 낙관론자는 말한다(다음 절 '지속적 성장의 요건' 참조). 그러나 이들 국가에서 일어나고 있는 구조적 변화는 시장의 압력을 수용하는 자연스러운 과정에서 얻어진 '안정적, 지속적'인 성과이기보다는 공공투자와 특혜 대출, 국산화(domestic content) 요건과 통화평가절하와 같은 정부개입에 따른 '불안정, 불확실한' 효과라는 점에서 이들 국가에 관한 시티그룹의 장기 전망에는 무수한 가변성이 내포되어 있다. 특히 2008년 글로벌 대침체 이후 서방 선진국이 장기적인 저성장 고실업 상태에 직면하면서, 그 이전까지 신흥국과 개발도상국의 정부 보조나 통화평가절하에 대해 취해 오던 '선의의 무관심(benign neglect)'이 앞으로는 보복관세나 금융 제재와 같은 한층 '공격적 압박' 형태로 바뀔 수 있다는 점도 경계해야 할 측면이다.

지속적 성장의 요건

세계에는 200여 나라가 있다. 그런데 왜, 이 나라 가운에 어떤 나라는 지속적으로 성장하고, 어떤 나라는 만년 저개발 상태에 머물러 있는가? 이에 관해 시티그룹 분석 팀은 지속적 성장을 하는 나라와 그렇지 못한 나라의 차이점이 결코 '비밀스러운' 것은 아니며, 또 이를 극복하는 방법은 '이미 잘 알려져 있는 사실이지만, 결코 실행하기가 쉽지 않은' 일이라고 지적한다. 시티그룹 보고서가 제시하는 두 단계의 지속적 성장 요건은 다음과 같다.

저개발국의 성장 요건
- 저개발 상태의 급속 성장 효과 : 노동생산성과 총요소 생산성이 극히 낮고, 노동자 1인당 자본 스톡 비율이 낮다.
- 높은 노동인구 비율 : 전체 인구의 평균 연령이 상대적으로 낮기 때문에 경제활동 인구의 비율이 높다.
- 노동자와 미래 세대, 남성과 여성 교육의 극대화
- 가장 우수하고 총명한 인재의 해외 유학 장려 : 그들은 귀국해야

할 명분과 유인(誘因)만 제공하면 언제든지 돌아와 경제발전에 기여하게 된다.

• 정치체제의 안정 : 최고 정치권력의 승계가 순조롭게 이루어질 수 있는 정치체제를 정착시키고 권력의 개인화를 방지한다.

• 시장경제의 구축 : 민간 부문의 물자와 서비스 제공에 대해 이윤 동기(profit motive)를 최대한 활용한다.

• 외자 유치 극대화 : 외국자본 속에 내포된 기술과 노하우 및 전문성의 도입은 단순한 주식 투자 자금의 유입과는 비교할 수 없는 절대적 중요성을 지니고 있다.

• 외국 기업과 기업가, 경영자 및 노동자의 초빙과 글로벌 아이디어 보고(寶庫)의 적극적 활용

• 국내시장의 확대나 세계무역에의 완전 개방을 통한 규모의 경제 실현 : 글로벌 수출 시장은 교역 가능 상품과 서비스의 생산에서 규모의 경제를 최대로 활용할 수 있게 해주며, 외국 수입품과의 경쟁과 외국인 직접투자는 교역 및 비교역 부문 모두에서 국내 생산자를 분발하도록 만드는 자극제가 된다.

• 한정된 공공 지출은 인프라, 보건, 유아 학교, 초 · 중등교육과 직업교육 및 빈곤 퇴치에 집중한다.

• 높은 국내 투자율을 실현하고, 국내 저축을 통해 국내 자본형성 재원을 확보한다. 외국저축이나 경상 적자를 통한 국내 자본형성 재원확보는 항상 위험을 수반한다.

• 자본시장은 서서히, 그리고 신중히 자유화함으로써 국내 은행 부문과 금융 체제가 금융 개방화에 따른 스트레스와 압박을 충분히 감

당할 수 있도록 한다.

1960~70년대에 한국 경제는 초기 개발 단계에서 이러한 요건을 지극히 효율적으로 극복해냈다. 그 성공은 결코 우연의 산물이 아니다. 정치적으로 군부독재와 사회경제적으로 고율의 인플레이션과 이중 환율, 그리고 갖가지 비리와 부패에도 배고픔을 벗어나 경제적으로 풍족한 삶을 일구어내고자 했던 한국인의 열화와 같은 경제성장 욕구가 그런 장애를 넘어 한국 경제의 성공적인 개발 단계 극복을 가능케 한 원동력이었다.

일정한 수준의 성장을 이룩해낸 나라가 그다음 단계로 발전하기 위한 요건은 한층 더 이행하기 어렵다. 그 이유는 다음과 같다.

개발 단계 이후의 성장 요건

• 이제부터는 제도와 정책의 질이 한층 더 중요해진다.

• 정부가 법의 제약을 받고 독립적인 사법부를 갖추어 법치주의를 정착시켜야 한다.

• 부패를 최소화하려면, 관료의 재량권을 축소하고(부패의 원천은 지대, 즉 이권이다), 정부의 투명성과 개방성을 극대화하고, 다양하고 비판적인 미디어와 시민 활동의 활성화를 통해 개방적인 사회(비리의 노출 위험을 극대화)를 고취해야 하며, 국내 금융시장의 발전과 국제금융과의 통합이 당사국의 감독 및 규제 능력을 벗어나 진행되지 않도록 경계한다.

• 국내 저축자에게 은행예금과 주거용 부동산 외에 다른 저축 수단을 마련해주도록 한다. 바로 이런 이유 때문에 해외 포트폴리오 투자의 조기 자유화를 고려할 수 있다.

- 경쟁을 고취한다. 노동시장과 상품 시장에서 인위적인 진입 및 출구 장애를 가능한 한 회피한다. 비자연적 독점을 방지한다.
- 투명하고 공정한 메커니즘을 통해 자연적 독점을 규제한다.

시티그룹 분석 팀은 현재 많은 나라의 정책 당국자가 이러한 지속적 성장 요건에 관해 충분히 인식하고 있고, 잘 따르고 있는 점이 세계경제의 미래 전망을 낙관할 수 있게 해준다고 말하고 다음과 같은 경계를 잊지 않는다.

성장은 결코 순탄한 길이 아니다. 거품 경기와 침체의 격심한 경기변동은 거의 모든 국가의 성장과 개발 과정에서 빠짐없이 나타나는 현상이었다. 오늘날 많은 빈곤국의 성장 전망은 인류 역사상 그 어느 때보다 희망적이다. 그리고 우리는 많은 나라가 급속히 성장하고 실질적으로 선발국을 추격할 수 있을 것으로 예상한다. 그러나 정책적 빈곤과 내부적 갈등 혹은 불운으로 인해 야기되는 '성장 파탄(growth disasters)'은 불행하게도 꼭 피해갈 수 있는 일이 아니다.

글로벌 경제 지도의 변화

국가별 경제력의 순위를 따지는 데에는 두 가지 방법이 있다. 한 가지는 한 나라의 전체 생산력을 나타내는 GDP의 크기를 비교하는 것이고, 다른 한 가지는 국민 1인당 GDP를 비교하는 것이다. 2010년, 중국은 GDP 규모에서 일본을 추월하여 미국에 이어 세계 2위 경제 대국으로 올라섰다. 그런데 2011년에는 브라질이 영국을 제치고 세계 6위 경제 대국이 된 것으로 영국의 경제기업연구센터(CEBR)는 추정한다. 아직 공식적인 GDP 추계는 나오지 않았지만 2010년 브라질의 성장률이 7퍼센트를 상회한 점을 고려할 때 2011년의 어느 시점에 영국이 브라질에 추월당했을 것이라고 CEBR은 밝힌다. 이 연구소의 더글러스 맥윌리엄스(Douglas McWilliams) 소장은 "브라질은 이미 오래 전부터 축구장에서 유럽 국가를 이겼다. 그러나 경제 분야에서도 이긴다는 것은 새로운 현상이다"고 말한다.

그렇다면 이른바 BRICs(브라질·러시아·인도·중국) 가운데 다른 나라는 어떤 상태인가? CEBR은 러시아와 인도가 세계 9위와 10위 경제국에서 바로 위에 있는 8위 이탈리아를 곧 추월하게 될 것으로 예측한다. 국제 원자재 붐을 타고 호황을 누리고 있는 러시아와는 달리 이탈리아는 유로존 재정위기의 다음 타깃으로 몰리면서 시장의 불안감을 잠재우기 위해 강력한 긴축 조치를 강요받고 있기 때문에 경제력 순위 경쟁에서 러시아의 좋은 먹잇감이 되고 있다. CEBR은 또한, 2020년에는 BRICs 4개국이 세계경제력 순위에서 2위(중국), 4위(러시아), 5위(인도), 6위(브라질)를 휩쓸면서 독일과 프랑스, 영국, 이탈리아 등 유럽 국가를 모두 뒤로 밀어내게 될 것으로 예측한다. 이는 가히 세계경제력 지도의 대변화다.

그러나 국민의 생활수준과 직결되어 있는 1인당 GDP에 있어서 BRICs 4개국의 순위는 유럽 국가와 비교할 수 없을 정도로 까맣게 뒤쳐져 있다. 세계은행의 자료에 따르면 브라질과 러시아는 50위권에 있고 중국은 84위, 인도는 123위다. BRICs 4개국의 경제 규모는 대단하지만 실제 국민의 생활수준은 아직 대단히 실망스러운 상태에 있다는 말이다. 그러나 이 점은 BRICs 4개국이 빠른 성장 속도를 계속 유지할 경우 이미 성숙 단계를 지나 노쇠화 단계에 들어서고 있는 선진국에 비해 엄청난 성장 잠재력을 지니고 있다는 것을 의미한다. 그리고 BRICs를 비롯한 후발국의 이러한 성장력은 부채 위기로 몸살을 앓고 있는 선진국 경제의 저성장 상태를 보완해주는 역할을 할 수 있을 것이다.

유로존
위기의
파노라마

7장

'방 안의 코끼리'로 키운 위기

어떤 위험의 정체가 무엇인지 잘 알고 있다면 그것은 큰 위협이 되지 않는다고 위험관리 전문가인 뉴욕 공학대학 나심 탈레브 교수는 말한다. 그런데 유로 통화권(유로존) 재정 위기는 전혀 그렇지가 않다. 지난 2009년 말, 그리스에서 시작된 이 문제가 시간이 갈수록 더욱 복잡하고 험악해져 이제는 세계경제를 다시 위기에 몰아넣을 수 있는 2012년 글로벌 경제의 최대의 위험 요인으로 꼽히고 있다. 유로존의 위기가 왜 이렇게 되었는지에 관해서는 긴 설명이 필요하지 않다. 그 이유는 유로존 지도자가 그 위기에 정면으로 대응하지 않고 계속 딴전을 피우는 '방 안의 코끼리(an elephant in the room)' 대하듯 행동해왔기 때문이다. 〈블룸버그〉 통신의 칼럼니스트 에즈라 클라인(Ezra Klein)은 유로존의 위기를 부채의 위기(debt crisis)이기 전에 체제의 위기(institution crisis)이며, 또 그 이전에 '성장의 위기(growth crisis)'라고 지적한다. 이것은 유로존 17개국이 애당초 재정 적자 문제를 처리할 수 있는 제도적 장치를 갖추고 있었다면 그리스의 재정 위기가 PIIGS(포르투갈 · 아일랜드 · 이탈리아 · 스페인)의 위기로 확대되지 않았을 것이고, 또 설령 그렇게 되었을지라도 그 나라가 부채를 감당해낼 수 있는 충분한 성장 잠재력을 갖고 있었다면(즉 지급불능 위기가 아닌 유동성 위기라면) 구제금융을 제공하는 것만으로 쉽게 위기를 가라앉힐 수 있었을 것이라는 말이다.

그러나 유로화를 공동통화로 사용하는 유로존 17개 회원국은 어느 한 회원국이 재정 위기에 직면했을 때 구제금융을 제공하며 시간을 끄는 것 외에 공동으로 그 문제에 대처할 수 있는 수단을 전혀 갖고 있지 않다. 그들은 유로화라는 돈을 함께 사용하고 있을 뿐 재정적으로는 전혀 별개의 주체로 남아 있기 때문이다. 그렇지만 동시에 유로화는 각국이 통화평가 절하와 같은 독자적 조치를 통해 경쟁력을 회복해 재정 적자를 극복할 수 있는 길을 가로막는 족쇄 역할을 하고 있다. 이는 유로존이라는 통화동맹의 '태생적 결함'이다. 그리스의 재정 위기가 터지자 유로존 지도자는 서둘러 유럽재정안정기금(EFSF)이라는 구제금융을 설치하고 위기 진화에 나섰다. 그러나 이 기금의 지원 조건으로 그리스에 대해 감당하기 어려운 긴축 조치를 강요함으로써 이미 4년 연속 그리스 경제를 심각한 경기 침체 속에 빠트리고 있다. 그리스가 돈을 벌어서(경제성장을 통해) 빚을 갚을 수 있는(재정 적자를 벗어날 수 있는) 길이 원천적으로 막혀버린 것이다.

미국의 대표적인 진보 경제학자인 폴 크루그먼 교수는 재정 적자와 과잉 부채로 인해 위기에 빠진 나라를 다시 살리려면 부채를 갚을 수 있을 만큼 그 나라의 경제가 성장할 수 있게 해주어야 한다고 말한다. 즉 부채 위기의 궁극적 해법은 부채비율의 공식인 'GDP 대비 부채'에서 분자인 부채를 줄이려 하기보다는 분모인 GDP를 키워 그 비율을 낮추는 적극적인 성장 정책이 되어야 한다. 왜냐하면 부채를 줄이기 위해 무리한 긴축정책을 강행하면 그 때문에 경제가 침체에 빠져들고 세수가 줄어들어 재정 적자가 커지면서 오히려 부채가 더욱 늘어나는 악순환이 빚어질 수 있기 때문이다.

2011년 11월, 스페인 총선에서 좌파 사회당을 누르고 정권을 잡은 중도 우파 국민당 정부는 전년도의 재정 적자가 억제 목표인 GDP 대비 6퍼센트보다 2퍼센트포인트 이상 벗어나게 되었다며 2012년의 4.4퍼센트 목표를 지키기 위해 추가적인 긴축 조치를 취할 것이라고 발표했다. 결과적으로 540만 명의 실업자와 23퍼센트의 실업률을 기록한 스페인은 경기 침체가 깊어지고 실업자가 더욱 늘어나는 고통을 피하기 어렵게 되었다. 2011년 12월 21일, 유럽 중앙은행(ECB)은 유로존 은행권에 4890억 유로의 3년 만기, 1퍼센트의 초저금리 자금을 공급하면서 사실상 유로존 국가의 '최후의 대부자' 역할을 떠맡고 나섰다. 유로존 은행은 자국 정부의 국채를 담보로 ECB로부터 차입을 하고, 그 돈으로 다시 국채를 사들이면서 ECB를 대신해 간접적으로 자국 정부의 재정 해결사 역할을 수행하고 있다. 또한 일부 유로존 재정 취약국은 정부 청사와 시설을 은행에 매각하고 그 대금으로 국채를 회수한 후 다시 그 청사와 시설을 임차해서 사용하는 방법으로 부채를 줄이고 있다.

유로존 지도자는 2012년 1월 9일, 앙겔라 메르켈 독일 총리와 니콜라 사르코지 프랑스 대통령의 회담을 시작으로 다시 재정 통합을 강화하기 위한 행보를 시작했다. 그러나 1월 1일로 유로화 출범 10주년을 맞은 유로존 국가는 고작 2유로짜리 기념주화를 발행하는 것 외에 일체의 자축 행사를 갖지 않고 조용히 보냈다. 유로존 지도자의 위기 극복 의지를 의심케 하는 장면이다. 지금 유로존 지도자는 ECB를 통해 유로존 은행에 무제한 자금을 공급하며 경제가 살아나기를 기다리는 '시간 벌기' 정책을 따르고 있다. 그러나 이 해법이 통하지 않게 되면 결국 고전적인 부채의 해법인 '디폴트' 상태에 빠져 채권 은행에게 부채를 일정 비율 탕감하도록 강요하는 길로 갈 수밖에 없다. 그리스 위기가 터졌을 때 진작 그렇게 했다면 훨씬 가볍게 위기를 수습할 수 있었을 것이다. 하지만 그들은 3년이란 시간을 끌면서 지역적 위기로 봉합할 수 있었던 사태를 글로벌 위기로 확산시키는 치명적 정책 실패를 저질렀다.

'팽창적 긴축'이라는 최면술

2012년 글로벌 경제 기상도에서 가장 어두운 그림자가 드리워진 곳은 유로존이다. 미국의 콘퍼런스 보드는 2012년에 미국과 유로존 및 일본의 성장률이 1.3퍼센트에 그치고 2013~2016년에는 약간 회복되겠지만 그 성장률은 여전히 2.0퍼센트로 저조할 것으로 전망했다. 그러나 이 전망에는 한 가지 단서가 붙어 있다. 그것은 유로존의 재정 위기가 이탈리아로 옮겨붙지 않고 그리스의 디폴트로 봉합되어야 한다는 것이다. 그러기 위해서는 그리스의 디폴트를 끝까지 '질서 정연한 방식(채권 은행의 자발적 손실 부담 형태)'으로 처리함으로써 그 충격을 최소화하고 그리스 국채를 다량 보유하고 있는 프랑스와 독일 등 유로존 은행의 안전성을 담보할 수 있는 '방화벽(유럽재정안정기금EFSF과 은행자본금의 확충)'을 서둘러 쌓아야 한다.

뉴욕 대학의 '닥터 둠(비관론자)' 누리엘 루비니 교수는 이탈리아의 상황에 대해 '돌아올 수 없는 단계를 넘은 것'으로 간주한다. 〈파이낸셜 타임스〉 기고에서 그는 최근까지도 이탈리아와 스페인의 상황에 관해 그리스와는 달리 '지불불능(insolvency)'이 아닌 '유동성(liquidity)' 위기라는 주장이 제기되고 있지만 "신뢰할 수 있는 최후의 대부자가 없는 상황에서는 비록 유동성 위기라고 할지라도 시장의 신뢰성을 회복하는 데 상당한 시간이 걸리고, 그동안에 상황이 악화되면 '지불불능' 상태로 바뀌게 된다"고 설명한다. 결국 이탈리아의 재정 위기를 유로존 자체적으로 수습할 수 있기 위해서는 유로본드(Eurobond)를 발행하거나 유럽재정안정기금(EFSF)의 위기 대응 재원을 2조 유로까지 늘리거나 혹은 ECB가 무제한 이탈리아 국채를 매입하는 방안이 마련되어야 하는데 그 어느 것도 유럽연합(EU)과 유로존의 현재 지배 구조에서는 불가능한 일이다.

　유로존의 재정 위기는 어떻게 이런 단계까지 악화되어 왔는가? 경제 분석가는 그리스의 재정 위기를 경고하는 IMF의 내부 문건이 처음 작성되었던 지난 2009년 6월에 그리스 측의 항의를 받아들여 문건 공개를 철회하지 않아야 했고, 그리스에 대해 부채 감축을 위한 긴축 조치를 취하도록 압박했다면 문제가 더 이상 커지지 않고 수습되었을 것으로 생각한다. 그러나 이로부터 불과 5개월 후 그리스는 디폴트 위기를 맞았고 유로존은 서둘러 1100억 유로의 구제금융을 구축해 진화에 나섰다. 그러나 이른바 '팽창적 긴축'이라는 가설에 입각한 이 구제 계획은 그리스의 시급한 재정 스톡 문제(만기 도래 국채의 연장)를 진정시키는 데에는 유효했지만 재정 플로(경상수지 적자, 대

● '팽창적 긴축(expansionary austerity)'이란 재정 위기에 처한 나라가 재정 긴축을 하게 되면 채권시장의 신뢰도가 높아지고 국채 발행 이자율이 낮아져 환율이 떨어지면서 민간투자가 늘어나고 수출이 활기를 띠면서 궁극적으로 경제가 팽창하게 된다는 주장이다. 그러나 영국의 원로 언론인 새뮤얼 브리탄(Samuel Brittan)은 '팽창적 긴축'이란 말은 있을 수 없다고 지적하며 다음과 같이 설명한다. 어떤 동네 가게가 계속 적자를 내면서 가족과 이웃이 뒷돈을 대어주고 마을금고까지 나서서 보증을 서지만 가게 주인은 운영비를 줄이고 더 잘 팔리는 상품을 물색해 가게를 살리려 하지는 않고(경쟁력 강화) 은행 이자와 임대료 등을 줄이기 위해 매장과 진열 상품을 줄이고 영업시간을 단축해(긴축 조치) 가게 운영을 더 어렵게 만들어 결국 문을 닫게 되거나 심지어 자살을 하게 된다.

외 경쟁력 취약성, GDP 성장률 격감과 경제활동 둔화)의 해결에는 도움이 되기는커녕 오히려 문제를 악화시켰다.* 그 후 그리스에서 시작된 이 위기는 2010년 후반에 아일랜드와 포르투갈, 스페인으로 확대되었고 2011년에는 이탈리아에까지 옮겨붙게 되었다.

그리스의 비극

그리스에서 발행되는 2유로짜리 동전의 한 면에는 제우스의 꼬임에 빠져 크레타로 끌려간 여신 에우로파의 모습이 새겨져 있다. 유로존 재정 관료는 오늘날 재정 위기에 몰린 그리스가 예산 자료를 조작해 유로존에 가입한 점을 지적하며 "애당초 그리스는 유로존에 들어오지 말았어야 했다"고 말한다. 그러나 다른 한편으론 유로존 정치지도자가 그리스의 그런 통계 조작 사실을 뻔히 알면서도 민주주의의 발상지라는 매력에 반해 그리스의 가입을 받아들였다는 주장에도 상당한 설득력이 있다. 어느 쪽의 주장이 옳든 간에 2011년 10월, 프랑스 칸에서 G20 정상회의가 열리고 있던 시점에 게오르기오스 파판드레우 전 총리가 사실상 그리스의 유로존 잔류 여부를 묻는 국민투표의 실시를 일방적으로 선언함으로써 그리스 국민은 뒤늦게나마 자신의 운명을 스스로 결정할 수 있는 기회를 갖게 되었다. 그러나 앙겔라 메르켈 독일 총리와 니콜라 사르코지 프랑스 대통령이 당장 구제금융을 끊겠다고 위협하자, 파판드레우는 그 선언을 거둬들였다. 이로써 그리스 국민은 유로존 정치지도자가 공식적으로 그리스를 통화동맹에서 내치겠다고 선언할 때까지 '울며 겨자 먹기'로 유로화의 족쇄에 묶여 계속 시달릴 수밖에 없는 처지로 떨어졌다. 그리스 민주주의의 불행이자 그리스 국민의 비극이다.

유럽연합(EU)과 국제통화기금(IMF)의 구제금융은 약인가, 아니면 독인가. 2010년 5월 이들 두 기구로부터 1100억 유로의 구제금융을 받기 시작한 후 만 1년 반이 지난 시점에도 그리스 경제는 살아나기는커녕 계속 가라앉으면서 급기야 2012년까지 다시 1300억 유로의 2차 구제금융을 그리스에 제공하는 계획이 마련되었다. 2010년, 그리스는 GDP가 4.4퍼센트나 줄어드는 마이너스 성장을 한 후 2011년 1분기에 3.4퍼센트의 깜짝 성장을 시현했다. 그러나 이는 2010년 4분기에 무려 10퍼센트의 마이너스 성장을 한 후의 '반짝 현상'일 뿐, 2011년 전체로는 마이너스 7퍼센트로 경제가 후퇴한 것으로 추정된다. 2009년 말, 재정 위기에 직면한 이후 그리스 국민은 4년 연속 GDP가 뒷걸음질치는 성장 후퇴의 고통을 겪고 있다.

그렇다면 그리스 경제는 언제쯤이나 되살아날 수 있을까. 1997년 말 우리나라가 IMF 구제금융국으로 전락했을 때 거의 모든 국내외 이코노미스트는 IMF의 가혹한 긴축 처방을 한국 경제를 살리기 위해 감수해야 할 필수적인 고통이라고 말했다. 그러나 〈파이낸셜 타임스〉의 마틴 울프 수석 논평 위원은 IMF의 긴축 처방이 '과잉 살상(overkill)'이 되어 한국 경제를 살리기는커녕 죽이게 될 것이라고 비판했다. 그는 이번에도 EU와 IMF의 구제금융이 이미 실패하고 있다고 지적하며, 진정으로 그리스를 돕고자 한다면 서둘러 디폴트(채무 상환 중지)를 선언하고 부채 조정을 통해 경제가 회생할 수 있도록 숨통을 열어주어야지, 단지 구제금융으로 부채를 돌려막게 해주면서 그 조건으로 예산 삭감과 세금 인상 등 가혹한 긴축 조치를 강요하는 이른바 '팽창적 긴축'으로 그리스 경제의 숨통을 조여서는 안 된다고 거듭 주장했다.

　EU 정책 당국자는 이 점을 잘 알고 있다. 그리스 사태는 구제금융으로 해결될 수 있는 유동성(liquidity)의 위기가 아니라, 부채가 너무 많고 시장 금리가 너무 높아서 도저히 부채를 갚아나갈 수 없는 지불불능(insolvency)의 위기이기 때문에, 마틴 울프가 지적하듯이 먼저 부채를 탕감한 후에 지출 삭감과 경제개혁을 하는 것이 올바른 수순이다. 그런데도 EU 당국자는 구제금융으로 시간을 끌면서 그 지원 조건으로 고강도의 긴축을 요구해 그리스 정부를 궁지에 몰아넣고 있다고 콜롬비아 대학의 마크 마조워(Mark Mazover) 역사학 교수는 지적한다.

　그리스 국민은 EU와 IMF의 구제 기금이 누구를 위한 것인지 잘 알고 있다. 그들은 구제 기금으로 그리스에 가장 많은 돈이 물려 있는 프랑스와 독일 등 유럽 은행이 그리스의 디폴트로 인해 위기에 몰리는 것과 그 파장이 대서양 건너 미국으로 확산되는 것을 막기 위한 것이라고 믿는다.● 이 때문에 일부 전문가는 그리스가 결국 디폴트에 빠질 수밖에 없지만 그 시점은 미국 대선이 끝난 2012년 말 이후가 될 것이라고 말한다. 이 정도의 시간이면 유럽 은행이 그리스의 디폴트에 따른 충격을 흡수할 수 있을 만큼 충분한 자본을 비축할 수 있고, 또 미국 정치권 역시 새로운 금융위기에 대처할 수 있는 정치적 여유를 찾을 수 있을 것이기 때문이다. 그렇지만 이처럼 EU와 IMF가 그리스의 디폴트를 늦추면서 시간 벌기를 하고 있는 사이에 그리스에선 정치인이 국민의 시위와

● 국제결제은행(BIS) 자료에 따르면 프랑스은행은 크레디 아그리콜은행 혼자서만 308억 유로를 물리는 등 총 570억 유로의 그리스 채권을 보유하고 있고, 독일은행의 보유채권은 340억 유로에 달하는 것으로 드러났다. 그래서 EU와 IMF의 그리스 구제금융은 실제로 프랑스와 독일은행에 주는 구제금융이라고 누리꾼은 지적한다.

저항을 빌미로 경제 회생을 위한 개혁 조치를 늦추면서 기회주의적 행태를 계속하는 도덕적 해이가 빚어지고 있다고 아테네 대학의 아리스티데스 하트지스(Aristides Hatzis) 교수는 지적한다.

그리스 재정 위기의 근원

> 여러 측면으로 보아 유로화의 위기 내지 유럽의 위기는 우리 시대를
> 보여주는 적절한 심볼이다. 테크노크랫(기술 · 전문 관료 집단)이 구상해내
> 고, 저금리에 근거한 호경기에 의해 지탱되고, 부유한 금융 계층이
> 더 많은 돈을 벌며 찬양하고 있는 '국경 없는 질서(세계화 경제)'는 오늘
> 날 그 맹렬한 모순의 봇물 속에 대중적 반란에 직면해 있다.
>
> —로저 코헨, 'The Great Greek Illusion', 〈뉴욕 타임스〉 2011. 6. 20

그리스의 재정 위기는 그리스의 문제이자, 유로존과 EU의 문제이고, 나아
가 물자와 자본과 인간의 국경 없는 자유로운 이동을 의미하는 '글로벌라
이제이션(세계화)'의 문제라는 말이다. 많은 전문가가 그리스 재정 위기의
근본적인 원인을 "전혀 준비가 되어 있지 않은 상태에서" EU에 가입한 후
통화동맹인 유로존에까지 가입한 데에서 찾는다. 애당초 그리스의 EU 및
유로존 가입이 화근이었고, EU는 마땅히 그리스의 가입을 아예 거부했어
야 한다는 말이다.

1981년에 EU 회원국이 되고, 이어 2001년에는 유로화를 공동통화로 사용하는 통화동맹인 유로존에 가입함으로써 그리스의 국지적 위상은 갑자기 높아졌고 신용 평가 기관으로부터 최고의 신용 등급(AAA)을 인정받아 초저금리로 자금을 조달받을 수 있게 되었다. 민주주의의 발상지이긴 하지만 발칸반도의 끝에 위치해 유럽의 변방으로 남아 있던 그리스로서는 이때가 찬란한 옛 영광을 다시 한 번 되살릴 수 있는 소중한 기회였다. 그러나 그리스 정치인은 이를 경제개혁과 발전의 기회로 삼는 대신 무작정 정부 차입과 복지 지출을 늘리는 정치적 포퓰리즘에 열중했다. 그리고 이 과정에서 골드만 삭스 등 외국은행은 파생금융상품을 이용해 그리스의 재정 적자를 숨기는 등 위기를 키우며 자문 수수료(consulting fee)를 챙기는 몰염치를 드러냈다. 이는, 한 누리꾼이 현재의 그리스 사태를 '글로벌 자본주의 카지노와 폰지(ponzi) 사기극'이라고 하면서 '진정한 시민의 정부가 나와야만' 비로소 해결될 수 있다고 주장하는 이유다.

그렇다면 그리스 정치인은 어째서 EU와 유로존 가입을 국가 발전의 기회로 삼는 대신에 그처럼 망국적인 포퓰리즘을 탐닉하면서 국가를 파산 지경으로 몰고 갔는가? 그 이유는 그리스어로 '작은 봉투'를 뜻하는 파켈라키(fakelaki)와 '정치적 특혜'를 뜻하는 루스페티(Rousfeti)라는 두 말로 충분히 설명된다고 〈월 스트리트 저널〉의 마커스 워커(Marcus Walker) 기자는 말한다. 그는 그리스의 재정 위기가 한참 고조되고 있을 때인 2010년 4월, '비극적 결함, 수회(收賄)가 그리스의 위기를 키운다(Trag c Flaw: Graft Feeds Greek Crisis, 〈월 스트리트 저널〉 2010. 4. 15)'는 기사에서 브루킹스연구소의 보고서를 인용해 뇌물과 정실 및 여타 공적 부패를 그리스 재정 적자 팽창의 주된 원인이라고 지적하고, 이 때문에 최소한 매년 그리스 GDP의 8퍼센트에 해당하는 200억 유로 이상의 국고 손실이 발생하고 있다고 밝혔다. 그리스의 GDP 대비 예산 적자는 위기 발생 이전 5년간 평균 6.5퍼센트에 달했고, 위기를 맞은 2009년 말에는 무려 13퍼센트까지 치솟았다. 다시 말해 만약 그리스의 공공 부문이 부패하지 않고 깨끗했다면 틀림없이 그리스의 예산은 적자가 아니라 흑자로 나타났을 것이라는 분석이다.●

이처럼 세금이 줄줄 새어나가니 그리스 국민은 세금 내는 것을 바보짓으로 여긴다고 워커 기자는 말한다. 일부 세무 관리는 축구의 '4-4-2' 전술에 따라 1만 유로의 세금을 거두면 4000유로는 세무 감사관에게 건네고, 자신이 4000유로를 챙기고, 국고에는 2000유로만 넣는다고 한다. 또 긴축 조치로 인해 공무원 급여가 줄어들면 뇌물을 챙길 명분이 되어 부패가 더 만연하지 않을

● 게오르기오스 파판드레우 총리의 사회당 정부에 대한 신임 투표가 실시되던 2011년 6월 21일, 그리스 의회 앞마당에는 "도둑(thieves)"이라는 대형 문자가 그려졌다. EU와 IMF가 구제금융의 조건으로 제시한 긴축 조치에 반대하는 시위 군중이 정부에 대한 불신을 이렇게 표시한 것이다. 국제 투명성 기구(Transparency International)의 조사에서는 그리스인 10명 가운데 9명이 정치인을 부패한 것으로 간주하며, 국민의 80퍼센트가 의회를 불신하는 것으로 드러났다.

까 걱정해야 할 정도라고도 한다. 이런 상황에서 그리스의 경제적 회생을 기대하기란 매우 어렵고, 또한 그런 기대조차 할 수 없는 상황에서 그리스의 어떤 정치인도 국민에게 무한정 인내와 희생을 감수할 것을 설득하기 어려우므로 그리스의 디폴트는 시간문제로 남아 있을 따름이다.

그리스 기업인의 고발

존 쿠스타스(John Coustas) 씨는 세계 3위의 해운업체인 다나오스(Danaos) 코퍼레이션의 사주다. 지난 1987년 아버지로부터 컨테이너 선박 3척을 물려받은 그는 조세 피난처인 바하마 군도로 회사를 옮겼고, 지금은 56척의 대선단을 거느린 해운업계의 거부다. 쿠스타스 씨는 자신이 아버지와 함께 그리스에 남아 있었다면 지금도 영세 해운업자에 불과했을 것이라고 말한다. 그리스 내에서는 기업을 운영해서 돈을 벌거나 회사를 키우는 것이 불가능하기 때문이다. 어째서 그런가?

일반적으로 그리스의 비극은 지난 2001년 유로 통화권(유로존)에 들어가면서 시작되었다고 얘기된다. EU의 공동통화인 유로화를 공식 통화로 사용하면서 그리스는 독일과 비슷한 낮은 이자율로 마구 돈을 빌리면서 GDP의 155퍼센트에 해당하는 엄청난 부채 더미를 짊어지게 되었다. 그러나 쿠스타스 씨는 그 불행의 근원이 훨씬 이전으로 거슬러 올라간다고 말한다. 지난 1974년 장기간의 군부독재에서 벗어나 다시 민주주의를 회복한 그리스 정치인은 자신의 정치적 기반을 넓히기 위해 정부 기구를 확대하고 공무원을 증원하고 정부 지출을 늘려 국민의 환심을 사는 데 열중했다. 그 비용은 세금으로 충당한 것이 아니라 국채를 발행해서 조달했다. 즉 군부의 위협에서 벗어나려고 '부채 기반 사회주의(debt-based socialism)'에 매달린 것이다.

쿠스타스 씨는 그리스 경제를 다시 살리려면 '법적 불확실성'의 제거가 최급선무라고 말한다. 예컨대 최고재판소가 환경문제를 이유로 국제적 계약을 무효화시키는 것과 같은 일이 더 이상 되풀이되어서는 안 된다는 말이다. 카타르가 그리스에 투자하려는 50억 달러의 사업 계획이 수년 동안 진척되지 못하고 있는 것은 바로 그런 법적 불확실성 때문이라고 쿠스타스 씨는 지적한다. 그는 또한 그리스의 세법을 고쳐 조세의 투명성과 공정성을 높여야 한다고 말한다. IMF에 따르면 그리스의 법인세율은 무려 47퍼센트에 이른다. 그러나 고세율보다 더 중요한 것은 세정(稅政)의 안정성과 투명성이라고 그는 강조한다. 세무 관리의 부패와 횡포가 너무 심해 정상적인 기업 활동이 불가능하기 때문이다. 쿠스타스 씨는 그리스의 공공 부문 종사자가 전체 노동력의 15.5퍼센트에 이른다고 지적하며, 정치인이 만들어낸 "전적으로 비생산적인" 이 관료 군단이 버티고 있는 한 그리스 경제는 살아날 수 없다고 말한다.[37]

유로존의 구조적 결함

그리스를 비롯한 이른바 PIIGS 국가의 재정 위기와 디폴트 가능성은 우리에게 단순히 유로존의 존립 여부를 떠나 정치적으로 각기 독립적인 나라가 경제적으로 온전히 한 가족이 될 수 있을까 하는 근본적인 질문을 제기한다. 이는 정치적 동맹을 외면한 채 경제적 동맹, 특히 예산과 조세정책의 통합을 요구하는 통화동맹이 별 탈 없이 존속할 수 있는가 하는 의문이다. 지난 1951년 유럽석탄철강공동체(ECSC)를 결성하면서 시작된 EU의 이 경제적 실험은 1992년 마아스트리히트(Maastricht) 조약과 2007년 리스본(Lisbon) 조약을 통해 27개국의 거대 국가 그룹인 유럽연합(EU)이 탄생하면서 사실상 완결 단계에 이른 것으로 여겨졌다. 특히 1999년 EU의 단일통화 유로(Euro)의 채택은 유럽을 하나의 시장으로 통합하고, 번잡한 환전 절차와 비용을 제거해주고, 또 글로벌 금융시장에서 가장 유리한 조건으로 채권을 발행할 수 있게 해주는 등 지극히 매력적인 혜택을 보장해주는 장치로 여겨졌다.

그러나 이와 같은 경제적 혜택은 그냥 얻어지는 거 아니다. 그것은 세입과 세출을 균형적으로 유지하고, 생산성의 범위 안에서 임금을 억제하는 등 건전재정 원칙을 관철시킬 수 있는 정치사회적 의지와 제도적 장치를 필수적으로 요구한다. EU는 그러한 정치사회적 조건을 제대로 갖추지 않은 채 경제적 통합의 장점만을 추구하며 계속 몸집을 키우면서 근본적인 결함 구조를 배태하게 되었다. 이 때문에 회의론자는 1999년 1월 1일, 유로화의 도입에 관해 '마차를 말 앞에 매달아놓는' 오류를 범한 것이라고 비판한다. 다수의 주권국가가 단일 공동통화를 채택할 경우엔 필수적으로 재정정책에 관해서도 상당한 통합 체제를 갖추고 있어야 하는데, 그런 필수 조건을 결여한 가운데 유로화의 도입을 서두른 것은 '신발을 거꾸로 신고 뛰는' 어리석음에 비유할 수 있다는 말이다.

그리스의 재정 위기는 역대 그리스 정부가 국가 부채를 GDP의 60퍼센트, 예산 적자를 3퍼센트 이내로 제한하는 EU의 '경제안정협약'을 외면하고 근로자의 임금과 농업 보조금 및 공무원 연금 등을 턱없이 올리는 정치적 선심을 일삼아온 결과다. 마찬가지로 그리스와 함께 'PIIGS'로 불리는 다른 유로존 남부 국가(포르투갈·아일랜드·이탈리아·스페인)의 부채 위기 역시 근본적으로 자신들의 능력을 뛰어넘는 과잉 소비에 탐닉해온 데에서 연유한다. 이는 유럽인이 '미국에는 군사 대국의 자리를, 중국에는 경제 대국의 자리를 넘겨주고서 스스로는 복지 대국으로 물러앉았다'는 비아냥거림을 받고 있는 배경이다. 따라서 유로존의 재정 위기를 해결할 수 있는 유일한 방법은 예산 절감과 세금 인상을 통해 재정 건전성을 회복하고 경제 개혁을 통해 경쟁력을 높이고 수출을 활성화하여 경제성장을 실현하는 것이다.

그러나 이런 위기의 해법은 이상론일 뿐이고 현실적으로 성공할 가능성은 희박하다고 비관론자는 지적한다. 유로존 17개 국이 단일공동통화로 '무늬만의 통합'을 이루고 있을 뿐, 실제적 정책이나 경제 현실에서는 여전히 전혀 별개의 국가로 남아 있기 때문이다. 이 점은 그리스 부채 위기가 다른 나라로 계속 확산되고 있는데도, 유로존 재무 강국이 끝까지 그 불길의 뒤를 쫓으며 늑장 대응으로 일관해 계속 위기를 키워온 점에서 여실히 드러난다.

영국 런던경제사회대학(LSE)의 피터 분(Peter Boone)과 미국 MIT의 사이먼 존슨(Simon Johnson) 교수는 이런 사태를 피하려면 유로존 국가가 재정정책에 대한 상당한 주권을 포기하고, 강력한 단일 은행 감독 기구를 창설해야 한다고 지적한다. 〈파이낸셜 타임스〉의 칼럼니스트인 볼프강 문차우(Wolfgang Munchau)는 한층 구체적으로 모든 유로존 호 원국이 보증하는 유로 채권(E-본드)의 발행과 경제개혁 조정 기구의 설치, 역내 경제적 불균형 완화 정책과 재정정책 감독 강화 등을 단행해야 한다고 지적하며, 현재 유로존 회원국은 이 가운데 어느 것도 받아들일 자세가 되어 있지 않다고 밝힌다.

유로존의 위기에 관해 미국과 아시아의 관심은 그 파장이 글로벌 위기로 확산되고 세계경제가 더블딥(이중 침체)에 빠지게 되는 사태를 막는 것이다. 2008년, 글로벌 위기가 진정되면서 각국 정책 당국자가 위기 대응 과정에서 보여준 적극적 정책 협력에서 다시 과거의 정책 대립과 갈등 관계로 돌아서고 있는 가운데 뉴욕 대학의 누리엘 루비니(Nouriel Roubini) 교수는 그리스의 부채 위기가 단순히 EU에 한정된 문제만이 아니라 전체 서방세계가 직면하고 있는 한층 광범위한 문제점을 안고 있다고 경고한다. '닥터 둠(비관적 경제 분석가)' 가운데 대표적 인물로 꼽히는 그는 2010년 5월, 〈블룸버그〉 통신과의 인터뷰에서 "지금 미국에 관해 정말로 걱정스러운 점은 정치적 교착상태로 인하여 부채 감축을 위한 정치적 결단을 전혀 기대할 수 없는 상황이라는 점이다. 영국도 같은 문제를 안고 있다. 어느 나라도 진정으로 지출을 줄이거나 세금을 올릴 의지가 없다"고 비판한다.

2008년 글로벌 위기의 교훈은 월가의 5위 투자은행 베어스턴스가 파산에 몰렸을 때 미국 재무부와 연준(FRB)이 합작해 구제에 나섬으로써 월가에 '대마불사'라는 잘못된 인식을 심어주게 되어 서둘러 위기를 차단할 수 있는 기회를 놓쳤다는 사실이다. 2009년 말 이후 지속되고 있는 그리스 재정 위기가 사상 초유의 대규모 구제 조치에도 진정되지 않고 전체 유로존의 위기로 확산되고 있는 상황은 후일 '유럽판 베어스턴스 구제의 오류(誤謬)'로 기록될 수 있다는 말이다. EU 지도자는 미국이 뒤늦게 월가의 4위 투자은행 리먼 브라더스를 파산시켜 전면적인 글로벌 금융위기를 촉발시킨 것과는 달리 IMF와 손잡고 대대적인 구제 기금을 동원해 그리스를 비롯한 문제 국가의 구제에 유로존의 미래를 걸고 나섰다. 그러나 〈블룸버그〉 통신의 칼럼니스트 매튜 린(Matthew Lynn)은 이미 2010년 12월에 이 도박이 결국 실패로 돌아가고 유로존이 "서서히 죽어갈 것(die slow death)"으로 진단했다.

현재 유로존 국가의 재정 위기는 세 가지 악순환의 고리에 얽혀서 계속 악화되어 왔다. 그것은 일부 회원국이 국가신용도 추락으로 인해 디폴트 위기에 몰리고 있고, 그로 인해 관련국 국채를 다량 보유하고 있는 유럽 은행이 건전성 위기에 직면해 주가가 급락하고 있고, 또 그 은행의 구제와 자본 확충을 지원하고 나설 경우 정부 부채가 더욱 늘어나고 국가신용도가 더욱 추락하게 되는 3중의 딜레마 상황이다. 이 악순환의 고리는 경제성장이 어느 정도 활발하게 진행되면 시간이 지나면서 점차 풀려갈 수 있는 문제다. 그러나 불행하게도 현재의 상황은 그와 정반대 방향으로 진행되고 있다. 경제 분석가는 2011년 하반기에 들어오면서 글로벌 경제지표의 전반적인 악화와 더불어 유로존 국가의 경제성장이 사실상 실속(失速, stall) 상태에 있으며, 2012년에 경기 침체에 빠져들게 될 것은 거의 확실하다고 말한다.

그렇다면 유로존 재정 위기의 근본적인 해법은 무엇인가. 이에 관해 UC 버클리 대학의 베리 아이켄그린(Barry Eichangreen) 교수는 흥미로운 제안을 한다. 그는 현재로선 유로존 자체적으로는 위기 해결에 필요한 돌파구를 마련하기 어렵기 때문에 "외부의 개입이 필요한 시점"이라고 지적하며 지난 1979년 미국 주도로 남미의 금융위기를 해결한 '브래디 플랜(Brady Plan)'과 유사한 방법으로 이번에는 아시아 국가가 주도하는 'G20 플랜'을 추진할 수 있을 것이라고 제안한다. 그러나 〈월 스트리트 저널〉의 데이비드 웨설(David Wessel) 경제 에디터의 견해는 다르다. 그는 전체 유로존 17개국의 공공부채를 모두 합쳐도 유로존 GDP의 85퍼센트 수준이고, 이자 부담을 제외할 경우 전체 유로존 국가의 예산은 흑자 상태이므로 미국이나 영국에 비해 재정적으로 유로존의 상황이 훨씬 양호하다고 지적한다. 다만 유로존 국가는 미국 재무부와 같은 통합적인 재정 체제를 갖추고 있지 못하기 때문에 채권시장에서 재정적 단일 주체로 행세하지 못하고 있을 뿐이다.

최근 3년 사이 그리스 재정 위기가 진정되기는커녕 다른 유로존 국가로 더욱 확대되는 과정에서 그 궁극적인 결말이 어떻게 될지에 관해서는 비관과 낙관, 두 가지 견해가 병존해왔다. 그러나 시간이 지날수록 낙관론이 퇴색하면서 마침내 2011년 9월, IMF–IBRD 연차 총회가 열린 시점에서는 유로존은 물론 궁극적으로 EU(유럽연합) 자체마저 해체되리라는 주장이 제기되었다. 이 주장의 당사자는 〈월 스트리트 저널〉의 브레트 스티븐스(Bret Stevens) 논설 부주간이다.

스티븐스 부주간은 EU의 역사 그 자체에서 이 기구가 더 이상 존립하기 어려운 당위성을 찾는다. 그는 지난 1965년 EEC(유럽경제공동체)와 ECSC(유럽석탄철강공동체) 및 유라톰(유럽원자력공동체) 세 기구의 통합을 출발점으로 하여 오늘날 27개국의 EU(유럽공동체)로 발전해온 과정을 "글로벌 정치와 유럽인의 환상의 결합으로 생겨난 픽션"으로 규정한다. 다시 말하면 전후, 유럽 국가는 미국의 안보 우산에 기대어 독일의 경제 기적(Wirtschaftwunder)을 일궈내면서 복지사회(welfare society)를 구가해왔지만 단일공동통화 유로화의 실험이 한계에 부닥치면서 그 꿈에서 깨어나게 되었다는 것이다. 어째서 이런 일이 벌어지게 되었는가? 그 원인에 관해 그는 다음과 같은 경제지표를 제시한다. 1965년 서유럽 국가의 GDP 대비 정부 지출은 28퍼센트에 불과했으나 오늘날에 와서는 거의 50퍼센트에 이르고 있다. 지난 1965년 독일의 출산율은 가임 여성 1인당 2.3명이었지만 지금은 1.35명에 불과하다. 전후 초기에 유럽의 성장률은 평균 5.5퍼센트였지만, 1973년 이후에는 2.3퍼센트를 넘어선 적이 별로 없었다. 1973년 유럽인은 미국을 100으로 할 때 102시간 일했지만, 지금은 82시간 일할 뿐이다.

유럽인은 미국의 안보 우산에 기대어 방위 부담을 거의 지지 않은 채 의욕적으로 복지정책을 확대해오면서 그것을 자신의 탁월한 정치력과 외교력, 그리고 미국에 비해 월등한 유럽 체제의 우수성에 힘입은 결과로 자부해왔다. 이 점을 스티븐스 부주간은 '역사로부터의 긴 휴가(a long hoilday from history)'라고 표현한다. 유럽인의 그러한 환상은 한동안 '유럽 모델'의 우수성을 확인해주는 것 같았다. 그러나 "실체가 없는 웅장함(grandiosity)을 스스로의 실적(achievement)으로 자부하거나, 현실을 수사적 얼버무림으로 감추거나, 혹은 시쳇말로 자기 스스로의 난센스를 진실인 양 믿게 되면 결국 위험에 봉착할 수밖에 없다"고 스티븐스 부주간은 말한다.

독불 주도의
'유럽 질서'

2011년 12월 8, 9일 브뤼셀에서 열린 EU 정상회의는 유로존의 재정 동맹화를 위한 중요한 결정에 합의했다. 비록 영국이 정면으로 거부하고 다른 일부 국가가 국내적 협의를 이유로 결정을 보류했지만 유로존 전체 17개국과 다른 일부 국가는 EU 조약의 개정이 아니라 '정부 간 협약(inter-governmental pact)'의 형태로 재정 위기의 발생을 막기 위한 새로운 협정을 체결하기로 합의했다. 2013년 3월까지 확정될 예정인 이 협약안은 참여국의 장기적 재정 건전성을 확보하기 위한 장치로 재정 적자 비중을 국내총생산(GDP)의 3퍼센트, 누적 국가 채무를 60퍼센트 이내로 제한하고, 그 이행을 보장하기 위해 각국별로 헌법 개정이나 그에 준하는 법적 장치를 마련하고, 위반국을 제재하기 위해 EU 집행위원회와 유럽 사법재판소(ECJ)의 역할을 강화하는 내용을 담고 있다. 이 협약안은 또한 회원국의 단기적 재정 위기에 대한 방화벽(firewall)을 강화하기 위해 IMF에 2000억 유로를 추가 출연하고 5000억 유로의 유럽안정기구(ESM)를 2013년 7월에서 2012년 7월로 1년 앞당겨 출범시켜 현행 유럽재정안정기금(EFSF)과 병행 운용할 것을 규정하고 있다.

유로존의 재정 동맹화는 지금까지 거의 전적으로 독불 양국의 주도로 진행되고 있다. 그리고 이 과정에서 유럽연합(EU) 지도자는 밤늦게 회의를 갖고 마지막 순간에 극적 타협을 이뤄내는 솜씨를 다시 발휘하고 있다. 유럽연합(EU) 초창기와 유로화 도입 과정에서 자주 볼 수 있었던 관행이 유로존 위기를 맞아 되살아난 것이다. 그러나 독불 양국 정상*이 12월 5일 내놓은 '포괄적' 합의안은 가히 그 백미(白眉)로 꼽을 만하다. 두 정상은 불과 1년 전에 이날의 타협안과 정반대의 내용에 합의했는데 이번에 그것을 뒤집어 각기 상대방의 원래 주장을 수용한 것이다.

언론에서는 독일 총리 앙겔라 메르켈과 프랑스 대통령 니콜라 사르코지의 이름을 합쳐 '메르코지'로 호칭.

2010년 10월, 프랑스 해변 휴양지 도빌에서 만난 메르켈 총리와 사르코지 대통령은 유로회원국이 채무 조정을 할 때 발생하는 민간 채권자(은행)의 손실 분담 문제와 EU 재정 건전성 기준 위반국에 대한 제재 방법을 둘러싸고 첨예하게 대립했다. 당시 두 정상은, 메르켈 총리가 요구하는 손실 분담 원칙을 사르코지 대통령이 수용하는 대신 메르켈 총리는 재정 기준 위반국에 대해 자동적으로 제재를 가하는 장치를 마련하려던 주장을 접고 사르코지 대통령의 뜻에 따라 정치적 처리 방침을 수용했다. 그런데 1년 뒤 두 정상은 민간 채권자 손실 분담 원칙을 그리스 채무 조정에 국한된 '특례'로 하고 다른 회원국에는 일체 적용하지 않기로 합의했다. 그리고 EU 재정 기준 위반국에 대해서는 자동적으로 제재 조치에 나서되 메르켈 총리는 그 위반 여부를 유럽 사법재판소의 결정에 맡기자는 주장을 철회했다.

독불 양국은 ECB 설립 과정에서도 절묘한 정치적 타협 기술을 발휘했다. 1998년 5월 ECB의 초대 총재 선임을 둘러싸고 독일은 자신이 신임할 수 있는 정통 중앙은행가인 네덜란드의 빔 뒤젠베르크(Wim Duisenberg)를, 프랑스는 장–클로드 트리셰(Jean-Claude Trichet) 프랑스 중앙은행 총재를 각기 밀었는데, 결과는 초대 ECB 총재로 뒤젠베르크를 뽑되 임기는 4년으로 하고 8년 임기의 후임자는 트리셰로 하는 데 합의한 것이었다. 그래서 당시 회의장에서는 ECB 초대 총재가 '트리셴베르크(Trichenberg)'가 될 것이라는 농담이 오갔다고 한다.

이는 EU 정상회의에 관해 두 가지 중요한 측면을 알려준다. 한 가지는 EU 정치의 생명은 상반된 조건을 주고받는 타협의 기술이라는 사실이다. 이는 무려 27개국의 다양한 나라가 공동통화를 사용하지만 정치 및 재정적으로 완전 독립국으로 행세하면서 한 지붕 식구로 살아가는 데 필수적인 지혜다. 다른 한 가지는 EU 정상회의에서 중요한 쟁점에 관한 절충의 결과는 정상회의가 끝나기 전에는 전혀 예측할 수 없고, 또 자주 의외의 결과가 도출된다는 점이라고 〈파이낸셜 타임스〉의 토니 바버(Tony Barber) 유럽 에디터는 말한다.

2009년 말, 그리스에서 시작된 유로존 재정 위기는 몇 년 뒤 유럽은 물론 전체 세계경제의 안정을 위협하는 중대 문제로 커져 미국은 물론 신흥국까지도 위기 수습에 동참하려는 공감대가 형성되고 있다. 특히 EU의 두 축을 이루고 있는 독불 양국 정상은 지난 60년간 어렵게 지켜온 '유럽 합중국(United States of Europe)'에의 꿈이 자신들의 대립으로 인해 깨어지게 되었다는 역사적 기록을 남기지 않으려고 안간힘을 다할 것이다. 이것이 유로존과 EU의 미래에 관해 희망적인 기대를 걸어보고 싶은 가장 중요한 이유다.

비틀거리는
미국 경제

8장

'고용 없는 경기회복'의 고민

"오바마 미국 대통령은 '구름 위에서' 경제를 주무르고 있다. 미국 연준 (FRB)의 버냉키 의장은 '고성능 망원경'을 통해 경제를 살피고 있다." 2011년 6월 초 미국의 경제지표가 일제히 내리막을 가리키는데 오바마 대통령은 2012년 대선을 겨냥해 '당파적 수사(修辭)'만 늘어놓고 있고, 또 민간 전문가가 미국의 성장률 전망을 3퍼센트 밑으로 하향 수정하고 있지만 연준 (FRB)은 여전히 턱없이 낙관적인 4.2퍼센트 전망을 그대로 고수하고 있는 점을 꼬집는 말이다.

미국 경제는 4년 주기로 변동한다고 한다. 민주·공화 양당이 대선에서 이기기 위해 선거가 열리는 해에는 기필코 경기를 살리고 실업률을 끌어내리려 하기 때문이다. 그러나 2012년의 미국 경제는 이런 선거 바람에 놀아날 수 있는 처지가 전혀 아니다. 지난 2007년 12월 경기 침체가 시작된 후 미국 경제는 전체 비농업 취업자의 약 5퍼센트, 900만 명이 일자리를 잃고 실직자로 전락했다. 2009년 10월 10.2퍼센트까지 치솟았던 실업률은 2011년 3월 8.8퍼센트까지 떨어졌다가 5월에는 다시 9.1퍼센트로 높아진

후 좀체 떨어지려고 하지 않았다. 그런데 다행히도 10월에 실업률이 8.7퍼센트로 0.4퍼센트포인트나 떨어지고 12월에 다시 8.5퍼센트로 떨어졌다. 백악관은 오바마 대통령의 재선 가도가 밝아졌다고 환하게 웃었다.

그러나 공화당은 실업률의 하락이 고용의 증가에서 비롯된 것이 아니라 일자리 찾기에 지친 실직자가 구직 활동을 포기하고 노동시장에서 빠져나간 데에(노동 참여율 하락)서 연유한다고 비판했다. 실제로 2011년 말 현재 노동 참여율은 변함없이 64퍼센트에 머물러 1980년대 이후 가장 낮은 수준을 기록하고 있다. 캘리포니아 주립 대학의 손성원 교수는 12월의 실업률 하락 등 고용 상황에 관해 "환자가 여전히 좋은 상태는 아니지만 이제 분명이 회복하고 있다"고 긍정적으로 평가했다. 그러나 시카고의 금융 자문 회사인 메시로 파이낸셜(Mesirow Financial)의 다이앤 스윙크(Diane Swonk) 수석 이코노미스트는 "수치는 괜찮고 추세도 옳은 방향이다. 그러나 이번 고용 통계는 현실을 과장하고 있다"고 지적했다. 전체 고용 인원은 별로 늘어나지 않았는데 실망 실업자의 노동시장 이탈로 실업률 하락이 실재 이상으로 과장되어 나타났다는 말이다.

또한 미국의 노동시장에서는 또 하나의 걱정스런 측면이 드러나고 있다. 그것은 실직 노동자의 평균 실직 기간이 9개월을 넘어(39.7주) 한층 장기화되고 있고, 실직 기간이 길어지면 길어질수록 실직자가 재훈련이나 재교육을 받아 다시 일자리를 찾을 가능성이 계속 낮아지고 있다는 점이다. 2011년 말 현재, 미국의 공식적인 실업자 수효는 1390만 명에 이르고, 여기에다 정규직에 취업하고자 하지만 그런 일자리를 찾지 못해 '파트타이머'로 일하는 노동자와, 열심히 일자리를 찾고 있지만 번번이 퇴짜를 맞아 아예 구직 활동을 포기한 이른바 '실망 노동자'를 합치면, 미국 노동인구의 20퍼센트에 해당하는 총 2500만여 명의 사람이 안정된 일자리를 찾지 못하고 불안한 삶을 영위하고 있다. 미국 경제의 장기적 성장 전망에 짙은 그림자를 드리우고 있는, 가장 우려되는 측면이다.

　그렇다면 2012년 대선 이후에는 미국 정치권에서 이러한 고용 상황을 개선할 수 있는 의미 있는 조치가 나올 것으로 기대할 수 있는가? 미국 대선이 끝나고 새 대통령이 선출되면 미국 의회는 그가 새로운 정책과 개혁을 추진할 수 있도록 초당적으로 협력하는 '100일 정쟁 휴전(honeymoon)'을 하는 전통이 있다. 대공황 당시 프랭클린 루즈벨트 대통령은 바로 이 전통을 십분 활용해 취임 100일 안에 대규모 인프라 투자 사업과 실업자 구제 등 사회안전망 확충을 위한 법령 제정과 각종 시행 기구 설립을 성공적으로 추진할 수 있었다. 그러나 2012년 미국 대선에서는 이런 '루즈벨트 효과'를 기대하기 어려울 것으로 보인다. 오늘날 미국의 경제 상황은 대공황 당시 루즈벨트 대통령이 '극단적 사회주의 정책'을 통해 공황 탈출을 시도했던 것과 마찬가지로 현재의 '고용 없는 장기적 저성장 국면'으로부터 벗어나기 위해 거국적인 인프라 투자를 비롯해 획기적인 경기 부양책이 요구되고 있지만 대선 이전부터 워싱턴 정치권은 공화당의 지출 삭감과 민주당의 부자 증세 주장이 팽팽하게 맞서 사실상 '정치 실종' 상태가 지속되고 있다.

'좀비' 소비자의
재출현

미국 소비자는 씀씀이가 헤픈 것으로 정평이 나 있다. 지난 1980년대 이후 경제학자와 정책 당국자가 '더 이상 불황은 없다'면서 자신들의 정책 능력에 관해 과잉된 자신감에 빠져 있었듯이 미국 소비자 역시 미국의 경제 상황을 낙관하며 다른 나라에 비해 소비지출을 월등히 늘리며 저축을 등한시해온 것이다. 아무리 그렇더라도 지난 2005년에 미국의 개인저축률이 마이너스 0.5퍼센트까지 떨어져 미국인은 이전의 저축을 빼내거나 빚을 얻어 소비를 늘렸다는 〈AP 통신〉의 보도(2006. 1. 30)는 충격이었다. 미국의 개인저축률이 마이너스 영역으로 떨어진 것은 대공황이 맹위를 떨치고 있던 지난 1932년(마이너스 0.9퍼센트)과 1933년(마이너스 1.5퍼센트) 이후 처음 있는 일이었다. 미국 소비자가 그처럼 자신감에 차서 자신의 가처분소득을 몽땅 쓰고 저축한 돈까지 끌어내어 자동차를 비롯한 고가 제품을 사들이는 데 열중하게 된 주된 이유는 그들이 "미국의 주택 시장 붐으로 인해 한층 더 부자가 된 기분"에 빠졌기 때문이라고 〈AP 통신〉은 지적했다. 집값이 두 자리 수치로 급등하면서 경제학자가 말하는 '부의 효과(wealth effect)'에

도취되어 미국인이 소비를 한껏 늘리게 되었다는 말이다.

2008년 글로벌 위기는 미국 소비자에게 정신이 번쩍 들게 하는 충격이었다. 2006년 하반기부터 집값이 떨어지기 시작하자 주택을 사려는 사람이 갑자기 줄어들고, 주택 수요가 줄면서 가격이 한층 더 떨어지고, 그로인해 다시 주택 수요가 추가로 감소하는 악순환이 빚어졌다. 결과적으로 집값 상승을 기대하고 무리하게 대출을 얻어 집을 산 많은 미국인은 모기지(장기 주택 대출) 상환을 연체하게 되었고, 급기야 집값이 모기지 이하로 떨어지는 '잠수 주택(underwater houses)'이 대량 발생하면서 미국발 글로벌 금융위기가 촉발되었다. 오바마 행정부와 미국 의회는 이로 인해 파산에 직면한 미국 금융기관을 살리기 위해 대대적인 구제금융을 푸는 한편 모기지 연체로 인해 주택을 압류당한 국민에게 한층 낮은 금리로 대환을 해주는 등 주택 시장을 떠받치기 위해 적극적인 시장 기입에 나섰다. 그러나 2011년 중반까지 미국의 주택 시장은 전혀 회복될 기미를 보이지 않았고, 일부 전문가는 추가로 30퍼센트 이상 집값이 떨어져야 시장이 안정될 수 있을 것으로 예측한다.

주택 시장이 한참 붐을 이루고 있을 때 미국인은 너도 나도 은행 대출을 얻어 집 사기에 열중했고, 미국 정부는 모기지 금리 인하와 이자 보조 등으로 주택을 살 능력이 없는 사람을 주택 소유자로 만드는 이른바 '서민 주택 소유 지원(Affordable Housing)' 정책을 통해 그 열기를 뒷받침했다. 그러나 집값 하락이 시작되면서 많은 미국인이 모기지 상환을 연체하면서 신용불량자로 전락하게 되었고, 가계 부채의 누적으로 인해 소비를 줄이면서 대공황 이후 최악의 경기 침체가 빚어졌다. 2011년 전반기에 미국의 가계부문 부채는 가처분소득의 115퍼센트로 집계되었다. 이러한 가계 부채비율은 2007년에 무려 130퍼센트에 달했던 것에 비하면 상당히 떨어진 것이지만 1970~2000년의 평균치인 75퍼센트에 비해서는 여전히 한참 높은 수준이다. 일본의 장기 디플레이션 상황은 일본의 금융기관과 기업이 부동산과 주식 버블이 꺼지면서 떠안게 된 대규모 부실 자산 때문에 제대로 대출과 투자를 늘릴 수 없는 이른바 '좀비 은행'과 '좀비 기업'으로 전락하면서 빚어진 사태다. 미국 경제는 주택 버블에 현혹되어 가계 부채를 한껏 늘린 미국 소비자가 그 버블이 꺼지면서 빚더미에 짓눌려 전혀 소비를 늘릴 수 없는 '좀비 소비자'로 전락했기 때문에 2009년 3분기에 공식적으로 경기회복이 시작된 후 9분기, 2년 이상의 시간이 지난 시점까지 저성장의 늪에서 벗어나지 못하고 있다.●

● 모건 스탠리 아시아의 스티븐 로치(Stephen Roach) 비상임 회장은 '살아 있는 시체의 회귀로 위협받고 있는 글로벌 경제'라는 〈파이낸셜 타임스〉 기고(Global economy menaced by return of living dead, 2011. 6. 15)에서 지난 2008년 이후 무려 13분기 동안 미국 소비자의 연간 실질 소비지출이 평균 0.5퍼센트밖에 증가하지 않았는데, 전후 이처럼 소비지출이 부진했던 것은 유례 없는 일이라고 밝히고 이러한 '좀비 소비자'로 인해 미국 경제가 'V' 자형의 급속한 경기회복으로 돌아서게 될 가능성은 전혀 없으며 향후 5년간 일본형 장기 저성장의 늪에서 헤매게 될 것이라고 비관적으로 전망했다.

'유럽형'
장기 저성장으로 가나?

미국 연준(FRB)의 벤 버냉키 의장과 많은 경제 전문가는 미국의 경기회복세가 우려스러울 만큼 취약한 것은 사실이지만, 이는 '일시적 현상'일 뿐이며 2011년 하반기 이후에는 다시 활기를 보일 것으로 예상해왔다. 그러나 6월 30일로 2단계 양적 통화 완화(QE2)가 종료된 후 의회 증언에서 버냉키 의장은 "최근의 경제적 취약성이 예상했던 것보다 한층 더 끈질긴 것으로 보이며, 디플레이션적 위험이 재부상할 가능성이 남아 있기 때문에 추가적인 정책 지원의 필요성이 제기되고 있다"고 말해 그동안의 낙관적 전망에서 한발 물러섰다. 이런 가운데 보수적인 경제 전문가는 미국의 경제 상황이 세금 인상과 규제 강화에 관한 정치적 불확실성과 연방 부채의 누적에 발목이 잡혀 '유럽형 장기 저성장 국면'으로 하방(下方) 수렴(收斂)되고 있다는 어두운 분석을 제기한다.

2005년 노벨 경제학상 수상자인 로버트 루카스(Robert Lucas) 교수는 미국이 1870년 이후 놀랄 만치 꾸준하게 연 3퍼센트의 실질 GDP 성장률을 지속해왔지만 2008년 위기 이후에는 좀체 그 장기적 추세로 복귀하지 못하고 있다고 지적했다. 루카스 교수는 그 원인에 대해 오바마 대통령의 거듭된 부유층 증세 발언과 기업 적대적 정책으로 인해 공급 측면에서 미국 경제의 활력이 살아나지 못하고 있기 때문이라고 분석한다. 루카스 교수는 신고전파 경제학의 대표적 이론가로서 케인스학파가 주장하는 정부 지출 확대를 통한 적극적 경기 부양 정책은 인플레이션 위험만을 높일 뿐 경기 회복의 효과를 기대할 수 없다고 주장하는 인물이다. 경제주체가 이미 그러한 정책으로 초래될 인플레이션 악화를 예상하고 대응하기 때문에 물가를 안정시키려면 그에 상응하는 금리 인상을 해야 하므로 경기 촉진 효과가 반감된다는 것이다. 이는 1950년대와 60년대를 풍미한 케인스 이론에 대해 맹공을 가하며 그가 제시했던 '합리적 기대 이론'이다.

루카스 교수는 워싱턴 대학에서 행한 '미국의 경기 침체 : 2007~201?'라는 강연에서 오늘날 미국 경제의 근본적인 문제점은 케인스학파가 주장하는 총수요 부족이 아니라 공급 측면에서의 애로(隘路)에 있다고 주장한다. 2008년 위기 이후 정부의 경제 개입 확대와 정책적 불확실성으로 인해 미국 기업이 투자와 고용 확대에 나서지 않고, 이 때문에 고용 침체와 고실업이 장기화되고 있고, 또 이로 인해 기가 꺾인 소비자가 좀체 지갑을 열려고 하고 있지 않기 때문에 미국 기업의 '야성적 충동(animal spirit)'이 살아나지 않고 있다는 것이다. 그가 강연 제목에서 2007년을 경기 침체의 시작 연도로 표기하면서 그 종결 연도는 '201?'라는 물음표로 대신한 것은 아주 시사적이다. 이것은 미국이 노동시장과 복지 및 조세정책에서 서유럽 국가를 쫓아간다면 지난 1870년 이후 140여 년간 지속되어온 3퍼센트대의 장기 성장 추세로의 복귀가 영원히 불가능해질 수 있다는 우려를 함축하고 있다.

프랭클린 루즈벨트 대통령은 1930년대 대공황에서 미국 경제를 살려낸 '위대한' 대통령으로 기억되고 있다. 그 루즈벨트 대통령에 대해 케인스는 여러 차례 정책적 조언을 한 것으로 알려지고 있다. 그로부터 70여 년 후 오바마 대통령은 대공황 이후 최악의 경제 위기를 맞아 전임 부시 행정부로부터 넘겨받은 7800억 달러의 부실자산처리기금(TARP)과 함께 대대적인 재정 투입을 통해 경제 살리기에 나섰다. 아울러 FRB는 제로금리정책과 함께 두 차례에 걸친 양적 통화 완화(QE1 및 2)를 통해 최대 2.3조 달러 이상의 통화를 풀어 재무부 증권(TB)과 모기지 담보 증권(MBS)을 사들였다. 이는 FRB의 정책 금리인 연방 기금 이자율을 제로 내지 0.25퍼센트로 유지함으로써 단기금리를 안정시킴과 동시에 10년 만기 TB 수익률을 끌어내려 장기 이자율의 상승을 막기 위한 조치였다.

루카스 교수는 2008년 글로벌 위기에서 미국 경제가 받은 타격이 GDP의 10퍼센트 규모로 대공황 당시(35퍼센트)의 3분의 1 수준이었던 것으로 추정한다. 그리고 이는 대공황을 교훈 삼아 FRB가 적극적인 통화 완화를 감행한 덕분이라고 인정한다. 케인스학파로부터 '시장 광신자'로 매도당하는 그가 케인스 이론에 따른 버냉키 의장의 위기 대응에 관해 긍정적 평가를 내린 것이다. 그러나 루카스 교수는 더블딥이나 스태그플레이션 위험이 높아질 경우 FRB가 다시 적극적 통화 완화에 나서야 할지는 일체 언급하지 않았다.

2011년 1월의
'이변'

2011년 2월 4일, 우리나라의 설 연휴 마지막 날 미국 노동시장에서는 '놀라운' 일이 일어났다. 이날 발표된 2011년 1월 고용 통계에서 미국의 실업률이 두 달 연속 무려 0.4퍼센트포인트, 합계 0.8퍼센트포인트나 떨어져 지난 1950년대 '황금기(Golden Age)' 이후 최고의 하락 폭을 기록한 것이다. 미국에서 두 달 사이 실업률 하락 폭이 이보다 더 컸던 것은 1949년 11, 12월(1.3퍼센트포인트), 1950년 7, 8월(0.9퍼센트포인트), 1951년 1, 2월(0.9퍼센트포인트), 그리고 1958년 10, 11월(0.9퍼센트포인트) 네 차례 뿐이었다. 이런 실업률의 급락은 2009년 3분기에 미국 경제가 '대침체'로부터 벗어나기 시작한 후 20개월 만에 처음 있는 일이었다. 그래서 일부 경제 분석가는 미국 경제가 마침내 "본격적인 고용 회복의 문턱에 서 있다(Stephen Stanley, Pierpoint Securities)"고 반겼다.

그러나 월가의 대다수 경제 분석가는 한층 더 신중한 자세였다. 비록 실업률이 급락하긴 했지만 그것은 고용이 크게 늘어나서가 아니라 1월의 폭설 때문에 많은 실직자, 특히 건설 노동자가 일자리 찾기를 잠시 접고 '방콕(방에 틀어박혀 나들이를 삼가는 것)'을 선택했기 때문이었구. 실업률은 실직자의 수를 전체 노동자로 나눈 백분율(퍼센트)로 나타내는데, 비록 실직자라 할지라도 적극적으로 일자리를 찾지 않는 사람은 노동 의사가 없는 것으로 간주해 실직자의 수에서 제외시킨다. 즉 1월의 폭설로 인해 다수 실직자가 실제 실직자의 수치에서 빠져나간 것이 실업률이 급락하게 된 진짜 배경이었던 것이다.

2010년 12월 고용 통계에서 실업률이 9.8퍼센트에서 9.4퍼센트로 떨어졌을 때 오바마 대통령은 환하게 웃으면서 "전체적으로 실업률의 하락은 긍정적인 뉴스다. 그러나 이것은 단지 우리의 노력(경기 부양)을 늦추어서는 안 된다는 중요성을 강조하고 있을 뿐이다"고 말했다. 이 말은 자신이 취임 초에 취한 8700억 달러의 경기 부양책이 효과를 발휘해 우럽보다 한 걸음 빨리 경기회복을 시작했고, 이제 실업률이 급락하고 있는 만큼, 자신이 의회에 대해 요구하고 있는 추가적인 경기 부양책을 서둘러 승인해달라는 일종의 '시위'였다. 그러나 2011년 10월 실업률이 다시 0.4퍼센트포인트나 떨어져 9.1퍼센트로 낮아졌지만 오바마 대통령이나 그의 참모는 한층 더 신중한 자세로 "경제 데이터의 전반적 추세는 고무적이지만, 아직 상당히 할 일이 많다"고 주장했다. 이것은 2010년 중간선거에서 하원을 장악한 공화당에 대해 경기회복이 지속되고 있지만, 아직은 고용 회복이 전혀 되고 있지 않기 때문에, 연방 부채와 재정 적자를 줄이기 위한 지출 감축은 시기상조이며, 여전히 추가적인 경기 부양이 필요하다는 오바마 특유의 정치적 수사였을 뿐이다.

'고용 불황'의 정체

그렇다면 미국 노동시장의 봄은 언제일까. 〈뉴욕 타임스〉의 데이비드 레온하트 기자(David Leonhardt)는 미국 노동시장이 단순히 경기 주기적이 아닌 구조적인 요인으로 인해 경기회복 속도에 비해 고용 회복이 턱없이 더디게 진행되는 '고용 불황(employment slump)'에 빠져 있다고 말한다.[38] 경기회복에 비해 고용 회복이 한참 늑장을 부리는 현상은 지난 1991년과 2002년에 이어 이번에 세 번째로 겪은 이변이다. 도대체 미국 경제가 이런 상황에 빠져든 것은 무엇 때문인가? 레온하트 기자는 그 원인을 미국의 주택 버블이 다른 나라에 비해 훨씬 더 심각했다거나, 일자리를 잃은 수많은 건설 노동자가 쉽사리 다른 직종으로 옮겨가지 못한다거나, 혹은 미국 기업인이 소비지출이 꺾일 것을 우려해 고용을 미루고 있을 것이라는 점 등으로는 충분히 설명할 수 없다면서, 미국 노동시장에서 '권력균형의 변화'에 주목한다.

그의 설명에 따르면 지난 20세기 대부분 기간에 걸쳐 미국의 사용자와 노동자의 관계는 노조의 위축과 법원의 친(親)기업적 판결 등으로 인해 사용자 측에 유리하게 바뀌어왔고, 그 결과 미국 기업은 경기가 나빠지면 노동자를 해고하고, 좋아지면 임시직을 늘리는 등 고용구조를 기업 이익 위주로 마음대로 재단할 수 있게 되었다. 미국 노동시장의 이러한 변화는 캐나다와 일본 및 대다수 유럽 기업이 2011년 현재도 여전히 위기 이전의 이익금 수준을 회복하지 못하고 있는 것과는 대조적으로 미국 기업이 2007년 말 이후 12퍼센트나 높은 이익을 실현하면서 한층 신속히 위기로부터 벗어나게 된 근본적인 요인의 하나로 간주되고 있다. 이른바 '경쟁력의 저주'의 한 단면이자 '세계화의 그늘'이기도 하다.

미국 정치권은 고용 불황의 원인을 두고 추가적인 경기 부양과 양적 완화를 지속해야 한다는 주장(백악관과 FRB 버냉키 의장)과 오바마 행정부의 경기 부양 정책이 완전히 실패했다면서 부채 상한선을 증액하는 조건으로 장기적인 재정 적자 감축 계획의 시행을 요구하는 주장(공화당)으로 갈려 있다. 정치인은 입으로는 일자리 창출을 외치면서도 정작 실직 노동자의 고통은 외면한 채 변함없이 잿밥(예산) 다툼만 벌이고 있는 것이다.

경제성장이나 경기회복은 고용 증가와 연계될 때에만 의미가 있다. 실업률이 급락하고 있어도 그것이 실망 노동자의 구직 포기의 결과라면 전혀 무의미한, 통계의 장난일 뿐이다. 특히 미국의 하층 노동자가 위기 이전보다 10퍼센트 내지 20퍼센트나 낮은 저임금 일자리에 몰리고 있는 가운데 글로벌 위기를 촉발시킨 장본인인 월가의 뱅커와 핫머니 운용자는 납세자의 세금에서 구제금융을 받아 살아남은 후 M&A를 통해 한층 더 회사 몸집을 키운 채 천문학적인 보너스 잔치를 벌이고 있는 모습은 웃고 싶어도 전혀 웃을 수 없는 '세계화의 희극'이다.

노동시장의
구조적 변화

2000년 이후 10여 년 동안 미국 노동시장에서는 이른바 '고용 없는 성장'
의 어두운 그림자가 한층 뚜렷이 그 모습을 드러냈다. 이 기간 중 미국의
전체 상품 및 서비스 산출량은 19퍼센트 증가하고, 비농업 부문의 기업 이
익은 85퍼센트 증가한 반면, 민간 부문의 일자리는 거꾸로 200만 명 가까
이 줄어들었다. 그리고 미국의 성인 노동 참여율은 58.2퍼센트로 떨어져
1983년 이후 가장 낮은 수준을 기록했다.

  왜 이런 일이 벌어지고 있는가? 미국 경제의 일자리 창출 기능에 무엇인
가 근본적인 문제점이 생긴 것인가? 경제 분석가는 그 원인으로 2008년 글
로벌 금융위기 이후 미국 경제의 성장 속도가 크게 떨어지면서 충분한 일
자리를 만들어내지 못하는 '느림보 성장', 경기 침체가 끝난 이후 가장 먼
저 고용을 늘리는 건설 및 중소기업 부문의 계속적인 침체, 그리고 전반적
인 경기 전망의 불투명성에 따른 미국 기업의 투자 및 고용 기피 현상을 지
적한다. 그런데 보다 심각한 요인이 있다. 〈월 스트리트 저널〉의 데이비드
웨설(David Wessel) 경제 에디터에 따르면 이런 요인과 함께 미국 노동시장에

서는 지난 1990년대 이후 한층 중요한 변화가 진행되어왔다. 그것은 미국 경영자의 '구조적 노동비용 절감' 혹은 '노동신축성'이라고 부르는 현상으로 과거에는 경기 침체로 인해 종업원을 감축하거나 작업 시간을 단축해야 할지라도 어느 정도 탄력적으로 대응했지만(노동 비축, labor hoarding), 이제는 노동자를 마치 '소모품처럼(disposable workers)' 여기며 경기가 나빠지면 서둘러 해고하고, 경기가 회복되어 다시 채용을 해야 할 때에는 늑장을 부리거나 정규직이 아닌 시간제나 임시직으로 채우는 경향이 늘어나고 있다고 노스웨스턴 대학의 로버트 고든(Robert Gordon) 교수는 설명한다.

2011년 초 매킨지글로벌연구소가 2000여 개의 미국 기업을 대상으로 실시한 조사에서 응답자의 58퍼센트는 향후 5년간 시간제나 임시직 혹은 계약직 채용을 늘릴 것이라고 밝혔으며, 21.5퍼센트는 '아웃소싱(외부 발주)'이나 '오프쇼어(해외 위탁)'를 늘릴 것이라고 밝혔다. 매킨지 분석가는 또한 "미국 기업이 기술을 활용하면서 노동력을 가변적 투입 요소(variable input)로 관리할 수 있게 되었다. 새로운 자원 사용 계획(resource scheduling system)을 이용해 그들은 하루 풀타임 작업이나 시간 단위로 꼭 필요한 때에 노동자를 충원할 수 있게 되었다"고 설명한다. 과거 도요타 자동차가 부품과 자재 관리에 적용해온 JIT(무재고 원칙)라는 경영 기법이 어느 순간에 미국 기업의 노동 관리 기법으로 응용되고 있는 것이다.

중국이 '세계의 공장'으로 회자되면서 미국의 제조업은 더 이상 설 자리가 없게 되었다는 것이 일반적인 인식이었다. 그러나 비록 전체 미국 경제에서 차지하는 비중이 크게 줄어들고(1970년 GDP의 26퍼센트에서 13퍼센트로), 또 노동자의 수효도 대폭 감소했지만(1970년 전체 노동자의 25퍼센트에서 9.52퍼센트 약 1400만 명으로) 미국 제조업은 놀라운 생산성 향상 능력을 과시하며 세계 제1

의 위치를 계속 지켜내고 있다. 그런데 〈파이낸셜 타임스〉의 존 개퍼(John Gapper) 경영 문제 담당 수석 논평 위원에 의하면 1997년에서 2007년 사이에 미국 제조업의 산출량이 연간 3.9퍼센트, 생산성이 6.8퍼센트씩 늘어난 것은 같은 기간에 무려 570만 명의 미국 노동자가 제조업에서 사라지는 희생 위에 실현된 '처절한 전과(戰果)'였다. 생산성을 높이려면 같은 노동력으로 생산량을 더 늘리거나, 노동력을 줄이면서도 생산량을 그대로 유지하거나 늘려야 한다. 생산성 향상은 경쟁력 강화를 위한 필수 조건이다. 그러나 일자리 창출의 측면에서는 그것을 결코 반길 수만은 없다.

　미국 시카고와 세인트루이스 연방은행 분석가는 2011년 연구 보고서에서 "미국 제조업의 전망은 밝다. 그러나 제조업 부문으로부터 크게 고용 증대를 기대하지는 말라. 컴퓨터를 활용한 생산성 증대 요인이 제조업 산출량을 늘리는 데 있어서 사람이 담당할 수 있는 역할을 지속적으로 감소시키고 있다"고 밝혔다. 이는 생산성과 일자리의 역비례 관계를 보여주는 '생산성의 역설'이다. 존 개퍼 논평 위원은 미국 경제의 장기적 저성장 추세를 해결하려면 연방 부채 상한선 증액을 둘러싸고 극한적인 대립을 벌이고 있는 워싱턴 정치권의 생산성을 대폭 높이고(미국 정치인의 대폭 감축), 미국의 1450만 실직자와 임시직 등을 포함하여 2500만여 명에 이르는 불완전 고용자에게 일자리를 마련해줄 수 있는 방안을 시급히 강구해야 한다고 답답함을 토로한다.[39]

실업률 갭,
'2퍼센트포인트'의 수수께끼

경제는 흐르는 물과 같다. 때로 거센 물거품을 내뿜으며 급하게 흐르지만 곧 물살이 느려지고 평소의 흐름으로 되돌아가는 것이 보통이다. 그런데 미국 노동시장에서 매우 걱정스러운 현상이 지속되고 있다. 과거 같으면 이미 2008년 글로벌 위기 이전 수준으로 실업률이 떨어졌어야 하는데 전혀 그렇지 않고 있다. 1970년대 이후 다섯 차례의 경기 침체를 거치면서 미국의 실업률은 짧게는 1년 미만, 길게는 3년여 만에 다시 위기 이전 수준으로 떨어지는 경향을 보였다. 다만 2001년 닷컴 버블 후에는 그 기간이 훨씬 길어져 무려 5년 가까이 걸렸다.

그렇지만 2008년 글로벌 위기 이후 미국의 실업률은 한때 10.1퍼센트(2009년 10월)까지 높아졌다가 2011년 3월에는 8.8퍼센트까지 떨어진 후 그다음 달에는 다시 9퍼센트로 높아지는 등 위기 이전 수준에 비해 여전히 4퍼센트포인트 이상 높은 수준에 머무르고 있다. 비록 이번 경기 침체가 대공황 이후 최악이라고 해서 '대침체'라는 이름으로 불리게 되었지만 위기 이후 벌써 50여 개월, 경기회복 이후 30여 개월이 지났는데도 어째서 실업률은 그 이전 수준으로 떨어질 기미를 전혀 보이지 않는가?

일반적으로 그 원인은 대침체에서 미국 경제가 그만큼 큰 타격을 입어 실업률의 하락이 더디게 진행되고 있기 때문으로 지적되고 있다. 그러나 일부 분석가는 미국의 노동시장이 유럽형 고실업 구조로 근본적으로 변화하고 있는 것이 아닌지 의심한다.

● 실질 GDP(P)의 등락에 따른 실업률(U)의 변화를 계산하는 공식으로 'U 변동치 = −1/2×(P 변동치 −3퍼센트'로 표시한다. 이 공식에 의하면 실질 GDP가 3퍼센트로 증가하면 실업률은 기존의 상태에서 전혀 변하지 않으며, 실질 GDP가 2퍼센트로 증가하면 실업률은 0.5퍼센트포인트 상승한다. 오쿤의 법칙은 결코 '확고한 법칙'이 아니고, 또 미국 경제를 대상으로 제시된 공식이므로 다른 나라에 적용할 때는 그 상수(3)가 달라질 수 있다.

만약 이런 분석이 맞다면 큰일이다. 미국은 아직 유럽 수준의 복지 체제를 갖추고 있지 않기 때문에 유럽과 같이 노동력의 10퍼센트에 해당하는 대규모 실업자 군(群)을 감당할 수 있는 정치 경제적 준비가 되어 있지 않다.

〈파이낸셜 타임스〉의 인기 블로거인 거시 경제 분석가 개빈 데이비스(Gavyn Davies)는 경제성장률과 실업률 변화의 상관관계를 보여주는 '오쿤의 법칙(Okun's Law)'을 적용해 흥미 있는 분석을 제시한다. 그는 2008년 대침체에서 현재 4퍼센트포인트까지 벌어져 있는 미국의 위기 이전 실업률(5퍼센트대)과 최근의 실업률(9퍼센트대) 사이의 격차 4퍼센트포인트 가운데 절반은 경기 침체가 그만큼 심했던 결과로 믿어진다고 밝혔다. 문제는 오쿤의 법칙으로 설명되지 않는 나머지 2퍼센트포인트가 무엇 때문인가 하는 점이다. 이에 관해 데이비스는 네 가지 가능한 요인을 제시한다.[40]

그 첫째는 미국의 금융 및 주택 시장 붕괴의 충격이다. IMF 분석가는 금융위기로 인해 촉발된 경기 침체는 다른 요인으로 인해 촉발된 위기에 비해 노동시장에 한층 큰 충격을 미치게 되며, 특히 그 위기가 주택 시장 붕괴와 결합될 경우에는 고용 시장의 상황을 더욱 악화시킨다고 지적한다. 이것은 경기 침체가 닥칠 경우 건설 부문이 여타 부문에 비해 더 많은 노동자를 해고하는 경향이 있기 때문이다. 물론 그다음에 주택 경기가 회복되기 시작하면 이 부정적 영향은 해소되지만 2008년 위기 이후 4차 연도에 접어든 현재까지 미국 주택 시장의 회복은 여전히 요원해 보인다.

둘째는 미국 노동시장의 신축성 확대다. 노동시장이 신축적인 경우에는 규제가 심할 때에 비해 경기 침체에 대응해 기업이 한층 신속히 노동자를 줄이고, 따라서 실업률도 그만큼 더 빠르게 상승하게 된다. 2008년 이후 미국의 실업률 상승 폭이 유럽에 비해 상대적으로 컸던 것은 분명히 이점으로 설명될 수 있다. 그러나 미국 노동시장 그 자체만을 볼 때는 여전히 의문이 남아 있다. 미국 애머스트 대학(Amherst College) 연구진은 미국 노동시장이 유럽에 비해 더 신축적이긴 하지만 최근 10여 년 동안에는 결코 신축성이 높아진 것이 아니며, 또 산업 부문별로 임시직 비율이 가장 높은 부문과 노동자 해고가 가장 심한 부문이 일치하지 않는 등 2008년 이후의 일자리 변호 패턴이 모델 예측 결과와는 차이를 보였다고 밝혔다.

셋째는 금융업 산출량의 과대평가다. 애머스트 대학 연구진에 따르면 1990년대 이후 미국 금융권의 상대적 고보수가 GDP 통계에서 실질 GDP의 증가로 '과대평가'된 측면이 있다. 이 때문에 고용이 크게 늘어나지 않은 가운데 실질 GDP가 더 크게 늘어난 것으로 통계상에 나타나게 되었고, 결과적으로 오쿤의 법칙에서 GDP 성장률과 실업률의 상관관계가 깨어지게 된 것이다. 2008년 위기에서 미국의 금융 부문은 정부의 구제금융을 받아 타격이 심하지 않았지만 노동자의 일자리 창출에서 훨씬 중요한 역할을 해온 비금융 부문은 상대적으로 심한 타격을 받았고, 그로 인해 미국의 전반적인 실업률이 그만큼 크게 상승한 것으로 생각할 수 있다.

네 번째는 세계화의 영향이다. 지난 2005년 뉴욕연방은행은 미국 기업의 옵셔링(해외 위탁 생산)으로 인해 매년 30만 내지 40만 개의 일자리가 외국으로 빠져나간 것으로 추산했다. 또 최근 10년간 미국의 다국적기업은 총 290만 개의 일자리를 해외로 옮긴 것으로 나타났다. 데이비스는 해외로 빠져나간 일자리는 상대적으로 생산성이 낮은 노동자가 수행하던 일자리일 가능성이 높으며, 따라서 그 일자리가 해외로 이전됨에 따라 미국 경제의 평균적인 생산성 수준은 높아지게 되었지만, 결과적으로 더 많은 노동자가 실업자로 남게 되었다고 지적한다. 미국을 비롯한 선진국 경제에서 생산성과 실업률의 갈등은 기업의 세계화 경영에 따라 발생하는 불가피한 현상이지만 국가적 고용정책의 차원에서는 어떻게든 그 충격을 완화할 수 있는 방안을 시급히 강구해야 할 과제다. 이는 유럽연합(EU)에 이어 미국과 자유무역협정(FTA)을 체결함으로써 한국 기업의 세계화 경영 발걸음도 한층 빨라질 것이 예상되는 시점에서 한국 사회에서도 적극적인 정책적 대응이 요구되는 과제다.

경제 현상의 변화는 다양한 요인의 복합적인 작용의 결과다. 2008년 글로벌 위기 이후 좀체 떨어지지 않고 있는 미국의 높은 실업률을 위기 이전 수준으로 끌어내릴 수 있는 간명한 해법은 없다. 그러나 미국의 고실업률

고착화 현상에 관한 데이비스의 분석은 우리에게 한 가지 분명한 메시지를 던지고 있다. 그것은 금융업의 비대화와 금융위기의 빈발 및 확산 추세가 미국 일자리의 해외 이전과 노동시장의 상황 악화와 밀접하게 맞물려 있다는 사실이다. 한국 금융권은 글로벌 위기 이후 한층 더 빠른 발걸음으로 대형화 비대화의 길을 달리고 있지만, 그에 따른 여타 경제 부문, 특히 노동시장에 대한 영향에 관해 한국의 경제 관료와 전문가는 너무나 태무심하다.

크루그먼의 분노

미국의 대표적 진보 경제학자인 폴 크루그먼이 정말 화가 난 모양이다. 2008년 노벨 경제학상 수상자이며 프린스턴 대학 경제학 교수인 그가 워싱턴 정가의 예산 적자 감축 논의와 연준(FRB)의 통화 완화 중단 움직임에 대해 "기득권층을 보호하고, 실직자를 울리는 정책이며, 고통 정책 집단(Pain Caucus)의 행태"라고 맹비난하고 나선 것이다. 2008년 글로벌 위기에 대처하는 오바마 행정부의 대응에 대해 크루그먼은 시종일관 경기 부양책이 턱없이 미흡했기 때문에 경제가 살아나지 않고 있다면서 추가적인 부양책과 통화 확대 지속을 거듭 주장해왔다. 따라서 연방 부채 상한선 연장 문제를 놓고 민주·공화 양당이 벌이는 정부 지출 삭감과 증세 협상이나, 인플레이션 우려를 내세운 FRB의 통화 정책 전환 움직임에 대한 그의 비판은 전혀 이상할 게 없다.

크루그먼 교수는 독설가로 정평이 나 있다. 그는 〈뉴욕 타임스〉 칼럼('Rule by Rentier' 2011. 6. 9)에서 미국 정치권의 재정 적자 감축 논의와 FRB의 통화정책 기류를 유럽 중앙은행(ECB)의 이자율 인상 및 그리스 부채 경감

반대 자세와 결부시켜 "범(汎)대서양 정책 마비 현상"이라고 비판했다. 그는 또한 "정책 당국자가 거의 전적으로 은행가와 거액 자산을 보유하고 있는 불로소득 계층(rentier)의 뒤만 돌봐주고 있다"고 원색적인 비난을 서슴지 않았다. 크루그먼 교수의 칼럼에서 특히 주목할 점은 현재의 저성장 속 고실업 상황과 인플레이션 우려가 교차하는 딜레마 상황에서 그의 정책 선택이다. 그는 정책 당국자가 긴축정책의 근거로 중소기업가와 노동자 보호를 내세우지만 "실제로 이들은 저성장 경제(weak economy)에서 훨씬 더 큰 타격을 받으며, 온건한 인플레이션(modest inflation)은 경기회복에 도움이 된다"고 주장하며 다음과 같은 논지를 폈다.

> 지금 미국 경제는 극도로 침체되어 있으며, 오늘날의 노동자와 미래 세대에게 다 같이 중대한 타격을 미치게 될 것이다. 어쨌든 수백 만 명의 젊은 대졸자가 사회에 첫발을 디딜 수 있는 기회를 박탈당하고 있는 상황에서 어떻게 20년 후 미국이 번영할 것으로 기대할 수 있는가? (중략) (고통 정책 집단이 실업자에게) 고통을 가하는 표면적인 이유는 계속 바뀌지만 그들의 정책 처방에는 한 가지 공통점이 있다. 그들은 무슨 대가를 치루든 채권자의 이익을 보호하려고 한다. 정부의 적자 지출은 실업자에게 일자리를 마련해줄 수 있다. 반면에 그것은 기존의 채권 보유자의 이익을 해칠 수 있다. FRB의 한층 적극적인 통화 확대 정책은 우리를 현재의 불황에서 벗어나게 하는 데 도움이 될 수 있다. 실제로 공화당계 이코노미스트까지도 약간의 인플레이션은 적절한 경기회복책이 될 수 있다고 주장한다. 그러나 인플레이션이 아니라 디플레이션은 채권자의 이익을 높인다. 그리고 (고통

정책 집단 내에서는) 부채 경감의 냄새를 풍기는 어떤 일에도 격렬하게 반대한다.

서머스 교수의 비판

오바마 대통령의 1기 경제 팀 수장을 지낸 하버드 대학 경영 대학원(존 F. 케네디 스쿨)의 로런스 서머스(Lawrence Summers) 교수가 미국 경제에 관해 이례적으로 비판적인 견해를 밝혔다. 그의 〈파이낸셜 타임스〉 기고('How to avoid our own lost decade' 2011. 6. 11)는 그 제목부터 예사롭지가 않다. '잃어버린 10년'란 표현은 지난 1990년 주식과 부동산 버블의 붕괴를 계기로 일본이 끝이 보이지 않는 저성장의 늪을 헤매고 있는 점을 가리킨다. 일본은 그 이후 거듭 경기 부양에 실패하면서 2008년 글로벌 위기를 맞았고, 다시 2011년 봄 초고강도의 대지진과 파멸적인 쓰나미에 강타당해 여전히 심각한 경기 침체에 시달리고 있다. 서머스 교수는 최근 5년간 미국 경제의 평균 성장률이 1퍼센트에도 미치지 못했고, 같은 기간에 경제활동 참여율이 63.1퍼센트에서 58.4퍼센트로 떨어지면서 취업자가 1000만 경 이상 감소했다고 지적하고, "미국은 이미 절반쯤 잃어버린 10년에 다가서 있다"고 경고한다.

2008~09년의 정책적 노력으로 금융 붕괴를 막는 데에는 성공했지

만 지금 미국은 잃어버린 10년에 절반쯤 다가서 있다. (중략) 일자리와 소득 결핍 문제와는 별개로 장기간에 걸쳐 한 나라의 생산수준이 자체적 성장 잠재력에 미치지 못하게 되면 미래를 그르치게 된다. 과거에는 상상할 수 없는 일이었지만 새내기 대졸 청년이 다시 부모에게 돌아가 얹혀살고 있다. 미국 전역에 걸쳐 재정난에 쪼들리는 교육구는 수학과 과학 과목 고급 과정을 축소하고 있다. 소득과 세수 감소는 현재와 미래에 미국의 예산 적자를 감당할 수 없는 수준으로 악화시키는 가장 중대한 요인이다.

서머스 교수는 미국 경제의 근본적인 문제점이 수요 부족에 있다고 지적하고, 이 문제를 외면한 채 노동자 재훈련이나 취업 유인을 확대하는 것과 같이 공급 측면을 개선하려는 정책은 경기회복에 거의 도움이 되지 못한다고 강조한다. 그는 미국 경제를 살릴 해법에 대해 언급하며 "우리가 위기에 빠지게 된 것은 자신감과 차입 및 대출 과잉 때문이었다. 그런데 이제 그 위기에서 벗어나는 것도 우리의 자신감과 차입 및 대출이 다시 높아져야 가능한 일이라니 아이러니가 아닐 수 없다"고 밝히면서 의회에 대해 단기적인 경기 부양과 중기적 예산 긴축을 결합한 성장 촉진책을 서둘러 마련할 것을 주문한다.

의회의 재정 긴축 논의에서는 미국의 신용도에 대한 최대의 위협은 지속적인 저성장 기간이라는 점을 확실히 인식해야 한다. 중기적 긴축 논의는 단기적 성장 역점과 결합되어야 한다. 2010년 가을 합의된 급여세(payroll tax) 인하와 실업 급여 연장이 없었다면 아마 지금쯤 미국은 더블딥 위험에 직면하게 되었을 것이다. 2011년 말에 재정적 부양책을 대폭 중단하는 것은 너무 성급한 일이다. 경기 부양책은 계속되어야 하며, 진정 사용주에게도 급여세 인하를 적용하는 등 확대 시행해야 한다.

그렇지만 미국 공화당 쪽에서 나오는 경제 담론은 크루그먼이나 서머스의 그것과는 너무나 달라서 어안이 벙벙할 정도다. 공화당 측은 미국의 경제 위기가 정부의 과잉 지출과 부채 누적에 기인한 것이라면서 일체의 세금 인상 없이 오로지 지출 삭감을 통해 재정 적자를 삭감해야 한다는 입장을 고수하고 있다. 특히 2012년 공화당 대선 후보군 가운데서 일부 인사는 연간 경제성장 목표치를 5퍼센트로 높이고, 정부 지출 상한선을 GDP의 18퍼센트로 하는 헌법 개정을 주장하고 나섰다.

이쯤 되면 미국 정치권의 경제 담론은 실망을 넘어 무책임의 절정을 보여준다. "한 정당은 경제를 살릴 아무런 아이디어가 없고(공화당), 다른 한 정당은 경제 살리기를 포기한 상태(민주당)"라는 〈블룸버그〉 통신의 에즈라 클라인(Ezra Klein) 칼럼니스트의 비판에 더 이상 보탤 말이 없어 보인다. 그는 이러한 정책적 교착상태에 대한 해법으로 '3-1-1'의 타협안을 제시한다. 오는 2013~22년의 10년 동안에 민주당 측이 '3단위의 지출 삭감과 1단위의 증세'에 동의하는 조건으로 공화당 측은 2013년까지 '1단위의 경기 부양'을 시급히 받아들이라는 것이다.

정치는 민생을 편안하게 하는 것을 목적으로 해야지 정권 재창출이나 정권 교체를 목적으로 해서는 안 된다. 그러나 2012년 대선을 앞둔 미국의 정치 흐름이나 한국 정치권의 움직임은 오로지 후자에만 초점을 맞춘 채 정치의 본래 목적인 민생에는 전혀 아랑곳없다는 자세다. 그래서 누구에게도 투표할 흥미를 느끼지 못한다는 유권자의 냉소가 점점 높아지고 있는 것이 아닐까?

노동경제학자
크루거의 등장

"미국은 실업(失業) 합중국이다." 2011년 7월 현재 공식 실업자가 전체 노동자의 9.1퍼센트인 1390만 명에 이르고, 그중 44.4퍼센트인 617만 명이 6개월 이상 일자리를 찾지 못하고 있는 장기 실직자이니 충분히 그렇게 부를 수도 있겠다. 이러한 실직자의 규모는 인구로 다져 미국의 50개 주 가운데 4개 주(캘리포니아·텍사스·뉴욕·플로리다)를 제외한 나머지 46개 어느 주보다 크고, 또 포르투갈의 인구(1080만 명)보다 더 많고, 그리스 인구(470만 명)의 거의 세 배에 달해 세계 68번째 국가에 해당하기 때문이다.

이런 미국이니만큼 2011년 8월 29일, 오바마 대통령이 자신의 세 번째 경제자문위원회(CEA) 위원장으로 저명한 노동경제학자인 앨런 크루거(Alan Krueger) 프린스턴 대학 교수를 발탁하자 미국 경제학계는 정치적 차이를 떠나 일제히 지지를 표명하고 나섰다. 과거 레이건 행정부와 전임 부시 행정부에서 같은 직책을 맡았던 마틴 펠드스타인(Martin Feldstein)과 그레고리 맨큐(Gregory Mankiw) 교수는 그의 선임을 "오바마 대통령의 탁월한 선택"이라고 찬양했다. 오히려 일부 진보적 인사는 실업자를 줄이기 위해서는 미시적인 조치보다는 야심적이고 거창한 정책이 필요한 시점이라면서 그의 선임에 대해 상대적으로 차가운 반응을 보였다. 진보적인 미국발전센터(Center for American Progress)의 매튜 이글레시어스(Mattew Yglesias) 소장은 "적극적이고 창조적인 인물이지만 그가 관심을 쏟아온 많은 일은 거대한 갭을 메우는 큰 그림을 그리는 것이 아니라 상대적으로 사소하고 따분한(small and bore) 공급 측면의 문제였다"고 논평했다.

CEA는 위원장을 포함한 3인 위원과 20명의 경제학자와 3인 통계 전문가 참모진으로 구성되어 대통령에게 경제정책에 관한 객관적 분석과 자문을 제공하는 기구다. CEA 위원장은 결코 경제정책 수립을 직접 주도하는 자리는 아니다. 그러나 데이터 중심의 연구를 중시하는 경험주의적 경제학자로서 빈번히 경제학계의 통념을 깨뜨리는 신선한 연구를 해온 것으로 유명한 크루거 교수는 오바마 대통령의 경제정책 방향과 추진 방식에 새로운 변화를 가져오는 계기가 될 수 있지 않을까 기대되고 있다. "앨런이 그 자리를 맡게 된 정말 반가운 측면 가운데 하나는 경제정책 평가의 인프라를 개선할 수 있다는 점이다"라고 하버드 대학의 로런스 캐츠(Larence Kats) 교수는 기대를 밝혔다.

고용 안정,
네덜란드와 독일의 해법

> 서방 민주국가 시민은 개인적으로 세금을 내고자 하는 것 이상으로
> 국고에서 복지 혜택을 받고자 한다. 이 결과는 경제적 침체다. 구유
> 럽은 미국보다 더 위기가 심각하다. 유럽인은 스스로의 곤경을 인정
> 하지 않으려 하면서, 미국의 경험(경제성장)을 깎아내리려 한다.

1986년 노벨 경제학상 수상자인 제임스 부캐넌(James Buchnan)이 《카우보이
자본주의(Cowboy Capitalism: European Mythology, American Reality)》라는 저서에 관
해 논평하면서 한 말이다. 이 책의 저자인, 독일 최대의 경제 신문 〈비르트
샤프트 보케(Wirtschaft Woche)〉의 워싱턴 특파원이었던 올라프 게르제만(Olaf
Gersemann)은 유럽인의 미국 헐뜯기를 꼬집으면서 "안전하게 실직해 있는
것(유럽)이 좋은가, 아니면 불안전하게 고용되어 있는 것(미국)이 더 좋은
가?"라고 묻는다. 이 질문에 대해 통일 독일의 험난한 초기 과정을 성공적
으로 극복해낸 게르하르트 슈뢰더 총리(1998~2005 재임)는 "나는 독일 노동
시장에서 미국식 조건을 원치 않는다. 독일 사회민주주의자는 하루에 세

가지 일자리를 뛰면서 해고에 대해 어떤 보호도 받지 못하는 일 없이 국민이 품위와 긍지를 가지고 살 수 있도록 하는 것을 정치의 목적이어야 한다고 생각한다"고 밝혔다. 그는 또한 미국의 카우보이 자본주의와 유럽의 복지 자본주의를 비교하면서 "나는 비양심적인 고용과 해고로부터 노동자를 보호하고 정글의 법칙에 굴복하지 않도록 하기 위해 독일 노동시장에 엄격한 규제를 가하고 있다"고 강조했다.

《카우보이 자본주의》가 서점가에서 팔리고 있던 지난 2005년을 전후한 시점에 대서양을 사이에 둔 유럽과 미국의 경제 상황은 분명히 '복지병을 앓는 유럽'과 '카지노 자본주의의 미국'으로 구분되는 측면이 있었다. 당시 미국은 2004년에 3.9퍼센트의 GDP 성장률을 기록하고, 이후에도 3퍼센트대의 성장을 지속하고 있었고, 실업률은 사실상 완전 고용 상태로 여겨지는 5퍼센트 수준을 유지하고 있었다. 이에 비해 유로 통화권(유로존)의 GDP 성장률은 2004년에 미국의 절반 수준인 2.0퍼센트에 그쳤고, 2005년과 2006년에도 1.5퍼센트 내지 2.5퍼센트에 머물렀고, 반면에 실업률은 미국의 두 배에 가까운 지극히 실망스런 상태였다. 그러나 2008년 글로벌 금융위기 이후 미국 경제는 급속히 유럽 쪽으로 수렴되는 양상을 보였다. 2010년 GDP 성장률에서는 여전히 미국이 유럽보다 약간 나은 상태였지만 2011년 상반기에 실업률이 9.2퍼센트로 사실상 유럽과 같은 수준으로 치솟은 가운데 성장률마저 0.8퍼센트로 떨어지면서 더 이상 유럽과 차별화하기 어려운 모습이 되었다. 과거 유럽인은 미국인에 대해 부러움과 시기심을 함께 지니고 있었다. 그러나 유럽인이 "미국 사회의 역동적인 분위기와 높은 소득수준에 대해 선망의 눈길을 보내면서, 산업혁명의 본거지인 유럽을 미국보다 뒤쳐지게 만든 정치인에 대해 분노한다.(스웨덴의 자유시장주의 싱크탱크 팀브로(Timbro)의 〈유럽연합 대 미국〉 보고서 2006. 6.)"는 말은 이제 더 이상 공감을 받기 어렵게 되었다.

2011년 현재 미국과 유로존 국가는 각기 재정 위기로 인해 격심한 진통을 겪는 '동병상련(同病相憐)'의 처지다. 그러나 유로존의 재정 위기는 그리스를 비롯한 유로존 남부, 재정 취약국의 문제일 뿐, 북부의 독일과 네덜란드는 그리스를 비롯한 문제 국가의 디폴트(채무상환 불능)를 막아내는 버팀목 역할을 하는 건전 재정국이다. 특히 2011년 현재 두 나라는 실업률에 있어서 유로존의 평균(10퍼센트)은 물론 미국보다도 훨씬 낮은 수준(네덜란드 4.2퍼센트, 독일 6퍼센트)을 자랑하면서 글로벌 경제 위기 속에 고용 안정을 기하고 있는 모범적 사례로 주목받고 있다. 두 나라의 이런 성과는 유로존의 재정 위기가 확산될 경우(이탈리아와 스페인의 디폴트 위험) 지속되기 어려울 수 있다. 그러나 두 나라는 단순히 '행운'으로 그런 결과를 얻게 된 것이 아니라 '노동시장에 대한 규제와 일자리 창출 내지 보존'의 균형을 잡기 위한 꾸준한 개혁을 통해 그런 결과를 실현해냈다는 점에서 유로존의 재정 위기와는 별개로 한국의 노동문제에도 중요한 길잡이가 될 수 있다.

2008년 글로벌 위기 과정을 통해 성장률 하락과 실업률 상승의 연관성에 있어서 독일과 네덜란드의 상황은 미국과 흥미 있는 차이점을 보여주었다. 미국이 경기 침체에 들어간 시점인 2007년 12월의 고점(高點)에서 경기회복이 시작된 시점인 2009년 2분기 말의 저점(低點) 사이에 미국의 GDP는 5.1퍼센트포인트 추락했다. 그러나 2011년 2분기에는 위기 이전의 고점보다 불과 0.4퍼센트포인트 낮은 수준까지 회복되었다. 그러나 같은 기간에 미국의 실업률은 위기 이전 고점보다 여전히 4퍼센트포인트나 높은 수준을 유지하고 있다. 성장률의 회복과 실업률 사이의 이런 괴리는 이른바 '오쿤의 법칙'을 크게 벗어나는 이례적인 현상이다.

이에 비해 네덜란드 경제는 같은 기간에 미국과 유사한 성장률 추락(마이너스 4.8퍼센트)을 경험했고, 위기 이후 회복세는 미국에 비해 뒤쳐졌지만(위기 이전 고점보다 1퍼센트포인트 낮은 수준) 실업률은 위기 이전보다 불과 1퍼센트포인트 높은 수준에 머물러 미국에 비해 훨씬 양호한 상태를 보였다. 독일 경제는 성장률 추락이 6.6퍼센트포인트로 미국보다 훨씬 컸지만 그 회복세는 미국보다 양호(위기 이전 수준 복귀)했고, 또 최근의 실업률은 위기 이전보다 2퍼센트포인트나 낮아져 경제 분석가를 놀라게 했다.

미국 경제와 독일, 네덜란드 경제에서 이런 차이점을 발생시킨 요인은 무엇인가? 일부 분석가는 독일과 네덜란드의 인구 노령화에 따른 숙련노동력 확보의 어려움과 상대적으로 높은 제조업 비중을 지적한다. 비록 경기 침체로 인해 노동력을 줄여야 할지라도 해고를 할 경우 다시 숙련노동력을 구하기가 쉽지 않기 때문에 경기가 살아날 때를 대비해 해고를 하는 대신에 이른바 '노동 비축(labor hoarding)'을 통해 숙련노동력을 확보해뒀기 때문이다. 독일과 네덜란드는 또한 미국과 여타 선진국에 비해 제조업 비중이 높기 때문에 위기 이후 중국을 비롯한 신흥국 경제의 급속한 팽창에서 더 큰 이득을 볼 수 있었다. 네덜란드 중앙은행의 누트 벨링크(Nout Wellink) 전 총재는 "기업 이윤이 기록적으로 높았다. 만약 그렇지 못했다면 우리의 실업률은 훨씬 더 높았을 것이다"고 말한다. 이런 점은 스페인과 아일랜드가 글로벌 위기에서 주력 산업인 건설과 주택 부문의 붕괴로 인해 경기회복은커녕 심각한 재정 위기에 몰리게 된 상황과 현저한 대조를 이룬다.

네덜란드 유트레히트(Utrecht) 대학의 요프 시퍼스(Joop Schippers) 교수는 인구학적 노동력 부족 상황과 숙련노동력 수요는 미국 기업에서 광범한 해고 선풍이 휘몰아친 것과는 대조적으로 네덜란드 기업에 대해 가능한 한 최대로 숙련노동력을 유지하게 만드는 강력한 인센티브로 작용했다고 설명한다. 그러나 글로벌 위기 속에서도 네덜란드 기업이 고용 안정에 기여할 수 있게 된 더 중요한 요인은 독일의 경우와 마찬가지로 "인적 자본의 파괴을 막아야 한다는 기업인의 신념"이라고 시퍼스 교수는 말한다. 경제적인 관점에서 볼 때 '노동력 비축'은 결코 바람직한 일이 아니다. 유럽 중앙은행(ECB)을 비롯한 정책 당국자는 그런 노동 관행이 글로벌 경쟁 시대에 유럽 기업의 구조 조정을 지체시키고 노동생산성을 떨어뜨릴 것으로 우려해왔다. 실제로 그리스를 비롯한 유로존의 예산 취약국은 필요한 구조 조정을 외면한 채 정부 차입을 늘리며 방만한 재정 운용을 해온 결과 재정 위기에 몰리게 되었다. 그러나 네덜란드 ULB 대학의 앙드레 사피르(Andre Sapir) 교수에 따르면 네덜란드와 독일은 글로벌 위기 훨씬 이전부터 광범한 경제개혁을 진행시켜왔으며, 따라서 기존의 정책 모델을 크게 바꾸어야 할 필요가 거의 없었다.

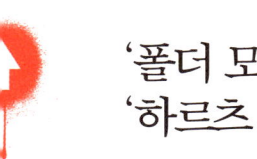

'폴더 모델'과
'하르츠 개혁'

네덜란드와 독일의 경제개혁은 각각 '폴더 모델(Polder Model)'●과 '하르츠 개혁(Hartz Reform)'●●으로 불리며, 노동 개혁과 동의어로 간주된다. 최근 10년 사이 "네덜란드 노동시장은 완전히 달라졌다"고 누트 벨링크 전 총재는 말한다. 파트타임 종업원과 계약직 근로자, 그리고 자영업 종사자의 수효가 대폭 늘어나면서 이른바 '노동시장의 유연성'이 크게 높아져 경제적 충격을 흡수할 수 있는 탄력성이 그만큼 커진 것이다. 네덜란드의 자영업자는 'ZZPer(Zelfstandige Zonder Personeler)'로 자처한다. 네덜란드어로 '종업원 없는 독립 기업가'라는 의미다. 2001년 이전에는 특정 직업군에서 그런 ZZPer로 활동하려면 관련 분야의 자격증을 취득하고 또 유관 기관에 등록을

● 1982년 네덜란드 정부와 기업 및 노조 대표는 '바세나르 협약(Wassenaar Agreement)'을 체결하고, 건설적인 의견 교환을 통해 노조는 임금 인상 요구를 최소한으로 유지하고, 기업은 종업원의 해고를 자제하며 근무시간을 줄여 일자리를 나누는 방식으로 고용을 안정시키고, 정부는 실직자의 생활 안정을 기하고 기업의 투자를 지원하는 사회적 협력 모델을 구축했다. 이 결과 네덜란드는 1999년 실업률을 5.25퍼센트 미만으로 끌어내려 1980년 이후 가장 낮은 수준을 기록했다. 네덜란드의 노동 개혁에 대해 유럽 정치인은 물론 빌 클린턴 전 미국 대통령까지 극찬했고, 또 노조 미디어는 네덜란드에서 이 제도에 힘입어 1980년 이후 15년간 '실업자의 수효가 절반으로 줄어들 수 있었다'는 열광적인 반응을 보였다.

해야만 했다. 이런 규제가 없어지면서
네덜란드의 자영업자는 전체 노동자의
거의 10퍼센트에 이를 만큼 급증했다.
독일도 2010년의 전체 고용 증가 가운
데 4분의 3이 임시직과 파트타이머와
같은 '비정형적(a typical)' 일자리를 통해
이루어진 것으로 2011년 6월 독일연방
통계국 조사에서 드러났다. 네덜란드
는 노사정 대표 간의 상호 신뢰와 협력
을 통해 2008년 글로벌 위기에서 경제
적 충격을 최소화하고 실업률을 3.9퍼
센트로 유지하는 등 고용을 안정시키
는 데 성공했다.

●● 공식 명칭은 '노동시장현대화위원회(Kommission
für moderne Dienstleistungen am Arbeitsmarkt)'이지만 그
위원장인 페터 하르츠(Peter Hartz)의 이름을 따서
'하르츠위원회'로 불리는 노동 개혁위원회는 2002년
2월 구성되어 2003년 1월부터 2004년 사이에 '하르츠
I, II, III' 개혁을 단행하고 2005년 1월 '하르츠 IV'
개혁의 시행에 들어갔다. 독일은 하르츠 I과 II 개혁을
통해 '미니 잡(Mini Job)'과 '미디 잡(Midi Job)'이라는
새로운 고용 형태를 설정하고 세금과 보험료 등의
혜택을 부여해 사용자에게 고용 장려금을 지급하는 등
일자리의 창출과 대체를 촉진시키고, 하르츠 III
개혁을 통해 실직자의 취업을 지원하는 고용 지원
센터 업무를 효율화하는 조치를 단행했다. 그리고
하르츠 IV 개혁을 통해 장기 실직자에 대한 실업
급부금과 사회복지 급부금(Sozialhilfe)을 통합해 그
액수를 복지 급부금의 하위 수준으로 억제함으로써
실직자가 한층 적극적으로 일자리를 찾게 하는 유인을
강화했다.

바닷물이 넘나드는 저지대인 간척지(polder)를 개간할 때 관련자 모두가
합심하여 신속히 제방을 구축하고 바닷물을 차단하는 것이 필수 조건인
것처럼 네덜란드의 노사정 대표는 글로벌 경기 침체에 대응하는 데 있어
서 다른 어느 나라보다 효율적인 협력 정신을 발휘할 수 있었던 것이다. 독
일의 노조와 사용자는 '하르츠 개혁'을 통해 노동시장의 경직성과 임금 인
상을 완화함으로써 독일 기업의 국제경쟁력을 크게 높일 수 있었다.
OECD의 노동시장 전문가인 스테파노 스카르페타(Stefano Scarpetta) 고용노동
사회국 부국장은 "네덜란드와 독일의 사례는 중요한 교훈을 내포하고 있
다. 그리고 노동자와 사용자 등 사회적 파트너 간의 효과적인 협력 관계는
독일 기업이 2008년 글로벌 위기에서 그 엄청난 충격에 효과적으로 대응

할 수 있게 해주었다"고 말한다. 그는 일시적인 수요 감소가 있을 때 미국 기업이 종업원을 해고하는 것과는 달리 독일 기업은 작업 시간을 줄여 일자리를 공유(共有)하는 이른바 '단축 근무(Kurzarbeit)'를 시행해왔다고 설명하며, "어떤 의미에서 지난 20여 년간 미국은 기본적인 노동시장 체제를 '해체(de-invest)'해왔다고 할 수 있다"고 비판한다. 뉴욕의 뱅크 오브 아메리카 메릴린치의 이선 해리스(Ethan Harris) 북미경제조사국장은 "미국 기업이 공격적으로 노동자를 해고하고는 경기회복기에도 꼭 필요한 경우가 아니면 채용을 기피하고 있다. 미국은 JIT(Just in Time) 노동시장이 되고 있다"고 지적하면서 과거 미국 기업과 노동자 사이에 암묵적으로 형성되어 있던 신뢰 관계가 매우 약해지고 있다고 우려한다.

바꿔야 할
한국의
경제 담론

9장

제로섬 사회,
경제 담론의 치명적 함정

한 국가의 번영은 그 구성원이 간직하고 있는 '사고의 틀'에 의해 크게 좌우된다. 사고의 틀은 사회 구성원이 가지고 있는 기본적인 가치관 즉 세계관이다. 이 사고의 틀은 사회 구성원이 주변 상황에 대응하고 스스로의 문제를 풀어가는 방향을 결정한다. 그것은 시대정신(zeitgeist)을 형성하고 사회 구성원의 행동을 구체적으로 결정하는 지배 체제로 작용한다.

　지금 한국 사회는 타협을 모르는 원색적인 이데올로기의 전쟁터가 되고 있다. 헌팅턴(Samuel Huntington)이 '문명의 충돌'을 말했지만 한반도에선 문명이 아닌 민족 내부의 극한적 대립이 지속되고 있다. 후쿠야마(Francis Hukuyama)는 사회주의와 공산주의 두 체제가 자유민주주의 앞에 굴복했다면서 '역사의 종말(The End of History)'을 주장했지만 남한 사회에선 해묵은 좌우 대립이 되살아나 우리의 사고를 옥죄고 경제의 활력을 소진시키고 있다. 한마디로 한국 사회는 사고의 위기에 있다. 그리고 이 사고의 위기로 인해 한국 경제는 총체적 경쟁의 시대인 세계화의 폭풍 속에서 방향을 잃고 한없이 표류 중이다.

한국 사회에서 보수와 진보의 극단적 대립 현상은 멀리는 박정희 군사 정권하에서 지속되어온 불균형적이고 압축적인 경제성장 과정과, 가까이는 1997년 외환위기와 IMF의 신자유주의적 위기 처방에 근거하여 진행된 구조 조정 과정에 대한 안티테제(反對命題)라고 할 수 있다. 따라서 오늘날 한국 사회의 전반적 분위기가 성장보다는 평등과 공정성을 강조하고 사회적 약자와 빈곤층에 대한 보호와 복지 확충을 지향하게 된 것은 지극히 당연한 결과다. 우리는 2차 세계대전 이후 서방 민주국가에서 대공황에 대한 안티테제로서 지식인 사이에 국가의 경제 개입 필요성과 복지 정책에 대한 요구가 급속히 높아진 결과 전쟁을 승리로 이끌었던 영국 보수당의 윈스턴 처칠이 노동당의 클레먼트 애틀리에게 패배하게 된 사실을 알고 있다. 비록 반세기가 넘는 시간적 간격이 있지만 시대적 상황은 오늘날 한국 진보 세력의 개혁 이념과 전후 유럽의 복지 국가 이념 사이에 분명한 연결 고리가 있음을 보여준다.

그러나 한국 사회에서 벌어지고 있는 진보와 보수의 타협을 모르는 대결은 우리 사회를 파괴적 제로섬게임(zero-sum game)의 장(場)으로 몰아넣고 있다.● MB 정부 출범 이후 한국 사회와 정치판에서는 토론과 설득이 실종되고, 오로지 말씨름과 삿대질로 일관된 극단적 이념 대결이 끝없이 이어지고 있다. 그런데도 우리는 이러한 사고의 빈곤을 초래하고 있는 이념 지향적 대결 상황

● 미국 사회가 경기 침체 속에 인플레이션이 기승을 부리는 이른바 '스태그플레이션'의 딜레마에 빠져 있던 시기에 MIT의 서로(Lester C. Thurow) 교수는 《제로섬사회(The Zero-sum Society, 1980)》와 《제로섬 해법(The Zero-sum Solution, 1986)》이라는 저서를 통해 "미국의 경제문제를 해결할 수 있는 방법은 있지만, 사회적 갈등과 이해 대립의 첨예화로 인해 해결이 불가능한 상태"라고 밝혔다. 그 후 세계는 이른바 '대처, 레이건 혁명'으로 불리는 신자유주의 경제정책으로 30여 년간에 걸친 "대안정기(Great Moderation)"를 구가했지만 2008년 글로벌 경제위기를 계기로 다시 서로 교수가 제기했던 지극히 불확실하고 불안정한 새로운 "제로섬 미래"에 직면하고 있다고 〈파이낸셜 타임스〉의 기드온 래크먼(Gideon Rachman) 국제 문제 수석 논평 위원은 경고한다. ― "Zero-sum Future: American Power in an Age of Anxiety", 2011

속에서 자포자기적 무관심으로 물러앉았거나, 아니면 독선과 아집을 한껏 발휘하며 생존경쟁에서 이기고 말겠다는 사생결단의 각오로 제로섬적 대결 전략에 몰두하고 있다.

언제부턴가 한국 사회에서 합리적 토론 문화가 실종되고 극한적인 이념 대결이 기승을 부리고 있다. 이러한 상황이 우리의 사고를 지배하게 된 것은 논리적이고 수직적인 서구적 사고방식에서 그 뿌리를 찾아볼 수 있다고 에드워드 드보노(Edward de Bono)는 지적한다(다음 절 '수평적 사고'의 지혜 참조). 그에 따르면 아리스토텔레스 이래 서양 문명의 기본적 사고의 틀을 형성해온 이러한 사고방식은 중세 교회에서 그 절정을 이루었다. 중세 교회는 그들의 지적 필요성을 오로지 이단자로부터 기존의 교리를 방어하는 수단으로 삼는 태도로 일관했다. 그래서 중세 교회는 스스로의 진리를 입증하려고 하는 대신 상대방의 비판과 도전을 물리치기 위한 논쟁적 사고방식을 발전시키는 데에 치중하게 되었고, 기존의 교리와 합치하지 않는 어떠한 것도 용납하지 않는 사고의 경직성을 키우게 되었다. 한국 사회에서 합리적 토론 문화가 실종되고 제로섬적 이념 대결이 지칠 줄 모르고 이어지고 있는 것은 한국 사회가 중세 서양의 고루한 종교적 독선에 오염되어 있다는 사실을 보여준다.

한국의 경제 담론에서 '좌'와 '우'의 공통점은 무엇인가? 그것은 양측이 똑같이 경제 죽이기에 열중하고 있다는 점이다. 그들은 '경제정책에는 정답이 없다'는 사실을 잊어버리고 자신의 주장이 정답이라고 강변하며 한국 경제에 관한 담론을 '파괴적 제로섬게임'으로 몰아가고 있다. 비록 어느 한쪽, 혹은 양쪽 모두의 주장이 정답이라고 할지라도 그 담론이 진행되는 방식이 '파괴적' 성격을 답습할 경우에는 그 결과는 역시 파괴일 수밖에 없을 터이다.

한국의 경제 담론은 우선 그 게임의 성격부터 생산적인 것으로 바꾸어야 한다. 그 첫걸음은 경제정책에 관한 논쟁에는 정답이 없다는 점을 '좌'와 '우' 양측에서 다 같이 인정하는 것이다. 자신의 주장이 정답이 아닐 수 있고 또 오답일 수 있다는 점을 인식하게 되면 최소한 게임의 성격을 파괴적인 것에서 중립적인 것으로 돌려놓을 수 있게 된다. 둘째, 경제정책에 관한 논쟁은 경제학의 영역과 정치학의 영역 두 곳의 논리가 동시에 적용되는 복합적 공간이지만, 경제정책의 목적을 달성하기 위한 정책 수단의 선택과 실제적 집행 절차는 정치적 영역에 속하는 문제라는 점을 인식할 필요가 있다.

경제정책에서 경제학적 접근은 사안(事案)별로 선택 가능한 정책의 범위와 경제적 비용 효과에 관한 분석을 제시하는 것이야 한다. 한국의 경제 담론은 경제정책을 '정답'과 '오답'의 차원에서 접근하고 있기 때문에 경제적 비용효과분석이나 특정 정책을 선택할 경우의 기대 효과와 기회비용에 관한 비교 검토는 전혀 이루어지지 못하고 있다. 한국의 경제 담론이 파괴적인 제로섬게임의 험담장이 아니라 생산적인 포지티브 게임의 토론장이 되기 위해서는 정책 토론의 참여자가 게임의 목적을 상대방을 누르고 이기는 것이 아니라(정답을 찾는 것이 아니라) 상대방의 주장을 경청하며 다양한 집단의 이해관계를 절충하여 경제학적으로 '평균 수준을 약간 넘는' 타협안을 도출하는 것으로 설정하는 것이 선결조건이다.

'수평적 사고'의 지혜

오늘날 한국 사회가 빠져 있는 보수와 진보, 우익과 좌익, 친미와 반미 등에 관한 이분법적 대립의 의식구조와 논쟁 수준은 유럽의 중세 교회를 암흑 속에서 헤매게 만들었던 사고의 경직성과 놀랄 만큼 닮은꼴이다. 이것은 마치 '같은 선로를 마주 보고 달리는 두 개의 기관차'와 같은 모양이며 '벼랑 끝에서 줄다리기'를 하는 것처럼 지극히 위험하고 어리석은 일이다. 그런데도 우리는 양자택일(all or nothing)의 제로섬게임을 일삼으며 한국 사회를 심각한 사고의 빈곤 상태에 빠뜨리고 있고, 화해와 통합이 아닌 갈등과 대결의 구도로 몰아가고 있다.

말타 출신의 정신과학자인 에드워드 드보노는 이러한 논쟁적 사고방식에 대한 해법으로 수평적 사고(lateral thinking) 기법을 제안한다. 현대의 아리스토텔레스이자 수학자 겸 디자이너를 자처하는 드보노는 결코 남의 생각이나 주장을 해석하는 학자가 아니라 자기 스스로 새로운 생각을 창출해 낸다. 그리고 '수학자'처럼 치밀하면서 동시에 '디자이너'처럼 어떤 고정된 관념의 틀에 얽매이지 않는 사고의 혁명을 주창한다. 1980년대 중반 내가 런던에서 인터뷰했던 드보노가 제시하는 사고의 유연성은 지금의 한국 사회가 제로섬게임의 함정에서 탈출하는 데 필요한 가장 중요한 지혜다.

사고는 '인류의 궁극적 자원'이라고 드보노는 강조한다. "서방 선진국은 개발도상국에 비해 최소한 10년은 뒤져 있다. 왜냐하면 그들은 전통적인 이분법적, 대립적 사고방식에 관하여 너무나 강한 신념을 가지고 있기 때문에 이로부터 쉽사리 벗어나 변화를 꾀하기 어렵지만 개도국은 스스로를 얽매는 경직된 사고의 틀이 없을 뿐만 아니라 강력한 변화의 욕구를 지니고 있기 때문이다"라고 그는 지적한다. 그리고 드보노는 인류의 미래를 결정하는 것은 사고의 질(質)이라고 주장한다. 이분법적·대립적 사고방식은 글로벌 위기를 누적시키고 궁극적으로 관련된 사안을 일대 파국으로 끝날 수밖에 없게 만든다. 예컨대 조지 W. 부시 미국 대통령의 '악의 축(Axis of Evil)' 선언은 칼뱅교파의 선과 악의 개념에 입각한 이분법적 사고방식의 반영으로 풀이된다.

드보노는 이러한 이분법적 사고를 극복하기 위한 방법으로 '수평적 사고' 기법을 제시한다. 옥스퍼드 사전은 이를 '드보노 박사가 개발한 새로운 사고방식으로, 비통상적인 방법으로 난해한 문제의 해결책을 추구하는 사고방식'이라고 정의하고 있다. 과학 문명이 발달하면서 인간은 컴퓨터라는 도구에 일상생활의 많은 부분을 의탁하고 있다. 이른바 '컴퓨터화' 혹은 '정보화'라고 불리는 이러한 현상은, 머지않아 인간이 컴퓨터에 예속되는 상황이 초래되는 것이 아닐까 하는 우려를 떨치기 어렵게 한다. 그러나 인간은 컴퓨터가 갖지 못한 아주 중요하고도 특별한 능력 한 가지를 가지고 있다. 그것은 수평적 사고다. 컴퓨터는 수직적 사고에서 인간보다 월등히 우수하지만, 수평적 사고는 인간만이 할 수 있다. 컴퓨터는 웃지 못한다. 인간은 웃을 수 있다. 컴퓨터는 오로지 논리적·단계적 사고를 할 수 있을 뿐이기 때문에 비논리적이고 의외적인 웃음을 결코 이해할 수 없다고 드보노는 강조한다.

수평적 사고의 예로서 드보노는 실업에 관해 획기적이고 긍정적 개념을 제안한다. 그는, 실업은 결코 골치 아픈 문제가 아니며 귀중한 잉여 인력 자원으로서 얼마든지 생산적으로 활용할 수 있는 '자원의 보고'라고 강조한다. 또한 인플레이션은 가격가치(price-value)와 사용가치(use-value) 가운데서 많은 사람이 가격가치만을 추구하기 때문에 일어나는 현상으로서 이를 해결하기 위해 경제활동의 목적에 따라 여러 가지 통화를 사용하는 '복수통화제도'를 사용할 것을 제안한다. 복수 통화란 통상적인 화폐와 함께 사용되는 미국의 푸드 스탬프(food stamp)나 충청남도 대전의 지역공동체인 '한밭레츠'가 발행하는 '두루'•와 같은 지역 화폐를 가리킨다.

• '두루'는 대전시 대덕구 법1동에 자리 잡은 '지역 품앗이 한밭레츠' 회원이 사용하고 있는 지역 화폐의 이름이다. 1998년 'IMF 사태'를 계기로 도입된 이 화폐는 2008년 현재 회원수 620명, 연간 거래 1만 569건으로 국내 지역 화폐 운동 가운데 가장 활발히 운영되고 있는 것으로 알려지고 있다.

드보노는 또한 수평적 사고를 통해 사회의 '화석화(化石化)' 현상을 극복할 것을 주장한다. 사회는 환경 변화에 스스로 적응해가는 일종의 유기체다. 오늘날 우리 사회의 많은 문제는 제도 그 자체가 잘못된 데에서 비롯되었다기보다는 그 제도를 운영하는 인간이 환경 변화에 적응하지 못해 사고방식이 화석화되고 있는 데에 그 원인이 있다. 다시 말해 인간의 사고가 화석화 현상으로 인해 나날이 굳어지고 있는 데도 이를 외면하고 오로지 제도를 바꾸기만 하면 모든 문제가 해결되는 것처럼 행동하는 것이 현대사회의 근본적인 문제점이다.

드보노는 수평적 사고의 한 방법으로 '설계적 사고'를 제시한다. 설계적 사고는 집을 짓는 설계사처럼 성취하고자 하는 목표(종결점)를 중심으로 사고하는 것이다. 이것은 다른 무엇을 '제외'시키려는 논쟁적 사고와 구별된다. 그런데 여기서 유의해야 할 점은 어떤 복잡한 기계를 설계하는 것보다 인간적 갈등의 결과를 설계하는 것이 훨씬 더 어렵다는 사실이다. 그것은 인간의 성향을 가늠하기가 어렵고, 따라서 어떤 일이 어떻게 전개될지 예측하기 어렵기 때문이다. 가령, 물리학적 법칙에 관해서는 우리가 어느 정도 이해하고 있기 때문에 태풍의 진로나 강도 등은 사전에 꽤 정확히 예측할 수 있지만 인간의 행위는 전혀 그러한 예측을 허용하지 않는다. 그래서 '설계적 사고'가 필요하다는 것이다.

에드워드 드보노가 주창하는 수평적 사고, 특히 그중에서도 설계적 사고는 이른바 '급진 개혁'과 '체제 수호' 두 진영으로 나뉘어 심각한 갈등과 대립을 연출하고 있는 한국 사회를 중재하고 화합시킬 수 있는 좋은 길잡이가 될 수 있다. 그러나 우리의 고민은 한국 사회의 갈등 구조에서 그 종결점(궁극적 목표)을 어떻게 설정하느냐 하는 것이다. 일단 개혁파가 추구하는 종결점을 '평등과 복지'로, 보수파가 추구하는 종결점을 '자유와 성장'으로 설정하고서 그 접점을 탐색해보기로 한다.

1990년대 민주화 이후 한국 사회는 이 두 가지 종결점을 각기 옹호하는 양대 세력으로 분열되어 갈등과 대립을 지속하고 있다. 두말할 필요 없이 이것은 기존의 논쟁적이고 수직적인 사고방식의 결과물이다. 한국의 정치 게임은 오로지 이기는 것을 궁극적인 목표로 설정하고 필요할 경우 게임의 룰 자체까지도 자기편에 유리하도록 바꾸거나 아예 무시하려는 후진적 습성을 버리지 못하고 있다. 수직적 사고방식에서 가장 파괴적인 정치적

아노미 현상이다. 이런 사고방식으로 한국 사회의 갈등 구조를 해체하거나 완화시키는 것은 불가능하다. 평등과 복지, 자유와 성장을 각기 대립적 개념으로 설정하고 그 우열을 판가름 내려고 한다면 이 둘의 화해와 통합은 영원히 불가능할 것이다.

여기서 우리는 18세기 독일의 위대한 철학자 임마뉴엘 칸트의 예지를 되새길 필요가 있다. 칸트는 "목적을 성취하고자 하는 자는 누구나 이성에 따라 행동을 결정할 경우 자신의 목적을 이루는 데에 필수적인 수단을 성취하고자 한다"고 말했다. '평등과 복지'는 '자유와 성장'을 통해 뒷받침되지 않으면 결코 실현될 수가 없다. 즉 '자유와 성장'은 '평등과 복지'를 성취함에 있어 절대적으로 필요한 수단이다. 칸트의 지적에 따르면 우리가 이성적으로 행동한다면 오늘날 우리 사회의 개혁파는 당연히 보수파가 되어야 하고 또 보수파는 개혁파가 되어야 한다. 왜냐하면 수단(보수파가 주장하는 자유와 성장)을 결여한 목적(개혁파가 주장하는 평등과 복지)은 공허하고, 목적을 결여한 수단은 무의미하기 때문이다. 이 둘은 불가분적이고 사이좋은 한 쌍을 이루어야 한다. 이것이 한국의 개혁파와 보수파를 화해시키고 통합시킬 수 있는 논리의 출발점이다.

민주주의와
자유주의의 갈등

프랑스의 정치가이자 저술가인 토크빌(Alexis de Tocqueville)은 "민주정치의 본질은 다수의 절대주권에 존재한다"고 말하면서도 '다수의 독재'를 경계했다. 다수의 독재란 민주적으로 선출된 정권이 국민투표나 다른 대중 동원 방식을 통해 자신의 권한을 제약하는 헌법을 일상적으로 묵살하고 시민의 기본권을 제약하며 독재 권력을 행사하는 것을 가리킨다. 〈뉴스위크〉 국제판 편집장을 지낸 인도계 미국 언론인 파리드 자카리아(Fareed Zakaria)는 《자유의 미래》에서 "민주주의는 번성하고 있지만 자유주의는 그렇지 못하다"고 지적하면서 이런 현상을 "비(非)자유주의적 민주주의"라고 불렀다.[41] 이런 상황에서 선출된 독재자의 대표적인 인물은 아돌프 히틀러다.

자카리아는 "지난 수십 년간 개발도상국에서 진행된 민주주의의 경험은 다수 의석을 점유한 세력이 때로는 조용히, 때로는 매우 소란스럽게 권력분립 원칙을 잠식하고 인권을 교묘히 유린하며 관용과 공정성의 오랜 전통을 타락시키는 과정이었다"고 지적한다. 이것은 민주주의가 항상 자유주의와 조화를 이루는 것이 아니며 때로는 위협이 되기도 한다는 것을 의미한다. 2004년, 우리나라에서도 그러한 사건이 일어났다. 당시 거대 야당이었던 한나라당의 노무현 대통령 탄핵 파동과 헌법재판소의 신행정수도 특별법의 위헌 결정에 대하여 여당이었던 열린우리당이 보여준 반응과 행태가 그것이다. 불행하게도 우리는 2011년 교과서 집필 지침을 둘러싸고 '자유민주주의'라는 용어의 적정성 여부에 관한 논쟁을 벌이면서 이번에는 단순히 정치판이 아닌 본격적인 가치 측면에서 민주주의와 자유주의의 갈등 속에 빠져들었다.

영국의 철학자 겸 수학자인 러셀(Bertrand A. W. Russel)은 자유를 "스스로의 욕망을 실현시키는 데 장애물이 없는 상태"로 정의한다. 여기서 장애물이란 법적인 장애물과 함께 경제적으로 자신의 욕망을 실현할 수 없는 상태, 즉 저개발 상태를 포함한다. 모든 국민은 법 앞에 평등하며 따라서 법적으로 모두 자유롭다고 말할 수 있다. 그러나 이것은 형식적 자유에 불과하다. 아무리 자유롭다고 할지라도 스스로의 욕망을 실현할 수 있는 경제적 수단을 결여하고 있을 때는 러셀의 관점에서 진정으로 자유로운 것이 아니다. 형식적 자유는 민주화를 통해 실현될 수 있지만 러셀이 말하는 실질적 자유는 민주화와 함께 경제성장이 병행될 때에만 실현될 수 있다.

그런데 아이러니컬하게도 한국 사회에서는 민주화가 진척되면서 평등 의식이 확산되고 그 결과 경제성장보다 분배 정책이 강조되면서 실질적 자유의 조건이 후퇴하는 상황이 빈번히 빚어지고 있다. 특히 컴퓨터와 통신 기술의 발달과 사회적 미디어(SNS)의 급속한 확산은 대중의 정치 참여를 크게 높이면서 '대중에 의한 정치'를 실현시키고 있지만 그 정치가 '대중을 위한 정치'가 되기보다는 과거 남미 경제를 파탄에 몰아넣었던 '파괴적인 포퓰리즘'으로 전락하게 될 위험성이 우려되기도 한다.● 이것은 서유럽과는 달리 남미와 아시아에서 개인적 권리와 자유에 대한 인식이 미약하고 국가 내지 공공 이익을 위해 개인적 권리를 유보하거나 희생시키는 것을 당연시하는 집단주의적 관념이 상존하고 있기 때문에 일어나는 현상이다.

민주주의는 지극히 비효율적이고 불안정한 정치체제다. 자본주의나 자유시장이라는 경제체제는 냉혹한 경쟁을 부추기고 경제적 약자를 어렵게 만드는 추악한 제도다. 그러나 민주주의와 자유시장의 가장 멋진 측면은 경험적으로 그것이 정치적 약자의 권리와 경제적 약자의 복지를 최대한으로 보장하는 제도라는 점

● 2011년 11월 24∼26일 부산에서 열린 '제1회 세계인 문학 포럼'에 참석한 노트르담 대학의 프레드 달마이어(Fred R. Dallmayr) 교수는 이화여대 김우창 교수와의 대담에서 "SNS는 현대사회에 와서 잃어버린 공동체의 느낌을 보상받으려는 욕망을 반영한 것이 아닌가 한다. 개인주의 사회에서 고립되고 소외된 사람이 서로 연결되고 싶어 하는 것이다. 이것은 치유이기도 하지만 동시에 부작용도 따른다. 익명의 집단성에 쉽게 매몰될 수가 있다. SNS를 통한 인간관계는 가족이나 지역공동체와는 다르다. 그 점에서 진정한 소통과 유대 관계를 가능케 해주는지는 의문이다. 젊은이에게 진정한 소통이 무엇인지 가르쳐야 한다. 자신의 사고 과정에 다른 사람을 참여시키고 상대편의 사고 과정에 동참하는 것이 어떤 것인지 깨우쳐줘야 한다. 그렇지 않은 대화는 단순한 오락일 뿐이다"고 지적했다.(《조선일보》 2011. 11. 25)

이다. 정치적 독재자는 항상 대중의 이익을 내세우고 대중의 이름으로 독재를 행한다. 그러나 결과적으로 독재로 인해 가장 큰 피해를 보는 것은 권력층이 아니라 대중이다. 마찬가지로 사회주의와 공산주의, 그리고 그 밖의 정부 개입과 통제를 강조하는 경제체제는 서민과 빈곤층의 경제적 복지를 극대화하겠다고 약속하지만 결과적으로 그들을 더없이 비참하게 만든다. 오늘날 북한의 현실이 바로 그 증거다.

민주주의와 자유시장은 대화와 타협을 그 생명으로 한다. 대화가 끊기고 타협을 배격하는 민주주의는 독재정치로 전락할 수밖에 없다. 아무리 그 의도가 순수할지라도 정부가 경제적 개입과 통제를 많이 하면 할수록

그 경제는 효율성과 활력을 상실하고 글로벌 경쟁 시대의 낙오자로 전락하기 십상이다. 우리는 진정 이런 상태를 바라고 있는 것인가?

민주화의 역설

한국에는 '진보주의자'는 있으되 '사회주의자'는 없다. 진보주의는 사회적 모순을 뜯어고치려는 개혁 이념으로 인식되고 있지만 사회주의는 급진적 평등과 계획경제를 추구하는 실패한 좌파 이념이기 때문이다. 또한 한국에는 시장경제주의자는 있으되 정부의 시장 개입이나 규제를 주장하는 통제주의자(dirigiste)는 없다. 그런데 현실적으로 한국 경제는 사회주의적 평등 이념과 공평 분배 의식, 시장에 대한 깊은 불신과 반(反)기업적 정서가 팽배한 가운데 심각한 정책적 혼란과 불확실성에 빠져 있다. 이것은 어찌된 일인가?

한국은 IMF와 세계은행이 공인하는 개발도상국의 대표적 '성공 모델'이다. 지난 1960년대 이후 본격적인 경제개발을 추진한 이래 우리나라는 1인당 GDP가 87달러(1962년)에 불과했던 세계 최빈곤국에서 불과 30년 만에(1995년) 그보다 115배나 늘어난 1만 달러의 중진국으로 올라섰다. 그러나 이 시점부터 한국 경제는 부패하고 무능한 정치의 횡포에 발목이 잡혀 표류하기 시작했다.

지난 1987년 민주화 이전까지 박정희·전두환 군사독재 정권하에서 '아이러니컬'하게도 정치와 경제는 대체로 협력적 관계를 유지했다. 정치적 정통성을 완전히 결여하고 있었던 집권 세력이 경제적 측면에서의 치적(治績)을 통해 스스로의 정치적 치부(恥部)를 가려야 하는 절박한 필요성에 등떠밀려 '본의 아니게' 경제개발을 통한 안정화에 그만큼 큰 비중을 두었기 때문이다.

그러나 1987년 민주화 선언 이후 정치와 경제의 관계는 협력적 형태에서 갈등적 형태로 바뀌기 시작했다. 민주화를 통해 정치적 정통성을 회복하면서 민주적 정권이 경제적 치적을 통해 스스로의 외모를 꾸밀 필요성이 그만큼 줄어들었기 때문이다. 전두환 정권 다음에 등장한 노태우 정권은 군사독재에서 민주 정부로 넘어가는 과도기 정권이었고 민주화의 열기 속에 경제는 거의 잊혀진 존재가 되었다. 김영삼 정부는 3당 합당이라는 '정치적 야합(野合)' 때문에 완전한 민주 정부로 인정받지 못하면서 '경제 선진화'를 통해 스스로의 정통성을 보강하려고 시도했다. 그 결과 YS 정부는 어설픈 '선진국 환상'에 이끌려 OECD(경제협력개발기구) 가입 조건을 충족시키기 위해 성급하게 금융자본시장을 개방하고 무리한 원화 고평가(저환율) 정책을 고수한 끝에 1997년 외환위기를 초래함으로써 경제적으로 가장 무능한 정부로 낙인찍히게 되었다.

또한 아이러니컬하게도 '단군 이래 최초의 민주 정부'를 자처하는 김대

● 1970년대 말까지 한국 경제는 지속적인 두 자릿수의 만성적 고율 인플레이션 상태를 벗어나지 못하고 있었지만 1980, 81년 전두환 군사정권하에서 '국민경제 교육'이라는 거국적 물가 잡기 운동을 벌인 후 한 자릿수의 인플레이션 시대로 이행할 수 있게 되었다. 이러한 물가 잡기 운동의 성공은 당시 국내 및 세계경제가 심각한 불황 상태에 있었던 점도 도움이 되었지만 전두환 군사정권이, 연이은 흉년으로 인해 민심 불안이 야기되는 것을 우려해, 대량으로 외미(外米)를 도입해 쌀값을 안정시키고 공산품 가격 인상을 강력히 억제하면서 인플레이션 기대 심리가 꺾이게 된 결과로 평가할 수 있다.

중 대통령의 '국민의 정부' 하에서도 한국 경제의 불행은 완화된 것이 아니라 한층 더 혹심해졌다. DJ 정부는 1997년 외환위기의 수습과 한국 경제의 구조 개혁을 지상 과제로 떠안고 출범했다. 이 때문에 김대중 대통령의 집권 5년간 한국의 대기업과 기업인은 완전히 국가 경제를 거덜 낸 중죄인(重罪人)으로 지목받아 단두대에 머리를 내놓고 정부의 처분만을 기다리는 고달픈 신세가 되었다. 정치와 경제의 갈등 관계가 아니라 정치의 철저한 경제 지배와 강제 수술(구조 조정)이 시작된 것이다. 이 결과는 외환위기 2년 만에 IMF 관리 체제 졸업을 선언하는 등 대성공을 거둔 것으로 평가되었다. 그러나 시간이 지나면서 DJ 정부의 경제개혁은 한국 경제의 지속적인 잠재 성장률의 후퇴와 경제 구조의 양극화라는 심각한 문제점을 드러내기 시작했다. 케임브리지 대학의 장하준 교수가 지적하듯이 'IMF 후원'의 DJ 경제개혁은 경제 위기의 진단과 처방 및 개혁 목표 모두가 잘못된 참담한 실패작이었던 것이다(이 점에 관해서는 4장 '한국 외환위기의 교훈'과 '외환위기의 그늘' 항목 참조).

한국 경제의 시련은 노무현 대통령의 '참여 정부'에 들어와서 한층 더 심해졌다. 노무현 대통령이 DJ 경제개혁을 그대로 계승했을 뿐만 아니라 대통령과 권력 핵심부의 이념 지향적 접근 자세가 경제정책을 완전히 '정치의 시녀'로 전락시켰기 때문이다. 참여 정부는 경제성장을 위한 신빙성 있는 비전과 전략을 전혀 내놓지 않았다. 그러면서 기업인이 요구하는 규제 철폐 내지 완화와 여타 경제 활성화 대책에 대해서는 "호황을 누리는 대기업이 불평해서는 안 된다"는 말로 입을 막아버렸다. 노무현 대통령은 2005년 연두 기자회견에서 "재벌 그룹 총수와 만나 기업과 정부 간의 협력 관계를 풀어갈 의향이 없는가?"라는 질문에 "재벌 회장을 못 만날 이유가 없지만 (과거처럼) 줄 게 없다. 한번 만나 등 두드려줘서 사기를 살린다는 사고는 이미 시대에 맞지 않는다"는 부정적인 인식을 드러냈다. 정부와 기업인 간의 대화가 완전히 끊어진 것이다. 매사추세츠 공대(MIT)의 한국 경제통인 앰스덴(Alice Amsden) 교수는 군부독재 체제에서 이루어진 '압축적 경제성장'을 정부–기업 협력 체제의 성과로 평가한다. 그리고 1980년대 말 이후 한국 경제의 급속한 성장력 쇠퇴와 1997년 외환위기의 원인을 그 때까지 한국 경제의 경이적인 성장을 이끌어온 '관민 협력 체제'의 붕괴에서 찾는다.[42] 참여 정부하에서 정부와 기업의 관계는 갈등과 대립을 넘어 사실상 단절 상태에 빠졌으며, 이후 한국 경제의 성장 잠재력 후퇴는 이 점이 크게 작용한 결과로 간주할 수 있다.

2008년 2월 글로벌 경제 위기의 검은 그림자가 점차 짙어지던 불안한 시점에 출범한 MB 정부는 '실용주의 경제 정부'를 표방하며 한국 경제를 위기에서 건져내고 또 한미 FTA 체결을 비롯해 경제외교에서 실적을 쌓는 데에 무척 공을 들였다. 그러나 석유류와 국제 원자재 가격의 폭등으로 촉발된 물가 급등과 심각한 청년 실업 문제 및 빈부격차 악화로 말미암아 MB 정부는 경제적 측면에서 전혀 성공한 정부로 인식되지 않고 있다. 특히 MB 정부는 출범 초기에 미국 쇠고기 수입 재개 결정을 계기로 '촛불 시위'라는 거센 시민적 저항에 직면하게 되었고, 신행정수도와 4대강 사업 등을 둘러싼 심각한 국론 분열로 인해 국민 소통과 정책 수행 측면에서 중대한 허점을 드러냈다. 이런 결과는 MB 자신이 안고 있던 '도덕성'의 문제에도 일부 원인이 있었지만, 그보다는 MB 정부하에서도 한국 사회의 이념적 단층이 MB의 '독선적' 통치 스타일과 충돌하면서 한층 더 깊고 거세게 분출된 결과라는 해석이 가능하다.

경제와 정치의 충돌

경제정책은 순수한 경제 논리의 세계가 아니다. 그것은 정치와 경제가 만나 충돌하고 절충하는 상호작용의 과정을 통해 실현된다. 그러나 이러한 상호작용의 과정에서도 경제의 기본 원칙은 바뀌지 않는다. 경제원칙 가운데 가장 중요한 것은 비용과 효과에 관한 원칙이다. '최소 비용, 최대 효과'의 원칙이 그것이다. 그렇지만 현실적인 경제문제를 풀어가는 과정에서 이러한 경제원칙이 그대로 적용되리라고 기대하는 것은 환상이다. 정치의 세계에서는 그 자체의 원칙과 논리가 우선하기 때문이다. 정치의 세계에서 가장 중요한 원칙은 '선거에서 이기는 것'이다. 정치인이 선거에서 지는 것은 경제의 세계에서 기업이 파산하여 시장에서 사라지게 되는 것과 마찬가지다. 여기서 경제의 '비용효과원칙'과 정치의 '여론 추종적 생리(포퓰리즘)'는 불가피하게 충돌하게 된다.

정부의 경제정책은 딜레마 상황에 처해 있다. 경제성장력이 급속히 위축되고 위기감이 고조되고 있지만 사회적으로 반(反)기업 정서가 팽배해 있어 친기업적 성장 정책이 정치적으로 득표 요인이 되지 못하는 분위기가 조성되어 있기 때문이다. 경제 상황이 좀 더 악화되면 그때는 다시 성장 정책을 요구하는 목소리가 살아날 수도 있겠지만 우리 사회의 평등주의적 관념이 근본적으로 바뀌지 않는 한 정치 논리에 따른 경제원칙의 왜곡 내지 묵살은 더욱 빈번해지고 또 거세어질 것이다.

정치와 경제는 또한 시간적 지평선(time horizon)에서 중요한 차이점이 있다. 경제 상황, 즉 경기 주기는 단기와 중기 및 장기적 파동을 따라 순환하며, 또 한 나라의 경제적 성장과 발전은 근본적으로 장기적 순환 주기에 따라 결정된다. 이에 비해 정치의 주기는 선거의 빈도만큼 자주 바뀌며 인터넷 여론조사와 트위터 등 SNS 기법을 통해 극도로 단기화되고 있다. 이 때문에 정치와 경제의 주기를 합치시키는 것은 사실상 불가능하고, 결과적으로 정치 논리에 따라 경제원칙이 맥없이 끌려가는 현상이 일상화되고 있다.

동시에 정치와 경제는 문제를 설정하는 방법에 있어서도 근본적인 차이가 있다. 정치는 목표 지향적이다. 정치는 '스스로 의도하는 바(hoped-for results)'를 기준으로 문제에 접근한다. 투기 억제, 공평 분배, 공정 경쟁, 투명 경영 등과 같은 가치 지향적(이념적) 구호가 그것이다. 이러한 정책 목표를 추구함에 있어서 정치는 경제원칙을 곧잘 뒤편으로 밀쳐놓는다. 예컨대 투기 억제가 당면 과제로 떠오르게 되면 특정 지역의 아파트 시세를 잡기 위해 전반적인 아파트 거래와 부동산 투자를 어렵게 만들고 전체 건설 산업을 침체에 빠뜨리고 궁극적으로는 아파트 시세가 한층 더 오르게 되어 서민의 주택 마련을 어렵게 만드는 무리한 정책까지 다다하지 않는 것이 정치의 생리다.

물론 정치의 목표 지향적 속성이 꼭 나쁘다는 의미는 결코 아니다. 우리가 경계해야 할 점은 그 목표에 현혹되어 경제원칙과 정책과정의 중요성을 망각하는 것이다. 또한 정치의 목표 지향적 접근 방식은 당면 과제를 한꺼번에 해결하려고 하는 '일괄주의적 사고방식(one-stage thinking)'으로 흐르게 되는 경향이 짙다. 이에 비해 경제의 과정 중시 접근방식은 '체증적(incremental)'이고 '연속적(chain of events)'인 경향을 띤다. 가령 유권자가 투표를 할 때는 어느 정당, 어느 후보에게 투표할지를 결정하는 것으로 모든 과정이 끝난다. 그러나 소비자가 시장에서 쇼핑을 할 때는 일정한 돈을 어느 물건에 얼마만큼 지출할지를 신중하게 생각하며 결정한다. 물론 충동적으로 구매를 하고, 스스로의 능력 이상으로 신용카드를 사용함으로써 이른바 '카드 대란'이 일어나기도 한다. 그러나 이것은 정상적인 경제적 과정이 아니라 다분히 정치화된, 즉 DJ 정부의 무리한 카드 발급 및 사용 권장으로 인해 빚어진 '경제의 정치적 오염'으로 야기된 불행한 사태였다.

정치의 목표 지향적 접근 방법과 일괄주의적 사고방식의 폐해는 경제의 과정 중시 접근 방법과 체증적 사고방식을 적용하면 상당히 완화될 수 있다. 이를 위해서는 유권자의 각성이 필수적이다. 이를테면 유권자는 정치인이 자신에게 공약하거나 베풀어주는 혜택이 결코 공짜가 아니라는 점을 깨달아야 한다. 특히 정치인이 내세우는 선심 정책은 대부분 경제적으로 매우 효율성이 낮은 것일 때가 많다. 정치인은 경제학의 비용효과원칙을 별로 중요시하지 않으며 오로지 자신의 정치적 인기와 반대당과의 포퓰리즘 경쟁에서 우위를 점하는 것을 가장 중요한 목표로 추구할 따름이다. 이러한 정치의 함정은 정치인 스스로에게 맡겨서 해결될 수 있는 문제가 아니다. 이것은 유권자의 '자각된 시민 의식'을 통해서만 치유될 수 있을 뿐이다.

한국 중산층의 붕괴

한국 사회가 '2대8' 구조가 아닌 '1대9'의 구조로 바뀌고 있다는 지적이 나오고 있다. 국민 중 상위 20퍼센트 계층이 가진 부(富)가 나머지 80퍼센트 계층이 가진 부를 능가하는 것이 '2대8' 불균형 구조의 사회다. 우리 사회가 실제로 그런 상태인지 혹은 거기서 한층 더 불균형이 심화된 '1대 9' 구조로 바뀌고 있는지는 확실히 알 수 없다. 그러나 최소한 심정적으로 다수 국민이 그렇게 느끼고 있다는 것은 부인하기 어렵다.

우리 사회는 지금 '중산층 붕괴'와 '빈곤층 확대'라는 대단히 위험한 두 가지의 달갑지 않은 현상에 직면해 있다. 경제적으로나 사회적으로 중산층에 관한 명확한 개념 규정은 없다. 그러나 중산층을 '사회적 안정을 지탱해주는 중심 계층'으로 규정한다면 우리 사회는 분명히 중산층 붕괴의 위기 국면에 처해 있다. 사회적 안정의 가장 중요한 요건인 고용 안정이 무너지고 있으며, 사회적 신뢰성과 유대 의식이 약화되면서 사회 각 부문과 계층 사이에 갈등과 대립이 격화되고 있기 때문이다. 미국의 주간 시사 평론지 〈뉴요커〉의 조지 패커(Geeorge Packer) 선임 기자는 심지어 '중산층 민주주의의 붕괴'를 제기하기도 한다(1장의 '중산층 몰락, 자본주의 위기' 항목 참조).

한국의 중산층 붕괴는 부분적으로 1997년 외환위기 수습 과정에서 정부에 의해 '기획되고 강제된' 결과다. 한국노동연구원의 분석에 따르면 국제통화기금(IMF) 관리 체제 이후 한국 기업 네 곳 가운데 한 곳이 정리 해고와 권고사직, 명예퇴직 등을 통해 종업원을 내보냈으며 퇴직한 근로자의 평균 연령은 49, 50세였던 것으로 나타났다. 그리고 이렇게 회사에서 쫓겨난, 비교적 안정된 고소득의 중장년 월급쟁이가 비슷한 대우를 해주는 새로운 일자리를 찾게 되는 경우는 아주 희귀하고 상당수가 빈곤층으로 전락했던 것으로 조사되었다. 다시 말해 1997년 외환위기는 한국 경제를 심각한 위기 국면으로 몰아넣었지만 이를 수습하기 위한 김대중 정부의 기업 구조조정 정책은 한국 사회의 중산층을 붕괴시키고 이른바 'IMF 빈곤층'을 크게 확산시키는 결과를 가져왔다. 노무현 정부와 MB 정부 아래에서도 이러한 추세는 그대로 지속되었다. 국내 정치의 이념적 대립 격화와 세계화 경제의 거센 경쟁력 압박 속에서 한국 사회의 중산층 붕괴와 경제 양극화 현상은 완화되기는커녕 한층 더 악화되고 있는 것이다.

세계화의 게임 법칙

온 세계는 지금 전에 없이 치열한 경제 전쟁을 벌이고 있다. 과거에는 이러한 전쟁이 주로 국가 간의 싸움이었다. 그러나 이제 글로벌 경제(globalized economy)에서 국가는 더 이상 싸움의 주역이 아니다. 국가는 뒷전으로 물러앉고, 기업이 전면에 나서서 전쟁을 벌이고 있다. 그리고 글로벌 경제에서 기업의 국적은 중요하지 않다. 어느 나라 기업이든 가장 강력한 자본력과 가장 우수한 제품, 그리고 가장 혁신적인 기술을 가진 기업이 세계시장을 지배하는 것이 글로벌 경제의 게임 법칙이기 때문이다. 글로벌 경제에서 국가는 결코 과거처럼 절대적인 경제 운영자가 될 수 없다. 이제 국가의 역할은 다분히 소극적이고 부차적인 것으로 바뀌었다. 국가의 역할은 국내에서 최대한 기업하기 좋은 환경을 만들어 자국 기업을 뒷받침하고 다국적기업과 국제 자본을 유치하여 자국민의 일자리를 최대한 확보하는 것이 되어야 한다.

글로벌 경제의 게임 법칙은 시장경제주의(market economy)로 표현된다. 이것은 과거 정부 중심의 경제관리 체제가 시장 중심의 자유경제 체제로 바꿰었음을 의미한다. 정부 중심의 경제체제는 정부의 지혜(government knowledge)가 시장의 지혜(market knowledge)보다 우수하다는 믿음에 근거하고 있었다. 두 차례의 세계대전과 1930년대 대공황을 거치면서 이른바 정부 주도의 혼합 자본주의(mixed capitalism)가 서방국가의 보편적 경제체제가 된 배경이다. 동시에 1917년 볼셰비키 혁명을 통해 등장한 구소련의 급진적 산업화에 따라 동구권과 중국, 인도 등 다수 국가는 소련식 국가 계획경제 체제를 추종하게 되었다.

그러나 1970년대에 발생한 두 차례의 오일 쇼크로 인해 인플레이션과 경기 침체가 동시에 일어나는 이른바 스태그플레이션 사태가 촉발되면서 미국과 영국은 정부 규제를 완화하고, 세금을 인하하고, 국영기업을 민영화하는 공급 중심의 자유시장주의로 선회하기 시작했다. 1980년대에 본격화된 영국의 대처리즘과 미국의 레이거노믹스가 바로 그것이다. 그리고 1989년 베를린장벽의 붕괴로 구소련이 해체되자 러시아와 구소련 공화국은 시장경제주의로의 체제 전환에 나섰다. 시장의 지혜가 정부의 지혜를 대체하여 글로벌 경제의 지배자로 등장한 것이다.

21세기 글로벌 경제에서는 어느 나라도 시장경제주의를 배척한다면 온전하게 살아갈 수 없다. 북한을 비롯한 소수의 국가가 여전히 폐쇄적인 국가관리 경제체제를 유지하고 있지만 그 대가로 극심한 경제적 낙후와 절대적 가난에 시달리고 있는 것이 그것을 입증한다. 그러나 자유시장경제가 결코 경제체제의 정답이 아니라는 사실을 2008년 글로벌 경제 위기는 확실하게 보여주었다. 그리고 이 위기를 수습하기 위해 각국 정부는 재정과 통화 양면에서 대대적인 경기 부양 정책을 펼쳤지만 '대침체'로부터 경제를 살려낸 것이 아니라 국가 부채를 감당할 수 없을 정도로 키워 세계경제를 부채의 위기 속에 빠뜨렸고 이를 통해 '큰 정부'의 경제관리 체제 역시 명백히 한계를 드러내게 되었다.

그렇다면 앞으로 세계의 지배적인 경제체제는 어떤 모습일까? 한국에서 날로 치열해지고 있는 이념 대립은 바로 이 화두에 대한 해답을 찾는 초기적 과정을 보여준다. 그러나 국외에서는 200여 년에 걸친 산업화 과정을 통해 반전에 반전을 거듭하며 이제 그 해답에 가까이 다가서고 있다. 그것은 자유시장주의와 정부관리주의 가운데 어느 것이 옳거나 우수한가 하는 논쟁을 끝내고 이제는 그 두 가지가 양립할 수 있는 경제체제, 즉 경제성장에 관한 부분은 자유시장주의에 맡기고, 분배와 소비에 관한 부분은 정부관리주의에 맡기는 이원적 체제를 지향해야 한다는 것이다. 《자본주의 4.0》에서 아나톨 칼레츠키(Anatole Kaletsky)가 제시하는 해법이다. '큰 정부'와 '작은 정부'의 논쟁은 무의미하다. '효율적 정부'를 만드는 것이 중요하다.

경제정책의 일관성,
프레스컷과 쉬들란의 충고

"경제정책이 일관성을 갖는다면 장기적으로 경제는 최적의 상태에 도달하게 된다." 2004년도 노벨 경제학상 공동 수상자인 프레스컷(Edward C. Prescot)과 쉬들란(Fynn Erling Kydland)이 함께 발전시킨 동태경제 이론이 우리에게 던지는 메시지다. 여기서 한번 이 말을 거꾸로 뒤집어보자. "경제정책에 일관성이 없으면 장기적으로 경제는 최악의 상태에 도달할 수 있다."

경제정책에서 일관성은 왜 이처럼 중요한가? 그 이유는 경제정책에 일관성이 있어야만 국민으로부터 신뢰를 얻을 수 있고, 또 신뢰받는 경제정책만이 국민의 호응을 얻어 소기의 성과를 낼 수 있기 때문이다. 예컨대 홍수 빈발 지역에 집을 짓지 못하게 하기 위해 홍수 피해가 일어날지라도 그 지역의 주민에게는 일체의 보상을 하지 않는다고 밝힐 수 있다. 그러나 정부가 말로는 피해 보상을 하지 않는다고 하면서 정작 어떤 정치적 이유에서 그 피해를 보상하게 되면 사람들은 다음번에도 정부가 피해 보상을 해줄 것으로 생각하며 그 지역에 계속 집을 짓게 된다. 프레스컷과 쉬들란은 이러한 현상을 '시간적 일관성의 문제점(time consistency problems)'이라고 부른다.

프레스컷과 쉬들란은 조세와 통화정책에서 이러한 문제점을 집중적으로 분석했다. 가령 정부가 저축률을 높이기 위해 앞으로 자본이득세를 인하할 것이라고 발표한다. 정부의 약속을 믿고 국민은 저축을 늘리고 그 결과 자본축적이 늘어나게 된다. 그러나 정부는 그 돈에 높은 세금을 매겨 세수를 늘리고 싶은 욕심을 느끼게 된다. 이렇게 되면 국민은 정부의 말을 믿지 않게 되고 저축을 해서 세금으로 돈을 빼앗기기보다는 자신이 직접 써버리겠다고 생각하게 된다. 정부 정책의 신뢰성에서 한층 더 중요한 문제는 인플레이션 억제에 있어서 정부의 진정성이다. 단약 정부가 재정 확대를 일삼는 등 인플레이션 억제에 대해 진정성을 인정받지 못하게 되면 국민이 인플레이션 악화를 예상하게 되어 그것이 실제로 물가 불안의 원인이 되는 이른바 '자기실현적 예언(self-fulfilling prophecy)' 현상에 직면하게 된다.

그러면 우리나라의 현재 상황은 어떠한가? 정부는 세금을 올리거나 내릴 때 그에 대해 국민이 어떤 반응을 보일지에 관하여 얼마나 신중히 고려하는가? 우리나라의 과거 조세정책은 오로지 세수 확보에만 관심을 두어 왔다. 매년 정부 예산을 늘리면서 동시에 그만큼 국민부담을 높여가는 것이 한국의 조세정책이었다. 또한 이와 같은 세수 증대 위주의 조세정책에 IMF 외환위기 사태를 수습하기 위하여 작용 목적의 조세정책이 가미되기 시작하였다. 그리고 우리와 경쟁 상대인 나라와의 균형을 고려하여 세율을 하향 조정하는 등 여러 가지 조치를 강구해왔다. 이 점은 수긍할 수 있는 정책 변화였다. 그러나 MB 정부에 들어와 고질적인 지하경제의 문제를 여전히 적절한 세제 및 세정으로 다스리지 못하는 가운데 과거와는 달리 '부자 감세'의 논쟁까지 일어나고 있는 혼란스러운 상황이다.

또한 물가안정에 있어서 정부의 태도는 진정성을 결여하고 있다. 가뭄이나 장마로 인해 채소 값이 오르고 추석 대목으로 제수 용품 가격이 오르게 되면 정부는 상인에게 물가 불안을 자극하지 말라고 호소하거나 행정력을 동원해 단속에 나서는 것을 능사로 한다. 그러나 이와는 달리 정부 공과금과 인허가 수수료 및 여타 국민 부담금은 자제 대상에서 완전히 제외되어 있다. 또한 금융 자율화라는 구호와 상관없이 여전히 정부의 엄격한 감독 아래 있는 금융권의 각종 서비스 요금은 아무런 제한 없이 인상되고 또 매일같이 새로 신설된다. 그래서 인플레이션을 일으키는 진짜 범인은 시장이나 기업이 아니라 정부와 공기업이라는 말이 참으로 실감나게 들린다. 이른바 '제도적 인플레이션'인 것이다.[43]

프레스컷과 쉬들란이 발전시킨 또 하나의 중요한 아이디어는 케인스의 생각과 한층 대립적이다. 그들은 케인스의 주장처럼 경기변동의 원인을 수요의 불안정이 아닌 기술 변화와 유가 상승과 같은 공급 측면의 충격에서 찾고자 했다. 최근 100년간 미국 경제는 주로 기술 발전에 힘입어 일곱 배나 성장했다. 그러나 과연 기술혁신이 부진했을 때 미국 경제가 침체에 빠지고 또 기술혁신이 활발했을 때 호황이 왔던 것인가? 두 학자는 미국의 전후 경기 주기 변동의 70퍼센트는 기술적 성장의 변화를 가지고 설명할 수 있다고 말한다.

이러한 '실질 경기 주기' 이론은 아직 상당한 논란의 대상이 되고 있다. 많은 경제학자가 1930년대의 대공황과 같은 사태를 기술혁신의 변화를 가지고 설명할 수 있을지 의문시한다. 그러나 심지어 이 이론에 대해 회의적인 학자까지도 프레스컷과 쉬들란이 발전시킨 미래지향적이고 합리적인 경제주체에 관한 개념을 다분히 케인스주의적 모델에 수용하고 있다. 그리고 모든 경제학자는 경기 침체를 설명하는 데 있어서 기술과 생산성, 국제 유가와 같은 요인에 한층 더 많은 중요성을 부여하고 있다.

이러한 관점에서 우리나라는 철저하게 케인스 시대를 살고 있다. 정부는 경제성장을 위해 생산성 향상과 기술혁신을 무척 강조한다. 그러나 그것은 어디까지나 구호일 뿐이고 실제로는 기술 발전을 위한 인센티브와 투자를 특혜로 간주하며 관료주의적인 규제와 간섭을 일삼는다. 여기에 더해 벤처 신설 기업과 연관된 관료 사회의 부정과 부패는 기승을 부려 한국 경제의 기술적 전망은 결코 밝아 보이지 않는 것이다.

세계화와 한국의 선택

국경 없는 자유로운 무역과 자본의 흐름은 인류에게 축복인가 저주인가? 세계화의 효과에 대한 양극화된 논쟁은 오늘날 국제정치의 중심 이슈가 되었다. 세계화 찬양론자는 그것이 빈국과 부국, 개발도상국과 선진국 모두를 위한 '윈-윈(Win-Win)' 게임이라고 주장한다. 반면에 세계화 비판론자는 극소수의 글로벌 엘리트가 다른 모두를 희생물로 삼아 스스로의 배를 불리면서 한 국가 안에서의 빈부격차는 물론이고 전 세계적으로 빈국과 부국 간의 경제적 격차를 더욱 악화시키고 있다고 비난한다.

다시 말해 세계화는 상위 엘리트 계층과 선진 부국에게 더 큰 경제적 이득을 가져다주는 반면 하위 빈곤층과 저개발국은 생존을 위해 한층 더 고통스러운 희생을 감수해야 하는 처지에 빠지게 되는 '불평등(Win-Lose) 게임'이라는 것이다. 그러나 이러한 세계화 찬반 논쟁은 한층 더 중요한 문제점을 간과하고 있다고 미국 UCLA 국제연구소의 개릿(Geoffrey Garrett) 교수는 지적한다. 그는 세계화로 인해 한 국가 안에서 이른바 '2대8' 혹은 '1대9'의 사회적 양극화가 계속 악화되면서 중간 계층이 소멸되고 있고,

동시에 세계적으로 상위 부국과 하위 빈국의 틈바구니에서 중위권 국가가 심각한 경쟁 압박에 직면하고 있다고 설명한다.[44]

개릿 교수의 이러한 문제 제기는 1인당 국민소득 2만 달러의 중진국인 한국에 대해 중요한 시사점을 함축하고 있다. 그것은 오늘날 한국 경제가 직면해 있는 세계화의 근본적인 문제점이며 그 해법은 한국 경제가 시급히 찾아내야 할 중심 과제이기 때문이다. 세계화 존제에서 중간층 국가가 직면하고 있는 위기는 바로 세계화 경제의 경쟁 구조 그 자체에서 연유하고 있다.

세계화 경제에서 각 개인과 국가가 경쟁력을 유지할 수 있는 방법은 오직 두 가지 길이 있을 뿐이다. 그중 한 가지는 첨단 기술혁신을 주도하는 계층이나 국가에 대해 더 큰 보상을 가져다주는 지식 경제(knowledge-based economy)에서 경쟁력을 확보하는 것이고, 다른 한 가지는 국제적인 범용 기술을 광범하게 채용하여 가능한 낮은 비용으로 생산을 확대하는 저임금 경제(low wage-based economy)에서 경쟁력을 지켜가는 것이다. 두말할 필요 없이 오늘날 세계화 경제에서 지식 경제의 주도권을 잡고 있는 것은 미국이며 저임금 생산경제에서 가장 주목을 받고 있는 것은 영국 경제 주간지 〈이코노미스트〉가 "친디아(Chindia)의 위협"이라고 부르는 중국과 인도 두 나라다.

지난 2000년 이후 한국 경제의 급속한 성장 잠재력 약화와 경기 침체는 지식 경제와 재래식 굴뚝 경제 양면에 걸친 정책적 대응의 실패에 그 원인이 있다고 말할 수 있다. 1997년 외환위기 이후 한국 정치권과 경제학계는 세계화 경제의 근본적인 도전을 제대로 인식하지 못한 채 국내적인 관점에서 경제성장과 구조 개혁 문제를 다루어왔다. 즉 세계화의 근본적인 문제점을 단지 국내적인 관점에서 기업소유지배구조 개선이나 노동시장 유연화 혹은 정부규제 효율화라는 폐쇄경제적 관점에서 다루어온 것이다.

한국 경제의 당면 과제는 현재 첨단 기술 경제의 일부 분야에서 확보하고 있는 경쟁 기반을 최대한 빠르게 확대하면서 선발 국가를 추격하는 것이다. 그러나 다른 한편으로 중간급 민족경제 단위로서 한국은 재래식 산업부문에서 무서운 속도로 성장하고 있는 중국과의 경쟁에 어떻게 대처하느냐 하는 것도 그에 못지않은 중요한 과제다. 첨단 기술혁신이 경쟁력을 결정짓는 지식 경제에서 입지를 구축하고 확대하는 데 있어서 가장 중요한 것은 교육의 질과 기술 수준을 비약적으로 높이는 것이다.

오늘날 한국 경제가 직면해 있는 위기의 현주소는 바로 첨단 기술혁신 능력에 있어서의 취약성이며, 이를 극복할 수 있는 길은 바로 교육혁명과 기술혁신에 있다. 과거 우리나라는 세계적 범용 기술을 광범히 차용하여 선발국을 추격하는 이른바 '캐치업(Catch-up)' 전략을 통해 중진 산업국으로 도약하는 데에 성공했다. 이제부터 우리나라의 성장 전략은 첨단 기술의 지식 산업에서 선진화 도약을 하는 '테크업(Tech-up)', 즉 기술적 도약을 실현하는 것이다.

그러나 한국은 이러한 도전에 대비하기는커녕 오히려 거꾸로 가고 있는 모습이다. 우리나라의 교육정책에서 최상위 가치로 떠받들어져 학교를 황폐화시키고 국가적 미래를 어둡게 하고 있는 것이 '평준화'와 '집단화'라는 명제이기 때문이다. 교육의 목표는 각 개인이 스스로의 잠재력을 최대한 발현할 수 있게 하는 '수월성'의 추구와 각자가 가진 재능과 관심을 적극적으로 발굴하고 다듬어가는 '개성화'의 심화가 되어야 한다.[45] 어떤 연유로 우리나라의 교육자와 정치인이 평준화된 평범한 인간과 개성 없는 군중으로 키워가는 것을 교육의 목표로 인식하게 되었는지 참으로 답답한 심정이다.

세계화 경제에서 우리나라의 정책적 대응 실패는 또한 자유무역협정 (FTA) 체결을 둘러싼 국내 이해 집단 간의 충돌과 정치권의 대립에서 확인할 수 있다. 지난 2004년 4월 발효한 칠레와의 FTA(자유무역협정) 협상 및 체결 과정에서 우리가 겪은 국내적 진통이 2011년 한미 FTA 체결 및 비준 과정에서 똑같이 되풀이되고 있다는 사실은 글로벌 경제 환경의 급격한 변화에 대해 한국이 얼마나 둔감하고 또 적응력이 뒤떨어지는가를 여실히 보여주는 증거다.

지난 2004년 서울대 김세원 교수는 한국이 본격적으로 세계화 경제에 참여하기 위해서는 칠레와 같이 멀리 떨어져 있는 나라와 FTA를 추진하기보다는 일본 및 중국과 '동북아 경제 공동체'의 결성을 서둘러야 한다고 지적했다. 한마디로 세계화는 경제적 및 사회적으로 중대한 변화를 수반한다. 우리나라는 이 변화를 수용할 수 있는 정치 및 사회적 능력을 심각하게 결여하고 있다. 그러므로 이에 관한 철저한 대비가 시급하다. 아울러 세계화에 따른 산업 및 소득 양극화 현상에서 낙후 산업의 구조 조정과 취약 계층의 보호를 위한 대책은 단순히 사회적 갈등을 해소하기 위한 선심성 방안이 아니다. 이는 세계화의 필수적 보완 정책으로 추진되어야 할 과제다.

경제학의 새로운 모색

에필
로그

금융자본주의의 모순

> 자본주의는 부단한 재창조에 기대어 번창한다. 자본가계급은 부단
> 히 생산수단을 혁명화하고, 그럼으로써 생산관계를; 또 그와 함께 전
> 체 사회관계를 혁명화하지 않고는 존속할 수가 없다.
>
> — 마르크스 · 엥겔스, 《공산당선언》

오늘날의 금융자본주의는 현재의 모습으로 더 이상 존속할 수가 없게 되
었다. 이 점에 관해서는 좌파와 우파 사이에 전혀 이견이 없다. 문제는 금
융자본주의의 무엇을, 어떻게, 어디까지 바꾸어야 하는가다.

　'쇠는 달아 있을 때 벼려야 한다'는 말이 있다. 2008년 경제 위기 직후
그처럼 뜨거웠던 금융 개혁과 규제 강화의 열기는 이제 완전히 식었고 미
국 월가와 영국 더 시티는 과거보다 한층 더 비대한 몸집을 자랑하며 글로
벌 경제의 안정을 위협하고 있다. 그러나 정말 다행스럽게도 2011년 9월
중순, 월가의 주코티 공원에서 시작된 반(反)금융 반(反)자본주의 항의 시위
는 식었던 개혁의 열기에 다시 불을 붙이면서 개혁 어젠더를 금융 부문에

서 자본주의 그 자체로 확대시켰다.

'점령하라(Occupy)'는 어휘에 집약되어 있는 이른바 '99퍼센트' 계층의 항변은 금융자본주의를 그냥 뜯어고치는 것이 아니라 아예 반 토막 내 다시는 위기를 일으키지 못하게 만들어야 한다는 것이다. 워싱턴 D.C. 소재 IPS 연구소의 글로벌 경제 팀장 사라 앤더슨(Sarah Anderson)은 월가의 초단타 매매와 파생상품 거래에 0.25퍼센트 정도의 세금만 매겨도 경제 안정을 위협하는 투기 행위를 크게 억제하고 다른 유용한 목적에 쓸 수 있는 상당한 재원을 확보할 수 있다고 말한다.[46]

금융산업 비대화의 문제점과 팽창 억제에 관한 논의는 결코 비금융권 진보적 인사만의 관심사가 아니다. 글로벌 위기 이후 만 1년이 채 안 된 시점인 2009년 8월 영국의 금융 감독 총수인 아데어 터너 경(Sir Adair Turner, 금융안정위원회FSA 위원장)은 월간 경제지 〈프로스펙트(Prospect)〉와의 인터뷰에서 금융 부문이 "사회적으로 합리적인 규모 이상으로 비대해졌고, 영국 경제의 불안정 요인이 되고 있다"고 주장하며 글로벌 금융거래세의 도입을 통해 '공룡 금융'을 다스려야 한다고 주장했다. 금융인은 대개 철저한 자유시장주의자로서 외부의 비판과 규제 요구에 대해 자율 규제를 내세우며 완강히 저항한다. 이런 점에서 터너 위원장의 금융 비대화 비판은 매우 이례적이다. 그러나 금융 부문의 많은 활동이 "사회적으로 무용하고(socially useless)" 국가 경제를 "불안정(unstable)"하게 만들고 있다면 당연히 "그 바퀴에 모래를 조금 뿌려(토빈세 부과)"● 회전속도를 줄이도록 해야 한다.

금융은 실물경제를 위해 존재하는 꼬리인데 언제부터인가 그 꼬리가 '공룡'처럼

● 1981년도 노벨 경제학상 수상자 제임스 토빈(James Tobin)이 국제 투기 자본이 자본시장을 왜곡시키는 것을 막기 위해 국제 자본 거래에 부과할 것을 제안한 세금(currency transaction tax)이다.

비대해져서 몸통인 실물경제를 마구 흔들어대며 연이어 경제 위기를 촉발하고 있다. 이런 잘못된 상황을 언제까지나 방치해둘 수는 없다. 하버드 대학의 케네스 로고프와 매릴랜드 대학의 카르멘 라인하트 교수는 경제의 금융화와 비례하여 경제 위기가 증폭되어왔다는 것을 명백히 보여주었다. 금융이 바로 위기의 시발점이고, 그 확산 경로이고, 또 전체 경제 시스템을 한꺼번에 주저앉게 만드는 위기의 기폭(起爆) 장치인 것이다.

그러나 금융산업에 대한 규제와 감독만으로는 경제 위기를 다스릴 수가 없다. 금융자본주의의 근본적인 문제점은 화폐단위로 집계되는 금액만을 경제적 가치로 인정하고 삶의 질이나 생태계의 보존과 같은 비계량적인 가치는 무시하거나 대수롭지 않게 여기는 금융자본주의의 'GDP 중독증'에서 연유하기 때문이다. 버지니아 대학 역사학 교수이며 인종관계연구소(Institute of Race Relation) 창설자인 더크 필립슨(Dirk Philipson)이 GDP 중심의 경제적 사고와 정책 행태를 경제적 지속 가능성과 삶의 질 중심으로 근본적으로 전환할 것을 주장하는 이유다.

> GDP가 글로벌 가치 기준으로 군림하게 된 것은 그것이 경제활동의 목적과 방향 및 결과에 관한 가치판단을 회피하고 있기 때문이다. 이 잣대는 오염과 자원 고갈 및 질병을 은폐하고 옳은 것은 물론 나쁜 것마저 생산액으로 계산한다. 낭비와 오염, 불의의 사건, 질병 등 무엇이든 더 많아지면 경제적 발전으로 간주한다.[47]

미국 맨해튼의 한 작은 공원에서 시작된 '월가를 점령하라'를 외치는 금융자본주의에 대한 소수 실직 청년의 항변은 아주 짧은 시간에 폭발적으로 공감대를 넓히며 전 세계로 퍼져나갔다. 왜 그랬을까? 그 이유는 오늘날의 세계화 경제와 그 운용 체계인 금융자본주의가 1퍼센트의 엘리트 계층을 99퍼센트의 나머지 계층과 격리시키며 중산층을 무너뜨리고 빈부격차를 극대화하고 있지만 정치지도자는 금융자본주의의 배후 조종을 받으며 문제 해결을 외면하면서 99퍼센트 계층의 꿈을 앗아가고 그들에게 좌절과 분노를 안겨주고 있기 때문이다.

원래 '점령'은 군대가 무력으로 공격을 해 적의 진지나 도시를 장악하는 것을 의미한다. 그러나 맨해튼의 주코티 공원이나 런던의 성바울 대성당(St. Paul Cathedral) 광장에서 시위를 벌여온 젊은이는 결코 무력으로 그렇게 한 것이 아니다. 더욱이 이라크와 아프가니스탄에서 자본주의의 '헤게몬(패권 국가)'인 미국이 점령군을 철수하고 있는 시점에 청년 시위자가 평화적으로 글로벌 금융자본주의의 심장부 두 곳을 점령했다는 사실은 의미심장하다.

'위기 이후'의 자본주의

《부채, 그 첫 5000년》의 저자인 데이비드 그레이버는 "많은 성공적인 반란에서 첫 번째 행동은 빚을 없애버리는 것"이었고, 농민 혁명 세력이 요구하는 개혁의 표준 목록에서 최우선 어젠더는 "부채의 무효화와 기록의 파괴, 그리고 토지 재분배"였다고 상기시킨다. 또《구약성서》'레위기'에 기록되어 있는 50년마다 부채를 탕감하고 부채를 갚지 못해 노예가 된 사람을 가족에게 돌려보내 다시 생업에 종사할 수 있게 하는 '희년(禧年)'이라는 관습은 일찍부터 금융의 폐해를 인식하고 민중의 분노가 혁명으로 폭발할 것을 막으려는 지혜의 산물이다. 그러나 세계적 '점령' 시위의 참여자에게서는 아직까지 그러한 부채의 탕감에 관한 주장이 전혀 들리지 않고 있는 점이 '놀랍다'고 〈파이낸셜 타임스〉의 마틴 샌드부(Martin Sandbu) 기자는 말한다.

금융자본주의는 현재의 모습으로 더 이

● 《구약성서》'레위기' 25장에는 "네 형제가 가난하게 되어 네게 몸이 팔리거든 너는 그를 노예로 부리지 말고 다만 품꾼이나 머무는 자같이 너와 함께 있게 하여 희년(禧年)까지 너를 섬기게 하라. 그때에는 그와 그 자녀가 다 너를 떠나 자기의 본가족으로 돌아가되 곧 그가 자기 조상의 소유로 돌아가리라."(39~41절)는 구절과 함께 부채의 문제점을 완화하기 위한 상세한 내용이 열거되어 있다.

상 존속될 수 없다. 그것이 바뀌어야 한다는 점은 좌와 우의 구별이 없는 공통적 인식이다. 그러나 정치권의 금융 규제 및 감독 강화는 항상 달팽이 걸음이고, 금융권은 정치헌금이라는 돈줄을 쥐고 정치권의 금융 개혁에 관한 논의를 언제나 공허하게 만든다. 미국의 진보적 경제 주간지 〈더 네이션(The Nation)〉의 선임 기자 윌리엄 그라이더(William Greider)는 금융자본주의의 개혁에 관한 각 분야 전문가 조사 결과를 요약하면서 "포용적 자본주의(Inclusive Capitalism)"를 그 대안으로 제시하고 국민 이사제(public directors)를 통한 기업 민주화, 사회적 기업 중심의 경제정책, 그리고 실업자와 학생 등 광범한 대상자를 위한 사내 직업훈련 등 '최후의 고용자'로서 정부의 적극적 역할을 강조했다. '위기 이후'의 새로운 경제학이 서둘러 해법을 내놓아야 할 어젠더다.

1930년대 대공황은 세계경제는 물론 세계 정치에도 엄청난 영향을 미쳤다. 경제적으로 대공황은 그 이전까지 경제정책의 지배적 기류였던 엄격한 통화주의와 자유방임적 시장 정책을 케인스주의적 통화 확대와 수요관리 정책으로 돌려놓았다. 또한 정치적으로 대공황은 자본주의 그 자체에 대한 믿음을 완전히 깨뜨리면서 급진적 반(反)자유주의 운동을 촉발시켰다. 그러나 2008년 대침체 이후에는 시장 개방과 자본자유화 중심의 세계화에 대한 반성과 위기의 진원지로서 금융산업에 대한 규제 및 감독 강화가 중심 화두로 제기되었지만 "자본주의 그 자체에 대한 격렬한 거부는 없었다"고 스탠포드 대학 CDDR(민주주의와 개발 및 법치 센터) 선임 연구위원인 정치학자 프랜시스 후쿠야마(Francis Fukuyama)는 말한다.[48] 자본주의는 결함투성이의 대단히 나쁜 경제체제임이 분명하다. 그렇지만 다른 모든 경제체제에 비해서는 '그래도 조금은 덜 나쁜 제도'라고 자본주의 옹호론자는 말한다.

자본주의는 숱한 위기를 거치며 변화해왔다. 18세기 후반 영국에서 급부상하기 시작한 초기 자본주의는 '인클로저(enclosure)'라고 불리는 농지와 공유지의 대대적인 강제 병합과 농토를 잃고 도시로 몰려든 농민 노동력의 수탈을 통해 자라났다. 그리고 19세기 이후 산업혁명이 본격화되면서 자본주의는 마르크스를 그처럼 분노하게 만들었던 '산업예비군'의 비참한 생활상과 열악한 노동조건을 통해 자본을 축적하고 제국주의 전쟁을 통해 전 세계로 시장을 넓혀갔다. 이 과정에서 자본주의는 석유와 철강, 철도와 같은 분야에서 거대 독점자본이 등장하고 다시 금융자본이 전체 경제를 지배하는 금융자본주의 시대로 치달아왔다.

금융 과두제를
해체하라

금융 분야와 경제 위기 전문가로서 선진국과 후진국의 위기 예방과 성장 문제를 연구해온 MIT 경영대학의 사이먼 존슨(Simon Johnson) 교수는 미국의 경제 및 금융위기를 "전형적인 신흥 경제국 위기와 닮은꼴"이라고 규정한다. 그리고 그 중심에는 월가의 거대 금융기관이 정치헌금과 이른바 '재무부 회전문(Treasury revolving door)'을 통해 워싱턴 정치권과 끈끈한 인맥을 형성하고 정책을 농단하는 '세계에서 가장 발달된 금융 과두제(financial oligarchy)'가 존재한다고 지적한다. 그러나 신흥국 위기와의 닮은꼴은 여기서 끝나는 것이 아니다.

거기에는 한층 더 깊고 충격적인 유사성이 있다. 미국의 경우에는 엘리트 기업인과 금융가가 정부의 암묵적 지원을 받으며 불가피한 파국이 올 때까지 더욱 큰 도박을 벌이며 위기 발생에서 중심적 역할을 했다. 더욱 놀랍게도 그들은 자신들의 영향력을 이용해 경제를 파국에서 신속히 끌어내는 데 필요한 바로 그런 개혁을 가로막고 있

다. 정부는 그들을 제지할 수가 없거나 아니면 그럴 뜻이 없는 것 같다.[49]

2010년 7월 도드–프랭크 금융 개혁법(Dodd-Frank Financial Reform and Consumer Protection Act)이 오바마 대통령의 서명으로 발효했지만 2012년 현재, 월가의 모습이 위기 이전과 전혀 다름없는 현실은 존슨 교수의 판단이 옳았음을 증언한다. 이 법은 금융위기의 재발을 막기 위해 3단계 개혁을 설정하고 있다. 첫 단계는 은행 스트레스 테스트의 시행과 파생금융상품 거래의 중앙 집중적 관리, 데이터 분석 기구로 '금융 조사국' 설치 등을 통해 금융시장의 투명성을 높이고 이른바 '볼커 원칙'을 통해 연방 보호를 받는 은행의 자체 계좌에 입각한 투기적 상품 거래의 금지와 위기에 직면할 경우 질서 정연한 파산절차를 밟을 수 있도록 최고 경영자에 대해 '사전 퇴출 계획(living will)'을 작성할 것을 규정하고 있다. 둘째 단계는 경영상 중대실책이 발생할 경우의 안전장치로서 그 핵심은 자산 대비 자본 비율의 인상이며, 셋째 단계는 특정 금융기관의 파산이 전체 금융 시스템의 안전을 위협하는 것을 막기 위한 장치로서 연방예금보험공사(FDIC)에 대해 파산 은행을 인수해 신속히 정리하도록 규정하고 있다.

그러나 2011년 말 현재 848페이지에 이르는 도드–프랭크 법은 그 시행을 위해 필요한 400여 개의 규정 가운데 단지 74개간이 완결되었을 뿐이고, 미결 상태의 규정 가운데 154개는 이미 그 데드라인이 지났다고 〈블룸버그〉 통신은 밝혔다.[50] 또한 도드–프랭크 법은 납세자의 혈세를 가지고 재차 금융기관의 구제에 나서는 것을 금지할 것을 규정하고 있지만 현실적으로 위기 이전보다 월가의 거대 은행이 한층 더 몸집이 커진 상태에서 그 규정은 단지 '희망적인 넋두리'에 그칠 뿐이라고 지적한다. 경제 위기는 경제 그 자체의 위기이기보다는 정치 위기의 측면이 훨씬 더 강하다는 점을 다시 확인하게 된다.

빈부격차의 해법,
교육개혁

2008년 글로벌 경제 위기는 금융자본주의의 심각한 병폐와 함께 세계화 경제에 따른 경제적 불평등의 심화라는 문제점을 명확히 노출시켰다. 시장개방과 규제 철폐로 경제성장이 촉진될지라도 그 성장의 혜택이 소수 엘리트 계층에 집중되고 있고 절대 다수의 노동자는 그로부터 소외된 채 경쟁의 격화 속에 일자리를 잃고 빈곤층으로 전락하면서 중산층 민주주의의 기반이 무너지고 있는 것이다. 그렇다면 경제적 불평등을 완화하고 중산층을 되살리기 위해서는 세계화를 포기해야 하는가? 이 질문에 대해 런던 소재 CER(유럽개혁센터)의 데이비드 화이트(David Whyte) 선임 연구위원은 현상적으로는 그런 주장이 맞는 것처럼 보이지만 세계화와 빈부격차 악화 간의 인과관계는 좀 더 신중히 따져봐야 할 측면이 있다고 말한다. 그것은 세계화가 진척되는 것과 경제적 불평등이 심화되고 있는 현상 사이에 '교육'이라는 중요한 변수가 자리 잡고 있기 때문이다.

화이트 연구 위원은 유럽에서 가장 공평한 사회로 평가받고 있는 노르딕 국가와 덴마크는 일반적으로 높은 사회보장비 지출에 힘입어 그런 상태를 유지하고 있는 것으로 여겨지지만 실제로는 유럽에서 가장 수준 높은 교육을 펼치고 있다는 것이 그 비결이라고 강조한다. 그는 〈파이낸셜 타임스〉에서 유럽연합(EU) 전역에 걸쳐 교육과 사회적 평등의 상관관계가 놀라울 정도로 높다고 지적하며 노르딕 국가의 15세 청소년은 문장과 숫자의 이해력에서 남부 유럽의 또래에 비해 훨씬 우수하고 또 25~34세 연령층의 90퍼센트가 중등교육을 이수해 그중 40퍼센트가 대학에 진학한다고 밝혔다. 이에 비해 유로 통화권(유로존)의 위기 국가인 포르투갈의 경우는 그 비율이 43퍼센트와 19퍼센트로 낮고 그리스의 경우는 57퍼센트와 25퍼센트에 그쳤다.[51]

화이트 연구위원은 자유주의 개혁을 경제적 불평등의 원인으로 지목하는 주장은 이러한 교육의 효과를 외면하고 자신의 입맛에 맞는 증거만 찾는 '선입견의 오류'를 범하고 있다고 지적한다. 반(反)자유주의 비판자는 영국을 프랑스나 독일과 비교하면서 상대적으로 개방적인 상품 및 서비스 시장과 유연한 노동법규를 가진 영국의 빈곤율이 그들보다 높고 소득 불평등이 심하다는 점을 근거로 '영미형 신자유주의'를 유럽형 복지 모델에 대한 위협으로 간주한다. 그러나 다른 한편으로 EU에서 상대적으로 한층 더 공평한 나라로 간주되는 네덜란드와 노르딕 국가는 경쟁적 상품 시장을 유지하고 있고, 최소한 덴마크는 노동시장의 규제가 낮은 수준인 데 비해 EU에서 가장 빈곤율이 높은 나라인 그리스와 이탈리아 및 포르투갈은 모두 시장규제가 매우 심하다고 그는 지적한다. 또한 사회보장비용은 노르딕 국가가 GDP의 28퍼센트에 달해 상대적으로 높은 수준이지만 그들보다 소득 불평등과 실업률이 더 높은 프랑스나 독일에 비해서는 상대적으로 비중이 낮다.

화이트 연구위원은 사회적 평등론자가 영국의 높은 빈곤율과 소득 불평등을 내세워 다른 EU 지역의 시장 개혁에 반대하는 점에 대해 오늘날 영국의 불행은 철도 민영화나 노동시장 유연화에 그 원인이 있는 것이 아니라 영국 교육 체제의 과거 및 현재의 결함 때문이라고 지적한다. 그리고 "한 나라의 국부와 인적 자본 간의 밀접한 상관관계는 확고한 사실이다"고 주장하며 효율적인 교육개혁은 경제성장의 비결이며 동시에 소득 불평등을 완화할 수 있는 가장 좋은 사회정책이라고 강조한다. 빈부격차와 소득 불평등 문제는 누진적 세제와 복지 정책을 통해 풀어갈 수도 있다. 그러나 그런 접근은 자칫 경제의 역동성을 떨어뜨릴 수 있는 측면이 있기 때문에 교육투자의 확대와 교육의 질 향상을 기하는 노력과 병행하는 것이 한층 더 효과적일 수 있다는 말이다.

마르크스와
포터의 만남

"자본주의는 살아남을 가치가 있는가?" 지금으로부터 160여 년 전 파리에서 망명자로 떠돌던 칼 마르크스가 산업혁명의 급진전과 함께 노동자가 기계로 대체되고 실업자가 쏟아지면서 임금이 하락하고 빈곤층으로 떨어지는 '노동의 소외'와 사회질서가 '돈'을 중심으로 거꾸로 돌아가는 '비인간화' 현상을 목격하며 제기했던 질문이다. 그리고 자본주의가 생산 증대와 기술혁신에는 우수하지만 이런 상태로는 존속될 수 없고, 궁극적으로 프롤레타리아혁명을 거쳐 공산주의로 이행할 것으로 마르크스는 확신했다.

마르크스 연구자인 매리 개브리얼(Mary Gabriel)은 그가 자본주의의 모순에 관해 분노하고 공산주의를 그 해법으로 확신하게 된 배경을 다음과 같이 설명한다.

노동 소외론은 마르크스에게 있어서 세상을 보는 안경이 되었다. 증거는 도처에 널려 있었다. 임금은 20년 가까이 떨어져왔고, 같은 기간에 생계비는 계속 올랐다. 1844년 광범한 식량 부족 사태가 시작되었다. 프랑스 관리가 선택받은 소수의 손에 극한적 부(extreme wealth)를 집중시킴으로써 어떻게 경제적 불균형을 조장하고 있는지에 관한 풍설이 연이어 나돌았다. 비록 처음에는 공산주의를 실현 가능성이 없는 것으로 치부했지만 이제 마르크스는 이 사상을 사회를 개조할 수 있는 수단으로 보게 되었다. 부는 개인적 재산이 아니라 공유(共有)되어야 한다. 사람은 일해야 한다. 그러나 그들의 일은 그 자신들과 한층 큰 선(善)을 위한 것이어야지, 재산 소유자를 위한 것이 되어서는 안 된다. 마르크스는 공산주의를 '인간과 자연, 인간과 인간 그리고 자유와 필요 간의 대립 관계에 대한 진정한 해법'이라고 기술했다.[52]

마르크스가 자본주의의 치명적 결함으로 '노동 소외론'을 제기한 데 대해 하버드 대학의 '경쟁력 전도사'로 불리는 마이클 포터(Michael Porter) 교수는 기업의 경쟁력 강박관념과 주주 가치 극대화 행태를 자본주의의 새로운 위기 요인으로 간주한다. 그는 〈하버드 비즈니스 리뷰(HBR)〉 기고에서 "자본주의가 고립당하고 있다"고 경고하면서 '기업의 사회적 책임'이라는 기존의 개념을 넘어 '공동체와의 가치 공유'를 통해 기업과 사회의 동시적 번영을 추구해야 한다고 강조한다.[53] 그는 최근 수년간 기업이 국민으로부터 "사회와 환경 및 경제적 문제를 일으키고 있는 주요 원천"으로 지목받아왔고, 또 전체 사회의 희생 위에 번창하고 있는 것으로 널리 인식되고 있다고 지적하고, 기업의 의사 결정과 사업 기회를 "공동체와의 가치 공유라는 렌즈를 통해 재정립해야 한다"고 주장한다.

포터 교수는 공동체와의 가치 공유라는 개념이 그동안 자신이 주창해온

'경쟁력 5원칙' 등 기업 경쟁력에 관한 기존의 관념과 상치되지 않느냐는 비판에 대해 "기업은 거품 경기 속에서 단기적 재무성과를 추구하고, 그로 인해 사회적 신뢰를 잃고 정부 규제를 자초함으로써 경쟁력 약화와 성장 둔화에 직면하고 있다"고 지적하며, 이런 악순환에서 벗어나려면 공동체 와의 가치 공유를 통한 '경영의 인간화'가 필수적이라고 설명한다. 그는 공동체와의 가치 공유라는 개념을 "기업의 경쟁력을 강화하면서 동시에 기업의 활동 무대인 공동체의 경제 및 사회 여건을 발전시키는 경영 정책 과 활동 준칙"으로 정의한다. 그리고 가치 공유는 단순히 공동체에 대해 '일방적 편익(benefit)'을 제공하는 것이 아니라 '비용 대비 편익'의 관점에 서 기업체와 공동체가 함께 '윈-윈'할 수 있는 상호 관계(connections)를 탐 색하고 확대해가는 것을 의미한다고 강조한다. 다시 말해 마르크스가 자 본주의의 퇴출 근거로 제시한 '노동의 소외'와 '비인간화' 현상을 공동체 와의 가치 공유를 통해 다시 '인간화'해야 한다는 주장이다.

　자본주의에 관해 마르크스와 포터는 각기 정반대의 대척점에 서 있다. 마르크스는 자본주의의 궁극적 종말론을, 포터는 자본주의의 첨병인 기업 의 변신을 통해 그 부활을 꾀하는 자본주의의 전도사다. 그렇다면 두 사람 은 서로 손잡고 세상을 한층 살맛 나는 아름다운 곳으로 바꾸는 데 협력자 가 될 수 없는 것인가? 오늘날 마르크스의 추종자와 포터의 지지자는 서로 상대방을 전혀 귀 기울일 필요가 없는 존재로 배척한다. 그러나 무엇 때문 에 자본주의에 관해 한 사람은 종말론을, 한 사람은 부활론을 제기하고 있 는지를 살펴보면 두 사람의 화해가 바로 우리가 찾는 아름다운 세상으로 가는 길이라는 점을 깨닫게 된다.

　마르크스는 자본주의의 고발자다. 포터는 자본주의가 왜 잘못된 길을 걸어왔는지를 밝히고 기업과 공동체의 가치 공유를 자본주의 부활의 해법으로 제시한다. 보수와 진보, 자유시장과 정부 개입, 작은 정부와 큰 정부 등으로 갈린 후세의 담론가 역시 각기 서로를 치지도외(置之度外)하며 자기 목소리만 높여서는 세상을 좋게 만들 수 없다. 함께 손을 잡고 한 쪽의 문제 제기와 다른 쪽의 해법 제시에서 '가치 공유'의 접점을 찾는 노력이 필요하다.

아담 스미스 경제학의
재음미

서방세계의 정치에서 경제학은 지배적 위치를 차지해왔으며 정통 경제 이론은 지난 10년 내지 15년간 공공 정책의 수행에 있어서 커다란 영향력을 행사해왔다. 심지어 경제학은 지식인 계층에게도 때로 위협적인 것이었다. 경제 전문가는 언론에서 자신만만하게 언변을 늘어놓으며 또 그들의 학문 주변을 난해한 학술 용어와 수학의 장벽으로 둘러싸 비전공자가 이해하기 어렵게 만들었다. 그렇지만 정통 경제학은 여러 측면에서 속이 텅 빈 상자다. 세상사에 대한 경제학자의 이해 정도는 중세의 물리학자이 지니고 있던 세계관과 유사하다. 정통 경제학의 전체 기초는 심각한 결함을 지니고 있다.

영국의 명문 케임브리지와 옥스퍼드 대학에서 경제학을 공부하고 경제 주간지 〈이코노미스트〉의 경제연구소(EIU) 소장을 지낸 폴 오머로드(Paul Ormerod)가 경제 현실로부터 한참 유리(遊離)되어 있는 현대 경제학에 대해 제기하는 비판의 한 대목이다.[54]

여기서 오머로드가 지적하는 '정통 경제학'은 '수학으로 몸치장을 한 사회학'으로 조롱받는, 케인스 이후 발전되어 온 주류 경제학을 말한다. 학문으로서 수학은 매우 중요하지만 경제학이 그 수학을 이용하여 '자연과학'의 정밀성을 탐(貪)하면서 아담 스미스를 비롯한 고전파 경제학자가 중시하던 실용주의 정신을 상실한 것은 중대한 오류라는 말이다.

근대경제학의 창시자로 불리는 아담 스미스(Adam Smith, 1723~1790)는 글래스고와 옥스퍼드 대학에서 공부하고, 1751년 24세의 나이로 모교인 글래스고 대학의 논리학 교수가 되었다. 그다음 해에는 좀 더 보수가 많은 도덕철학 교수직으로 옮겨 자연신학, 윤리학, 법학, 정치경제학 등 관련 분야의 강의를 맡았다. 그리고 5년 후인 1759년, 자신의 두 가지 명저 중 하나인 《도덕적 감성론(Theory of Moral Sentiments)》을 발표해 국제적 명성을 얻고 그 덕분에 나이 어린 버클루 공작(Duke Buccleuch)의 개인교수 자리를 얻게 된다. 이때까지는 경제학이 그의 주된 관심사가 아니었다.

스미스가 경제문제에 몰입하게 된 것은 1764년 버클루 공작과 함께 3년간 유럽 대륙을 여행하면서부터였다. 그들은 주로 프랑스 남서부의 상공업 도시인 툴루즈(Toulouse)에서 머물렀는데, 이때 스미스는 무료함을 달래기 위해 《국부론(The Inquiry into the Nature and Causes of the Wealth of Nations, 1776)》의 집필에 착수했다. 이렇게 18개월을 보낸 후 그는 2개월의 휴가를 얻어 제네바로 여행을 떠난다. 그곳에서 당시 계몽주의 시대를 대표하는 철학자이자 저술가인 볼테르(본명 Francois-Marie Arouet, 169~~1778)를 만나게 되고, 그에 대해 깊은 존경심을 갖게 된다. 다시 프랑스로 돌아온 스미스는 파리에서 당시 영국 대사관 참사관으로 있던 흄(David Hume, 1711~1776)의 소개로 '경제표'로 유명한 케네(Francois Quesnay, 1694~1774)를 비롯한 중농학파 논객과 어울리게 된다. 스미스가 이들로부터 얼마나 많은 영향을 받았고, 또 주었는지는 확실치 않다. 그러나 만약《국부론》의 집필을 마쳤을 때 케네가 죽지 않고 살아 있었다면 아마도 스미스는 그 책을 그에게 헌정했을 것이라고 알려져 있을 만큼 두 사람은 의기투합했다고 한다.

이러한 스미스의 생애는 그가 평범한 경제학자가 아니라 다양한 지적 관심과 깊은 지식, 그리고 폭넓은 체험을 쌓은 사회철학자라는 점을 보여준다. 그리고《국부론》이 단순히 사상 최초의 방대한 체계의 정치 경제학서가 아니라 실제로는 이보다 훨씬 큰 스케일의 역사적 진화론의 체계에서 쓰인 사회철학서라는 점을 보여준다. 이러한 관점에서《국부론》은 그의 첫 번째 명저인《도덕적 감성론》에서 스미스가 밝힌 인간 본성의 이중적 구조와 도덕적 자기 억제론의 기초 위에 쓴 사실상의 속편이라해야 한다. 그는《도덕적 감성론》에서 인간이 어떻게 하여 자기 보존과 이기심의 열정(본능적 충동)에도 불구하고 스스로의 행위에 관한 이성적 분별력과 도덕적 판단력을 발휘하는지(즉 사회적 친화성을 갖게 되는지)를 규명하고자 했다.

그는 이 해답을 인간의 이기적인 측면을 억제하고 순화하는 무사 공평한 관찰자(impartial spectator)로서 '내적 인간'(inner man)의 존재에서 찾았다. 오늘날 심리학에서 말하는 '초자아(super ego, 超自我)'에 해당하는 이 '내적 인간'은 이기적 충동과 함께 인간의 이중적 본성을 구성하며, 한편으로 인간 사회를 대립과 갈등으로 몰아넣으면서 동시에 그러한 마찰을 완화하고 심지어 공동선(共同善)으로까지 승화시키는 역할을 한다. 이것이 바로《국부론》에서 되풀이하여 등장하는 스미스의 유명한 '보이지 않는 손'의 기본 개념이다. 스미스의 표현을 빌리면 "자아 추구적(self-seeking)인 인간은 스스로 알지도 못하고 또 그럴 의향도 없이 '보이지 않는 손'에 이끌려 사회의 이익을 도모하게 된다"는 것이다.

《국부론》에서 스미스는 인간의 두 가지 본성 간의 투쟁, 즉 이기적 열정과 공평 무사한 관찰자 간의 투쟁이 역사의 무대에서 어떻게 투영되고 있는가를 탐구하고자 했다. 그는 역사의 발전 단계를 미개한' 수렵시대, 유목 농경시대, 봉건 혹은 장원 농경시대, 상업적 상호의존 시대로 나누고 이러한 발전 단계에 따라 재산이 형성되고 이를 지키기 위한 '막강한' 상비군이나 법과 질서의 뒷받침을 받는 사유재산제 등 복잡한 사회조직 형태가 등장한다고 밝혔다.

여기서 스미스의 탁월한 점은 이러한 사회제도의 필요성을 인정하면서 그 근거를 계몽주의 사상가처럼 자연법에서 찾으려 한 것이 아니라 인간의 개인적 특권의 보호라는 관점에서 찾으려 했다는 사실이다. 그리고 스미스는 사회제도가 개인 재산의 보호를 위해 도입된 이상 그것은 가난한 사람으로부터 부자를 보호하려는 것이라면서 마르크스 사상과 유사한 계급적 대립을 인정했다. 그러나 마르크스(Karl Heinrich Marx, 1818~1883) 사상이 계급투쟁을 사회적 진화의 동인(動因)으로 간주하고 있는 것과는 달리 스미스의 역사적 진화론은 인간의 자기 개선(self-betterment) 욕구와 이성적 능력에 의해 움직이는 '인간 본성'을 그 진화의 동인으로 간주한다는 점에서 마르크스 사상과 전혀 성격을 달리한다. 그가 길드의 임금 결정권에 반대하며 문제를 시장에 맡길 것을 주장하고, 또 정부의 간섭과 규제에 반대하는 자유방임적 자본주의를 옹호한 것은 바로 그의 인간 본성에 대한 낙관적 신념의 반영이다. 그러나 스미스는 일반적으로 알려져 있는 것처럼 무조건적인 시장 예찬론자나 옹호자가 결코 아니다. 그는 인간의 이기심을 무조건 찬양하고 지지하지도 않았다. 오히려 그 반대다.

　그는 개개인이 다른 사람의 반응을 살피며 자기 스스로를 억제하는 것에 대해 그것은 인간의 도덕심이나 자기희생 정신의 발로가 아니라 스스로의 이익에 합치한다는 '깨어난 이기심의 추구(enlightened pursuit of self-interest)'라고 설명한다. 그리고 국가의 중요한 역할의 하나는 필요할 때 권력을 통해 사회의 도덕적 체계를 지탱하는 것이라고 《도덕적 감성론》에서 강조한다. 《국부론》에서 그는 이러한 내적 인간의 도덕적 자기 억제력을 제도적 장치로 승격시킨다. 그것이 바로 '경쟁의 원리'다. 즉 인간은 태어나기 이전 모태(母胎)에서부터 무덤에 들어가기까지 항상 자기 개선의 본능적 욕구를 가지고 있으며, 이러한 욕구는 인간이 이 욕구를 다른 사람의 그것과 대치시켜 사회적으로 유익한 대리행위(socially beneficial agency)로 바꾼다는 것이다.

　이처럼 인간의 자기 개선을 위한 경쟁적 투쟁이 전혀 의도하지 않은 사회적 선(善)으로 전환되는 비결이 '보이지 않는 손'에 의한 경제 규율의 원리다. 그 예로서 스미스는 상인의 경쟁이 상품 가격을 '자연적' 수준까지 근접하게 끌어내리며 생산의 3요소인 노동, 토지, 자본의 상호 경합을 통해 임금, 지대, 이윤의 질서 정연한 분배 체계가 결정된다고 설명했다. 그가 제시한 이러한 시장의 자율 기능은 획기적인 아이디어였다. 그러나 스미스는 단지 시장의 원리만을 얘기하려 했던 것은 아니다. 그의 참뜻은 인간의 이기적 충동을 통해 국가적 부가 형성되고 경제성장이 이루어진다는 한층 큰 구도를 제시하려고 했다. 스미스의 성장론은 《국부론》 여기저기에 흩어져 있지만 그 핵심은 노동 분담(분업)을 통한 생산성의 증대다.

　스미스는 《국부론》의 첫 페이지에서 분업의 원리를 제시하고 핀(pin) 공장을 예로 들어 놀라운 생산성 증대 효과를 설명한다. 그리고 이러한 분업의 성립 조건으로서 기계와 도구를 갖추고 추가 노동력을 고용하기 위한 자본축적이 필요하다고 지적한다. 그리고 '국부'의 증대는 사람들이 정부를 내세워 자신의 특권을 지키고자 하면서 경쟁체제가 순기능을 잃지 않고 성장을 방해하지 않을 경우에만 가능하다고 강조한다. 이러한 신념에 따라 스미스는 국내외의 독점권을 옹호하는 중상주의 사상을 신랄하게 공격하며 자신의 '자연적 자유(natural liberty)' 체제가 모든 사람의 최선의 이익과 합치하는 제도라고 주장했다.[55]

또한 스미스는 근로 빈곤층의 삶의 질에 관해서도 깊은 관심을 가졌는데, 단순히 물질적 측면뿐만 아니라 도덕적 측면에도 관심을 가졌다. 예컨대 그는 "분업의 원칙이 물질적 측면에서 엄청난 혜택을 실현시켜주었지만 동시에 작업 공정을 세분화하고 근로자를 전문화시켜 그들에게서 이성적인 대화를 나눌 수 있는 능력과 기회를 빼앗고, 품위 있고 온순한 감성을 키울 수 없게 만들고, 그 결과 개인 생활에서 일상적인 의무에 관한 건전한 판단력까지 가질 수 없게 만들고 있다"고 우려했다. 따라서 스미스는 국가에 대해 "모든 국민이 적절한 지적 및 사회적 덕성을 발휘할 수 있도록 정부가 지원해야 할 엄중한 책임이 있다"고 주장했다. 그는 '보이지 않는 손'에 의해 움직이는 시장경제의 우월성을 믿기는 했지만 그것을 절대시하고 우상처럼 떠받드는 순진한 자유주의자는 결코 아니었다는 말이다.

아담 스미스는 벌써 260여 년 전에 죽었다. 또 그동안 세계는 전혀 딴 세상이 되었다. 그런데 왜 지금 다시 아담 스미스를 들먹이는가? 그 이유는 고전 경제학의 창시자인 그가 오늘날의 경제학자에게 '무엇을, 어떻게' 해야할지에 관해 깊은 깨우침을 줄 수 있다고 생각하기 때문이다. 《대영 백과사전》은 스미스에 관해 다음과 같이 기술하고 있다.

> 그는 비록 동시대인을 위해 글을 썼지만 자신의 폭넓은 지식과 예리한 종합화의 능력, 그리고 용기 있는 비전으로 인해 후세의 모든 사회학자, 특히 경제학자로부터 끊임없는 찬사를 받고 있다. (중략) 데이비드 리카도처럼 분석적이지 못하고 마르크스처럼 엄격하고 심오하지는 않지만 스미스는 계몽 시대의 축도(縮圖) 바로 그것이다. 희망적이면서 실제적이고, 사색적이면서 현실적이고, 고전적 과거에 대해 항상 경의를 표하면서도 궁극적으로 당대의 위대한 진보에 헌신적이었다.

2008년 글로벌 위기 이후 세계는 이념적 혼돈 상태에 있다. 1980년대 이후 이른바 '대안정기'의 지배적 이념이었던 신자유주의가 완전히 불신 당하면서 우익 포퓰리즘과 사회 민주적 케인스주의, 하이에크적 자유주의 와 반(反)자본주의·사회주의 기류가 그 빈자리를 차지하려고 다투고 있다. 이런 가운데 영국의 〈파이낸셜 타임스〉는 '위기의 자본주의(Capitalism in Crisis, 2012. 1. 8)' 시리즈를 시작하면서 '아담 스미스가 자본주의자에게 보내 는 편지'라는 형식으로 그의 지혜를 청하는 글을 실었다.

이 글에서 스미스의 대필자로 나선 워싱턴 D.C. 소재 글로벌 자산 관리 회사인 칼라일 그룹(Carlyle Group)의 데이비드 루벤스타인(David Rubenstein) 공 동 창업자 겸 사장은 "아담 스미스는 자유방임적 시장이 '완벽하게' 작동 하리라고 주장한 적이 결코 없었다"고 강조한다. 그런데도 지금 우리는 2008년 위기를 통해 아담 스미스의 '보이지 않는 손(시장)'을 더 이상 전혀 믿을 수 없는 것으로 치부한다. 노벨 경제학상 수상자인 콜롬비아 대학의 조지프 스티글리치 교수는 심지어 "스미스의 '보이지 않는 손'은 아예 존 재하지 않는 것이기 때문에 (당연히) 보이지 않을 뿐이다"라고 말한다.

그러나 처칠이 민주주의에 관해 "다른 모든 대안보다 조금 덜 나쁠 뿐 결코 완벽한 것이 아니다"라고 했던 말은 시장경제에도 그대로 적용된다. 그것은 결함투성이의 나쁜 경제체제이지만 다른 모든 대안보다는 그래도 조금은 덜 나쁘다고 말할 수 있다. 다시 말해 2008년 위기 이후 새로운 경 제학과 경제정책 모델의 탐색에서 시장경제는 몽땅 내버릴 대상이 아니라 "새롭게 뜯어고쳐서 다시 사용할 수 있는 것"이라는 말이다.[56]

모든 경제 이념은 그 나름의 장단점을 내포하고 있다. 오늘날의 세계경 제는 이른바 '대안정기' 동안에 누적되어온 이념적 편식에 따른 적폐로 인해 어느 한 방향으로는 바로잡을 수 없는 지극히 복합적인 중병 환자에 비유할 수 있다. 이런 환자에게 필요한 사람은 어느 한 부문, 한 가지 성향에 치우친 경제학자(전문의)가 아니라 아담 스미스와 같은 종합적인 통찰력과 비전을 가진 실용주의적이고 또 인간의 도덕적 감성을 신뢰하는 경제학자여야 한다. 이는 1997년 외환위기를 새삼 재조명하고, 2008년 글로벌 위기의 근원을 따지고, 또 모두가 당연시하는 인플레이션에 관한 우리의 고루한 관념을 문제 삼으면서 우리의 경제 담론에 조약돌을 던져보려고 하는 이유다.

1 '2011, The Year of Global Indignation', 〈Financial Times〉, 2011. 8. 30

2 Moisés Naim, 'Take note America : the public is angry', 〈New York Times〉, 2011. 10. 26

3 'The Haves the and−Have Nots', 〈New York Times〉, 2011. 10. 18

4 Nicholas Kaldor(1957), 'A model of economic growth.' 〈The Economic Journal〉 67 (268), pp. 591~624

5 'As Kalder's Facts Fail, Occupy Wall Street Rises', 〈Bloomberg〉, 2011. 10. 18

6 'Occupy Wall Street's 'Political Disobedience' ', 〈New York Times〉, 2011. 10. 13.

7 George Packer, 'The Brocken Contract', 〈Foreign Affairs〉, 2011, Nov.−Dec.

8 크리스토퍼 래시, 이두석 · 권화섭 옮김, 《엘리트의 반란과 민주주의의 배반》, 중앙 M&B, 1999

9 데이비드 그레이버, 정명진 옮김, 《부채 그 첫 5000년》, 부글북스, p. 10

10 'Spectre of stagnating incomes stalks globe', 〈Financial Times〉, 2011. 6. 29

11 'Lessons of the 1930s: There could be trouble ahead', 〈The Economist〉, 2011. 12. 10

12 Gauti B. Eggertsson and Benjamin Pugsley, 'The Mistake of 1937: A General Equilibrium Analysis', Monetary and Economic Studies(Special Edition), 2006. 12

13 'The Great Stagnation : How America Ate All The Low-Hanging Fruit Of Modern History, Got Sick, And Will (Eventually) Feel Better', A Penguin eSpecial from Dutton. 2010

14 Ravi Batra, "Regular Cycles of Money, Inflation, Regulation & Depressions", Venus Books, 1985, p33

15 Ravi Batra, 앞의 책, pp.123~132

16 Robert B. Reich, "After Shock : The Next Economy and America's Future", Alfred A. Knopf, New York, 2010, p7~27

17 'Conclusions of The Financial Crisis Inquiry Commission, FCIC Report XV', 2011. 1

18 George Cooper, "The Origin of Financial Crises", Vintage, 2008, pp 93~105

19 Slavoj Zizek, "Frist as Tragedy, Then as Farce", Verso, 2009, p.13

20 "End Bonuses for Bankers", New York Times 2011. 11. 7

21 'Ending Moral Rot on Wall Street I, II', 〈Bloomberg〉, 2011. 8. 7, 14

22 "Exile on Wall Street: One Analyst' s Fight to Save Big Banks from Themselves", Wiley, 2011. 10

23 Philip Tetluck, "Expert Political Judgement: How Good Is It, How Can We Know", Princeton Unviersity Press, 2006

24 'IMF Performance in the Run-up to the Financial and Economic Crisis', I-3 A, 주요 발견 사항 개관

25 권화섭, 《IMF의 덫》, 중앙 M&B, 1998

26 George E. Stiglitz, "Globalization and Its Discontents", W.W. Morton, 2002, pp 89~132

27 "The New Inflation: The Collapse of Free Markets", Princeton University Press, 1981

28 'Britain's inflation nightmare becomes worse', 〈Financial Times〉, 2011. 3. 19

29 The primary objective of the ECB's monetary policy is to maintain price stability. The ECB aims at inflation rates of below, but close to, 2% over the medium term.

30 'Threat of stagflation rears its head', 〈Financial Times〉, 2011. 5. 13

31 Joe Weisenthal, 'Goldman Advises The FRB To Go Nuclear, And Set A Target For Nominal GDP', 〈Business Insider〉, 2011. 10. 15

32 Simon Foxman, 'Right Now Inflation Hawks Are Threatening To Destroy The World', 〈Business Insider〉, 2011. 10. 28

33 Scott Sumer, 'Re-Targetting the FRB', 〈National Affairs〉 Autumn, 2011, #9

34 Ross Kaminsky, 'Markets Shout at Operation Twist', 〈Wall Street Journal〉, 2011. 9. 22

35 'Q&A : BoE's Posen on Central Bankers' 'Exaggerated' Inflation Fears', 〈Wall Street Journal〉, 2011. 9. 22

36 Andy Stern, 'China's Superior Economic Model', 〈Wall Street Journal〉, 2011. 12. 1

37 'Greece : Where Profit Is Taboo', 〈WSJ〉, 2011. 7. 13

38 David Loenhardt, 'In Wreckage of Lost Jobs, Lost Power', 〈NYT〉, 2011. 1. 19

39 'America's turbulent jobs flight', 〈Financial Times〉, 2011. 7. 27

40 'What has gone wrong with the U.S. jobs machine?', 〈Financial Times〉, 2011. 5. 5

41 Fareed Zakaria, 'The Future of Freedom : Illiberal Democracy at Home and Abroad', W.W. Norton, 2003.

42 권화섭, 《IMF의 덫》, 중앙 M&B, 1998, pp258~267

43 W. David Slawson, "The New Inflation", Princeton University Press, 1981

44 Geoffrey Garrett, 'Globalization's Missing Middle', 〈Foreign Affairs〉, 2004, Non.–Dec. pp84~96

45 시오노야 유이치 지음, 박영일 옮김, 《경제와 윤리》, 필맥, 2006, pp203~208

46 'Cut Wall Street Down to Size With a Financial Speculation Tax', 〈The Nation〉, 2011. 6. 8

47 'Rethinking GDP : Why We Must Broaden Our measures of Economic Success', 〈The Nation〉, 2011. 6. 8

48 Nancy Birdsall and Francis Fukuyama, 'The Post-Washington Concensus', 〈Foreign Affairs〉, 2011. Mar.–Apr.

49 'The Quiet Coup', 〈The Atlantic〉, 2009. 5

50 'Don't Give Up on the Sensible Ideas of the Dod-Frank Act', 〈Bloomberg〉, 2011. 12. 27

51 David Whyte, 'Why free markets have little to do with inequality', 〈Financial Times〉, 2008. 6. 2

52 'The Humble Origins of Marxism's Founding Document: Mary Gabriel', 〈Bloomberg〉, 2011. 9. 26

53 'Creating Shared Values : Redefining Corporate Social Responsibility', 〈HBR〉, 2011. 1

54 Paul Ormerod, The Death of Economics, faber and faber, 1995, ix

55 Mark Blaug, "Economic Theory in Retrospect" 3rd. ed., 1978, pp 36~90

56 Laurence Summers, 'Current woes call for smart reinvention not destruction', 〈Financial Times〉, 2012. 1. 8

권화섭, 《IMF의 덫》, 중앙 M&B, 1998

권화섭, 《누가 한국 경제를 죽이는가》, 빛과소리, 2005

그레이버, 데이비드, 정명진 옮김, 《부채, 그 첫 5000년》, 부글, 2011

김경원 · 권순우 외, 《외환위기 5년, 한국 경제 어떻게 변했나》, 삼성경제 연구소, 2003

김수행, 《세계 대공황, 자본주의의 종말과 새로운 사회의 사이》, 돌베개, 2011

김정렴, 《아, 박정희》, 중앙 M&B, 1990

김학렬, 《금리 전쟁》, 학민사, 2009

노박, 마이클, 하종렬 옮김, 《가톨릭 윤리와 자본주의 정신》, 한국경제신문사, 1994

니시베, 스스무, 임반석 옮김, 《경제 윤리학 서설》, 인간사랑, 1991

더로우, 레스터, 유동길 옮김, 《제로섬사회》, 우아당, 1981

드보노, 에드워드, 권화섭 옮김, 《갈등 해소의 논리와 방법》, 한국경제신문사, 1987

래시, 크리스토퍼, 이두석 · 권화섭 옮김, 《엘리트의 반란과 민주주의의 배반》, 중앙 M&B, 1999

로고프, 케네스 · 라인하트, 카르멘, 《이번엔 다르다》, 다른세상, 2010

리프킨, 제레미, 이영호 옮김, 《노동의 종말》, 민음사, 1996

박순철, 《도덕이라는 이름의 자본 》, 중앙 M&B, 1997

비숍, 이사벨라 버드, 이인화 옮김, 《한국과 그 이웃 나라들 : 백 년 전 한국의 모든 것》, 살림, 1994

삼성경제연구소, 《IMF Papers》, 삼성경제연구소 데이터베이스, 1999

스티글리치, 조지프, 박형준 옮김, 《스티글리치 보고서》, 동녘, 2010

시오노야 유이치, 박영일 옮김, 《경제와 윤리》, 필맥, 2006

신장섭 · 장하준, 장진호 옮김, 《주식회사 한국의 구조 조정: 무엇이 문제인가》, 창비, 2003

아이켄그린, 배리, 강명세 옮김, 《글로벌라이징 캐피털, 국제통화 체제는 어떻게 진화하는가》, 미지북스, 2010

에커로프, 조지 · 쉴러, 로버트, 김태훈 옮김, 《야성적 충동》, 랜덤하우스코리아. 2009

오원철, 《한국형 경제 건설: 엔지니어링 어프로치 1~7권》, 한국형경제정책연구소, 1995

이근식, 《신자유주의 – 하이에크 · 프리드먼 · 부캐넌》, 에크리, 2009

이근찬, 《불안한 번영》, 부 · 키, 2009

장하준, 《그들이 말하지 않는 23가지》, 부 · 키, 2010

최태욱, 《신자유주의 대안론》, 창비, 2009

콩트–스퐁빌, 앙드레, 이현웅 옮김, 《자본주의는 윤리적인가?》, 생각의나무, 2010

포퍼, 칼 R., 이한구 옮김, 《열린사회와 그 적들 I 및 II》, 자유기업센터, 1996

프리드먼, 밀턴 · 슈워츠, 안나 J., 양동휴 · 나원춘 옮김, 《대공황 1929~1933》, 미지북스, 2010

하이에크, 프리드리히 A., 김균 옮김, 《자유 헌정론 I 및 II》, 자유기업센터, 1996

헤리스, 에단, 김원옥 · 박혜원 옮김, 《벤 버냉키의 선택》, 21세기북스, 2008

헬라이너, 엘릭, 정재환 옮김, 《누가 금융 세계화를 만들었나》, 후마니타스, 2010

Axford, Barrie, 《The Global System: Economics, Politics and Culture》, Polity Press, 1995

Batra, Ravi, 《Regular Cycles of Money, Inflation, Regulation & Depressions》, Venus Books, 1985

Bell, Daniel and Cristol, Irving ed., 《The Crisis in Economic Theory》, Basic Books, 1981

Blustein, Paul, 《The Chastening: Inside the Crisis that Rocked the Global Financial System and Humbled the IMF》, Public Affairs, 2001

Bootle, Roger, 《The Death of Inflation: Surviving & Thriving in the Zero Inflation Era》, Nicholas Brealey Publishing, 1996

Brockman, George P., 《The End of Economic Man》, Conelia & Michael Bessie, 1991

Buchholz, Todd G., 《New Ideas From Dead Economists》, A Plume Book, 1989

Cohen, Stephen S. and DeLong, J. Bradford, 《The End of Influence》, Basic Books, 2010

Cooper, George, 《The Origin of Financial Crises》, Vintage, 2008

Cowen, Tyler, 《The Great Stagnation》, Dutton, 2011

de Mesquita, Bruce Bueno, 《The Predictioneer's Game》, Random House, 2010

Giddens, Anthony, 《Beyond Left and Right》, Polity, 1994

Heilbroner, Robert, 《21st Century Capitalism》, W.W. Morton & Co., 1993

Hirst, Paul and Thomson, Graham, 《Globalization in Question: The International Economy and the Possibilities of Governance》, Polity, 1996

Johnson, Simon and Kwak, James, 《13 Bankers》, Vintage, 2011

Kaletsky, Anatole, 《Capitalism 4.0》, Public Affairs, 2010

Keegan, Williams, 《The Spectre of Capitalism: The Future of the World Economy After the Fall of Communism》, Vintage, 1992

Mander, Jerry and Glodsmith, Edward ed., 《The Case against the Global Economy and for a Turn toward the Local》, Sierra Club Books, 1996

Norton, David L., 《Democracy and Moral Development》, University of Califonia Press, 1991

Omerod, Paul, 《The Death of Economics》, faber and faber, 1994

Phillips, Kevin, 《Bad Money》, Penguin Books, 2009

Poundstone, Williams, 《Prisoner's Dilemma》, Doubleday, 1992

Rachman, Gideon, 《Zero-sum Future: American Power in an Age of Anxiety》, Simon & Schuster, 2011

Rand, Ayn, 《Capitalism: The Unknown Ideal》, Signet, 1967

Rodrik, Dani, 《The Globalization Paradox》, Norton, 2011

Routh, Guy, 《The Origin of Economic Ideas》, The MacMilla Press, 1975

Slawson, W. David, 《The New Inflation》, Princeton University Press, 1981

Sowell, Thomas, 《Applied Economics: Thinking Beyond Stage One》, Basic Books, 2004

Stiglitz, Joseph E., 《Globalization and its Discontents》, W.W. Morton and Company, 2002

—, 《Free Fall: America, Free Markets, and The Sinking of the World Economy》, Norton, 2010

Wattenberg, Ben J., 《Fewer: How the New Demography of Depopulation Will Shape Our Future》, Ivan
        R. Dee, 2004

Zizek, Slavoj, 《First As Tragedy, Then As Farce》, Verso, 2009

"경제는 유통이다." 이것은 1982년 4000억 원대의 어음 사기 사건을 일으켜 세상을 떠들썩하게 만든 '장영자' 씨가 기자회견에서 했다는 말입니다. '유통'이 원활치 못하면 경제의 흐름은 왜곡될 수 있다는 점에서 본다면, 이 말은 진리일 것입니다. 유통은 기업 경제에서 특히 중요합니다. 정치와 외교에서 '소통'이 중요하듯이 경제와 경영에서는 '유통'이 잘 이루어져야 합니다. 그런데 개별 경제단위 가운데 정부 경제에서는 이 유통이 그다지 중요하지 않은 것처럼 인식되어 왔습니다. 하지만 여기에서도 원활한 유통(흐름)의 문제는 가벼이 여길 수 없습니다.

정부 경제는 세금을 받아 그 돈으로 나라 살림을 꾸려나가는 체제입니다. 헌데 쓸 돈은 언제 어디서나 모자라는 법이므로, 세수를 증대할 필요성은 항상 존재합니다. 1962년부터 '경제개발 5개년 계획'이 추진된 이후 50년간은 정부 살림이 '경제개발'을 위한 지출에 집중되었습니다. 그러므로 세수 증대는 항상 정부의 고민이자 숙제였습니다. 이러한 세수 증대를 위하여 박정희 정권 시절에는 '부가가치세'라는 세제를 도입했는데 이것이 현재까지도 '효자 세금'으로 대접받고 있기도 합니다.

하지만 이제부터는 '사회 통합'이 더욱 필요한 과제라고 얘기합니다. 이를 위하여 정부의 역할이 매우 중요합니다. 근자에 '보편적 복지'와 '선택적 복지'의 논쟁이 일었습니다만, 여하간에 사회 통합을 위한 복지 예산이 급속히, 그리고 엄청난 규모로 불어날 수밖에 없는 상황입니다. 복지 예산의 집행에 필요한 세금이 걷히고 지출되는 과정에서 유통(적정 지출)이 원활치 못하면, 예상 못한 문제가 생길 수 있습니다. 경제 발전은 양적으로 체감될 수 있으므로 평가가 쉽습니다. 그러나 사회 통합은 질적 문제이므로 객관적인 평가가 어렵습니다. 이 점은 복지를 위한 예산이 엉뚱하게 집행되기 쉬운 이유이기도 합니다.

조세법 이론에 '조세 정의'라는 말이 있습니다. 이것은 조세가 합법성 및 공평성의 이념에 맞도록 과세되어야 한다는 뜻입니다. 합법성은 법규에 적합한 성질을 말합니다. 공평성은 버는 소득의 종류가 다르더라도 소득 수준이 같은 사람은 내는 세금이 같아야 하고(수평적 공평), 많이 버는 사람은 적게 버는 사람보다 많은 세금을 내야 한다(수직적 공평)는 뜻입니다. 이러한 조세 정의는 수입 면의 정의입니다. 종래에는 이것만이 조세 정의라 이해되었습니다.

그러나 오늘날에는 지출 면의 조세 정의가 동시에 주목을 받습니다. 요컨대 세금으로 지출되는 돈은 궁극적으로 국리민복을 위한 적정 지출이라야 합니다. 우리나라의 복지 예산은 앞으로 눈덩이처럼 불어날 전망입니다. 시대 상황에 따라 그럴 수밖에 없기도 하고, 서투른 정치와 부실한 행정이 복지 예산을 가파르게 불어날 수밖에 없도록 만들기도 합니다.

2011년의 복지 지출 규모는 국내총생산(GDP)의 9퍼센트 정도로 OECD

평균 19.3퍼센트에 비해 대략 10퍼센트포인트나 낮아서 OECD 회원국 중 거의 꼴찌 수준입니다. 그러므로 OECD 평균만큼의 복지라도 실현코자 한다면 우리의 복지 지출을 GDP 대비 7~11퍼센트 즉 90조~150조 원까지 늘려야 한다고 합니다. 이처럼 복지를 확대하면서도 재정 건전성은 틀림없이 지켜야 하므로, 증세는 피할 수 없는 과제입니다.

2011년 말에 연 소득 3억 원을 넘는 과세표준 구간을 새로 설정하여 35퍼센트에서 38퍼센트로 세율을 높이는 소득세법 개정은 바로 이러한 증세의 필요성에 부응하는 조치의 하나라 하겠습니다. 여당이 '부자 감세'를 포기하면서 야당과 발맞춘 결과였습니다. 이를 두고서, 미국의 주식 투자 귀재인 갑부 '버핏(Warren Edward Buffett, 1930~)'이 부자에게서 세금을 더 거두자고 주장한 후 오바마 대통령이 연 100만 달러(약 11억 원) 이상을 버는 부유층이 다른 계층보다 세금을 더 내도록 하는 '버핏세' 법안을 제안하겠다고 한 것을 우리가 흉내 낸 것이라고 얘기하기도 합니다.

이 법 개정에 대하여 비판론자는 지하경제(탈세 부문)를 파악하여 과세하고 대주주의 주식거래에 대한 양도소득세율을 높이며 고가의 골동품에 과세하여야 하는 것이지, 일반적인 소득세율을 올리는 것은 옳지 않다고 주장합니다. 그렇지만 소득세의 최고 세율 38퍼센트는 다른 나라에 비하여 결코 높은 것이 아닐 뿐더러 이로써도 앞으로 늘어나는 세금 수요를 충족시키기에는 턱없이 부족하므로, 이번 법 개정은 상당한 의미가 있다고 하겠습니다. 또한 지하경제의 탈세에 표적을 맞추는 세수 확보의 대책 등도 병행하여야 할 것입니다.

바람직하지 못한 것은 세금 문제를 '조세 논리(넓게는 경제 논리)'로 풀어야 함에도 불구하고 '정치 논리'로 푸는 일입니다. 부가가치세의 과세 특례

자(과특자)의 기준을 당초에 지난 한 해의 공급 대가(매출액)로 1200만 원 미만이라고 정한 것을 국회의원이 표를 의식하여 1800만 원과 2400만 원으로, 그리고 3600만 원과 4800만 원으로 계속 올렸던 것은 '정치 논리' 때문에 빚어진 부조리였습니다. 그 결과 개인 기업은 세금 계산서를 주고받지 않아도 되어 상당한 정도의 탈세가 가능한 예외를 넓혀준 셈이 되고 말았습니다.

특히 경계하여야 할 것은 정치적인 포퓰리즘에 빠져 균형 감각을 잃은 '부자 증세'의 '부유세' 방향으로 나간다거나 홍길동전의 활빈당적인 사고에 젖어 막대한 소득을 올리는 금융회사와 대기업에 대하여는 무조건적으로 과중하게 세금을 부과하여 빈민을 지원하자는 식의 '로빈후드세(robinhood tax)'를 채택하자는 사고입니다. 이러한 세제는 경제 발전이나 사회통합에 결코 이롭지 못하며, 결국 갈등만을 부추기는 결과를 불러오게됩니다.

그러므로 우리는 균형 감각을 살려 담세능력(ablity to pay tax)에 걸맞은 공평 세제(수평적·수직적 공평이 조화롭게 이루어지는 세제)를 만들도록 힘써야 하며, 이와 함께 지출면의 공정을 실현하는 데에 새삼 눈을 돌려야 합니다. 이와 같은 조세 정의가 실현되는 과정에서 선진국이 되기에는 2퍼센트 정도 모자란다는 후진국 현상을 비로소 극복할 수 있을 것입니다.

"경제성장에 관한 부분은 자유시장경제에 맡기고, 분배와 소비에 관한 부분은 정부 관리에 맡기는 이원적 체제를 지향해야 한다"고 이 책 8장의 '세계화의 게임 법칙'에서 지적하듯이 앞으로 정부는 전과는 달리 '지출 공정'의 원리에 충실해야 합니다. 그러기 위하여 정치인이나 행정공무원이 이 책을 차근차근 숙독하고서 '경제 위기'의 불행을 미리 예방함과 아

울러 대한민국을 일등 국가로 만들어나가는 예지를 터득할 수 있기를 기
대하는 바입니다.

송쌍종 | 서울시립대학교 세무학과 명예교수

현대인은 과거 어느 때보다도 다양한 위험(risk)에 둘러싸여 있다. 위험의 유형도 물리적·경제적·정치적 형태 등 다양하다. 2011년에 일본 열도를 강타한 쓰나미와 지진, 2008년에 미국에서 발생한 서브프라임 모기지 파산 사태, 2010년 12월 튀니지에서 일어난 과일 노점상 젊은이의 분신, 1997년에 발생한 한국 외환위기, 이라크 전쟁 등과 같이 크고 작은 다양한 사건이 국내외 곳곳에서 발생했다. 외환위기를 제외한 사건은 우리나라 밖에서 일어났음에도 정도의 차이는 있지만 글로벌 실물시장과 금융시장의 채널을 통해 국내 경제에 직간접적으로 큰 영향을 미쳤고 개인이나 기업에게 위험으로 다가왔다. 특히, 서브프라임 모기지 사태에 의해 촉발되어 유럽 재정 위기로 인해 여전히 기세가 꺾이지 않고 있는 글로벌 금융위기를 통해 드러난 자본주의의 구조적 문제점은 자본주의의 지속 가능성에 대해 많은 의구심을 갖게 한다. 이러한 위험의 특징은 그 원인과 전혀 관계없는 개인이나 기업도 피해 가기 힘들다는 것이다.

이 책에서는 글로벌 경제 위기의 근원, 경제 위기에 대한 정책적 처방의 실패, 그리고 자본주의 경제가 직면한 구조적 문제점을 해결하기 위해 경제학이 추구해야 할 새로운 연구 방향 등의 주제를 원로 언론인의 풍부한 경륜을 바탕으로 포괄적인 접근 방법과 예리한 분석으로 논의하고 있다. 저자는 현대 경제학의 이론 모형으로는 설명하기 힘든 극소수에 대한 소득과 부의 집중 현상과 중산층의 몰락, 부채 위기와 소비 침체의 악순환, 금융산업의 내재적 불완전성, 글로벌 경제와 정치의 괴리, 유로존의 구조적 결함, 고용 없는 성장, 경제 대공황 및 대침체의 원인, 세계화 등과 같은 중대한 이슈를 정치경제적인 관점에서 다루고 있다. 특히, 저자는 방대한 문헌을 섭렵하여 각각의 경제 문제에 대한 세계적인 석학의 진단과 처방을 언론인이자 경제 평론가로서 오랫동안 축적해온 분석 역량을 통해 자신의 시각에서 구조화하여 자본주의와 경제학이 나아갈 방향에 관한 큰 틀을 제시하고 있다. 이 책에서 논의되는 대부분의 주제는 삶 속에서 직면하게 되는 경제적 의사 결정, 피선거권의 행사 과정 등에 크고 작은 영향을 줄 뿐만 아니라 언론 보도나 지인과의 대화 속에서도 자주 언급되는 것이다. 1997년 외환위기에서 겪었듯이 경제 위기는 개인의 역량으로는 피할 수 없는 위험을 만든다. 경제 위기의 원인과 결과를 이해하면 위험을 피하기는 힘들어도 위험에 대비하여 미래를 준비하는 능력과 지혜를 찾을 수는 있을 것이다.

저자는 우리나라, 미국, 유럽을 넘나들며 세계 석학의 논거를 활용하여 경제 위기에 대한 진단, 정책 대안의 모색 등을 시도한다. 경제 위기에 대한 구조적이고 심층적인 분석과 정책 대안의 모색은 일반인, 대학생, 직장인, 투자자 등 다양한 분야의 사람에게 유익하고 생산적인 논의의 장을 열어줄 수 있을 것이라 생각된다. 예들 들면, 저자는 쿠퍼(George Cooper)의 호황과 불황의 극심한 경기변동 및 경제주체 간의 포지티브 피드백에 의한 금융시장의 내재적 불완전성 가설, 민스키(Hyman Minsky)의 금융 불완전성 가설, 금융 공학 기법에 의해 증폭된 꼬리 위험(tail risk), 사르카르(Prabhat Ranjan Sarkar)의 사회 순환론, 바트라(Ravi Batra) 교수가 지적한 소득과 부의 집중 현상 등의 논거를 통해 글로벌 경제 위기의 원인에 관해 복합적이고 다원적인 분석 결과를 제시한다.

과연 경제 위기는 예측 가능한 것인가? 이것은 정책적 처방과 대처 방안의 관점에서 매우 중요한 질문이다. 경제 위기에 관한 예측에 포함되어야 할 주요 사항은 위기의 발생 시점 및 피해의 규모와 범주다. 서브프라임 모기지 사태의 발생 시점을 정확하게 예측할 수 있었다면 개인 투자자나 금융기관은 관련 금융자산을 미리 처분하여 손실을 크게 감소시킬 수 있었을 것이다. 역사상 발생한 버블의 붕괴는 적어도 정책 당국이 버블을 예측하는 데 실패했다는 반증이 된다. 저자는 주택 버블에 대해 적절한 정책적 처방을 내리지 못한 책임에 대한 그린스펀의 반론을 분석하면서 글로벌 경제 위기의 예측 가능성과 경제정책의 효과에 관해 다음과 같은 분석을 제시하고 있다. 첫째, 그린스펀이 간과했던 주택 버블은 "오직 사후적으로만 중대한 정책적 실패로 규정할 수 있는 문제"다. 둘째, 글로벌 경제 위기의 방아쇠가 된 서브프라임 모기지 사태는 FRB나 규제 당국의 사전적 규제 실패로 돌릴 수 있는 문제가 아니다. 셋째, 미국의 구제금융 과정에서 논란이 된 대마불사의 문제는 경제적 영역보다는 다분히 정치적 영역에 가깝다. 넷째, 미국의 닷컴 버블과 주택 시장 버블이 인플레이션 억제보다는 고용 안정에 더 치중한 미국의 통화정책에서 비롯된 면이 있지만 이러한 통화정책은 중국을 비롯한 신흥 경제국에게 비약적인 발전의 기회를 제공하였고 미국에게 값싼 상품을 공급하는 피드백으로 작용하여 미국 사회의 풍요로움에 기여한 점도 있다. 다섯째, 글로벌 경제 위기를 통해 자유경쟁 시장이 중대한 결함을 드러냈지만 자유경쟁의 원리는 경제를 조직하는 데 있어서 다른 이데올로기보다 여전히 우월하다. 경제 위기는 복합적인 현상이기 때문에 다원적인 분석을 통해서만 제대로 이해할 수 있다. 앞에서 언급한 다양한 경제문제에 대해서 저자는 정치경제적인 관점에서 다원적인 접근 방법을 시도하고 있다. 글로벌 경제 위기에 대한 처방은 금융산업 내부의 유인 제도에서 비롯되어야 한다고 강조한다. 특히, 유럽의 재정 위기가 더 이상 확대되지 않도록 하기 위해서는 금융산업 내부의 왜곡된 인센티브 제도부터 개혁해야 한다고 역설한다. 나심 탈레브 교수에 의하면 금융산업의 보너스 체계가 경영자에게 투자 부적격 등급의 자산, 부실 국채 등 극도의 고위험, 고수익 패턴을 보이는 금융자산에 투자하도록 유인을 제공하기 때문에 금융위기의 악화, 또는 재발을 방지하기 위해서는 보너스 체계부터 뜯어고쳐야 한다.

튀니지에서 분신한 한 젊은이의 분노가 재스민혁명으로 승화하여 북아프리카 및 중동지역에 민주화의 거센 바람을 일으켰다. 작은 사건이 모두 나비효과로 발전하지는 않는다. 그러나 모순이 누적되어 기존의 시스템이 더 이상 존속하기 힘든 지경에 이르면 작은 변화도 혁명의 도화선이 될 수 있다. 부와 소득이 소수에 편중되는 현상이 가속화되어 자본주의의 중심추 역할을 하는 중산층의 붕괴가 지속된다면 세계 곳곳에서 산발적으로 궐기하는 젊은이의 분노가 공공의 분노로 번지지 않을 것이란 보장은 없다. 이 책을 읽는 독자는 적어도 자본주의에 대한 케인스식 수정보다는 마르크스의 경고에 더 귀를 기울여야 하는 이유를 알게 될 것이다. 미국 맨해튼의 작은 공원에서 시작된 '월가를 점령하라'는 실직 청년들의 소규모 시위가 나비의 날갯짓이 되어 구조적 모순에 직면한 자본주의를 새로운 미래로 이끄는 나비효과로 이어질 수 있다는 가능성도 깨닫게 될 것이다.

원동철 | 아주대학교 경영대학 교수